基于"标准"的教师教育课程改革新编教材系列

心理学基础

第二版

● 主　编　贾林祥
● 副主编　刘晓峰　石　春

南京大学出版社

图书在版编目(CIP)数据

心理学基础/贾林祥主编. —— 2版. ——南京：南京大学出版社，2018.8(2021.12重印)
基于"标准"的教师教育课程改革新编教材系列
ISBN 978-7-305-20752-5

Ⅰ.①心… Ⅱ.①贾… Ⅲ.①心理学 Ⅳ.①B84

中国版本图书馆 CIP 数据核字(2018)第 181143 号

出版发行	南京大学出版社		
社　　址	南京市汉口路 22 号	邮编	210093
出 版 人	金鑫荣		

书　　名 心理学基础
主　　编 贾林祥
责任编辑 钱梦菊　　　编辑热线　025-83592146
照　　排 南京开卷文化传媒有限公司
印　　刷 南京百花彩色印刷广告制作有限责任公司
开　　本 787×1092　1/16　印张 15　字数 355 千
版　　次 2018 年 8 月第 2 版　2021 年 12 月第 4 次印刷
ISBN 978-7-305-20752-5
定　　价 36.00 元

网　　址：http://www.njupco.com
官方微博：http://weibo.com/njupco
官方微信号：njupress
销售咨询热线：(025)83594756

＊版权所有，侵权必究
＊凡购买南大版图书，如有印装质量问题，请与所购
　图书销售部门联系调换

前　言

长期以来,我国高等师范教育课程改革的步伐极为缓慢,师范专业的"教育学""心理学"等课程多年不变,严重影响了师范生的专业发展和其职后的教育教学水平的提高。"心理学"是高师院校的公共必修课之一,但课时少、内容多、应用性不强却成为困扰高师院校"心理学"公共课教学的一大问题。

2011年,教育部颁布了《教师教育课程标准(试行)》,该标准体现了国家对教师教育机构设置教师教育课程的基本要求,是制定教师教育课程方案、开发教材与课程资源、开展教学与评价,以及认定教师资格的重要依据。2012年,教育部又颁布了《中学教师专业标准(试行)》,该标准是国家对合格中学教师的基本专业要求,是中学教师开展教育教学活动的基本规范,是引领中学教师专业发展的基本准则,是中学教师培养、准入、培训、考核等工作的重要依据。为了促进教师专业化、提高教师教育专业化水平、保证教师教育的质量,江苏师范大学教育科学学院在认真学习"两个标准"的基础上,以"两个标准"的精神为指导,组织编写了高等师范院校心理学公共课教材《心理学基础》。

我们在编写本教材时所遵循的原则是:第一,坚持用辩证唯物主义和历史唯物主义的观点阐述心理学的基本知识和基本原理。第二,注重与中学生心理发展特点相结合,以保证教材的针对性。第三,力求做到语言表述准确、规范、通俗易懂,以提高教材的可读性。第四,力求做到心理学基础知识与扩展性阅读相结合,以保证学生既能掌握心理学的基础知识和原理,又能进一步扩展自己的知识面。第五,力求使每章最后的复习思考题突出本章的重要知识点,以利于学生掌握和应用。2014年1月,该教材在南京大学出版社出版,受到很多高校心理学公共课教师的广泛好评。

2018年3月,我们对教材进行了修订,主要增加了内容提要、思维导图、本章小结,以及教师资格证考试的要点和部分真题。参与本书修订的人员有:欧阳文珍(第一章)、陈明立(第二章)、杜向阳(第三章)、石春(第四章)、李广政(第五章)、刘晓峰(第六章)、于战宇(第七章)、杨帆(第八章)、王娟(第九章)、贾林祥(第十章)。最后由贾林祥统稿。

在本书编写和修订的过程中,我们参考和借鉴了国内外的许多研究成果和材料,从中受益良多。在此,我们表示衷心的感谢。

本书的顺利修订和再版,得到了江苏师范大学教育科学学院心理学系教师的大力支持以及南京大学出版社领导与编辑的热情指导和帮助。在此,我们一并表示感谢。

由于我们的水平所限,加上修订的时间紧迫,难免有疏漏和不妥之处,敬请读者不吝指正,提出宝贵意见。

编　者
2018年7月于江苏师范大学教育科学学院

目 录

第一章 绪 论 …………………………………………………………………… (001)
    第一节 心理学的研究对象与内容 ……………………………………… (002)
    第二节 心理学的研究原则与方法 ……………………………………… (007)
    第三节 心理学的任务及其与教育的关系 ……………………………… (010)
    第四节 心理的实质 ……………………………………………………… (012)

第二章 注 意 …………………………………………………………………… (018)
    第一节 注意的概述 ……………………………………………………… (018)
    第二节 注意的分类 ……………………………………………………… (025)
    第三节 注意的品质 ……………………………………………………… (027)
    第四节 注意规律在教学中的运用 ……………………………………… (035)

第三章 感觉和知觉 …………………………………………………………… (041)
    第一节 感觉与知觉的概述 ……………………………………………… (042)
    第二节 感觉的一般规律 ………………………………………………… (051)
    第三节 知觉的基本特征 ………………………………………………… (053)
    第四节 感知规律在教学中的运用 ……………………………………… (060)

第四章 记 忆 …………………………………………………………………… (065)
    第一节 记忆概述 ………………………………………………………… (066)
    第二节 记忆过程 ………………………………………………………… (070)
    第三节 记忆系统 ………………………………………………………… (078)
    第四节 中学生记忆的特点 ……………………………………………… (084)

第五章 思 维 …………………………………………………………………… (089)
    第一节 思维的概述 ……………………………………………………… (090)
    第二节 思维的过程分析 ………………………………………………… (093)
    第三节 思维与语言 ……………………………………………………… (095)
    第四节 中学生思维发展的特点与规律 ………………………………… (100)
    第五节 创造性思维及其培养 …………………………………………… (104)

第六章　想象 (115)
  第一节　想象的概述 (116)
  第二节　无意想象与有意想象 (120)
  第三节　想象的功能及品质 (129)
  第四节　中学生想象发展的特点及想象力的培养 (132)

第七章　情绪和情感 (136)
  第一节　情绪和情感的概述 (137)
  第二节　情绪与情感的分类 (142)
  第三节　基本的情绪学说 (148)
  第四节　中学生情绪与情感的发展 (153)
  第五节　情绪与情感在教育中的作用 (155)

第八章　意志 (160)
  第一节　意志的概述 (160)
  第二节　意志行动 (163)
  第三节　意志品质与培养 (168)

第九章　个性倾向性 (174)
  第一节　需要 (175)
  第二节　动机 (183)
  第三节　兴趣 (193)
  第四节　理想、信念和价值观 (196)

第十章　个性心理特征 (202)
  第一节　能力 (203)
  第二节　气质 (215)
  第三节　性格 (222)

参考文献 (232)

第一章 绪 论

内容提要

"心理学"一词源于希腊文,意为"灵魂的科学"。德国著名心理学家艾宾浩斯曾说:心理学有一个长期的过去,但只有一个短期的历史。"长期的过去"是指心理学思想源远流长:早在2000多年前的春秋战国时期,孔子就提出"性相近也,习相远也"的人性论思想;孟子也曾说:心之官则思,思则得之,不思则不得也;古希腊时期的亚里士多德著有《论灵魂》;"短期的历史"是指科学心理学的历史很短,直到1879年德国的冯特在莱比锡大学建立世界上第一个心理学实验室,科学心理学才从哲学的母体中分化出来成为一门独立的科学,至今仅有100多年的历史。本章将依次介绍心理学的研究对象、研究内容;研究的基本原则、常用的研究方法;简要分析心理学的任务及其与教育教学的关系;系统讨论人的心理的实质等问题。

思维导图

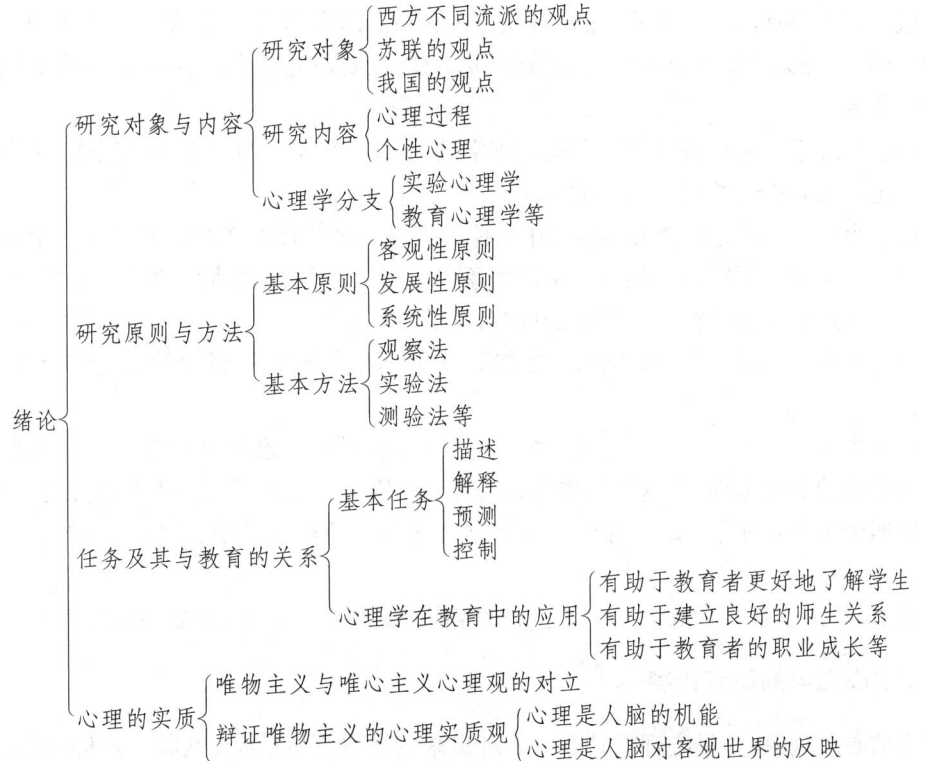

第一节 心理学的研究对象与内容

一、心理学的研究对象

美国早期著名的哲学家、心理学家詹姆斯在其著名的《心理学原理》一书中指出：心理学是关于心理生活的科学，涉及心理生活的现象及其条件。但是究竟什么是值得研究的心理生活，不同学派学者的主张是不同的。

以冯特为代表的构造主义学派认为：心理学研究的对象是意识经验，并且主张采用内省法研究意识经验。他们把意识经验分析成感觉、意象和感情等若干基本的心理要素，认为心理活动是这些基本要素的整合，认为心理学是研究心理、意识事实的一门经验科学。

以华生为代表的行为主义学派认为：心理学研究的对象是可以观察和测量的行为。华生在1913年发表的《行为主义者心目中的心理学》一文中明确指出：心理学是行为的科学，而不是意识的科学。他坚决反对意识和内省这两个基本概念，主张用客观的方法，按照刺激—反应(S—R)的公式去研究心理学。

以弗洛伊德为代表的精神分析主义学派认为：心理学研究的对象包括意识和潜意识两个部分，其中潜意识活动是心理学研究的核心内容。潜意识活动包括人的原始的冲动、各种本能，以及虽然曾经被意识但被压抑到无意识中的欲望，等等。

20世纪50年代之后，心理学各学派对研究对象的看法趋于折中，认为作为心理学研究对象的心理现象或心理活动是一种具有不同水平、不同层次、不同功能的动力系统。心理学既要研究心理活动的形式，又要研究心理活动的内容和功能；既要研究有意识的心理活动，又要研究无意识的心理活动；既要研究心理，又要研究行为，应把心理与行为统一起来加以研究。

苏联心理学家洛莫夫(1983)曾将心理学的研究对象分为四个水平或层次，认为心理学的理论大厦是由这些层次组成的：

第一个水平：研究社会关系体系中个体的发展。个体被看作社会系统的一个组成部分。研究人类社会系统所产生的一系列现象，如个性发展、社会情绪的动力过程、群体心理气氛等。这些主要是社会心理学的内容，与社会科学交叉。

第二个水平：研究个性的结构。如需要与动机的动力过程、行为的结构和动力过程、调节机制等。

第三个水平：研究从感知觉到思维、情绪等心理过程。这些过程在第二个水平上只是作为个性的因素出现，在这里则作为相对独立的因素。心理学过去主要研究这一水平。

第四个水平：研究心理过程的生理机制。这是与神经生理学、生物化学等学科交叉的领域。

综上，我国学者一般认为：心理学是研究人的心理现象发生、发展规律的科学。

二、心理学的研究内容

人的心理现象，就是心理活动经常表现出来的各种形式、形态或状态，其表现虽然复杂多样,但可以概括为心理过程和个性心理两个方面。

(一) 心理过程

心理过程是指在人的认识、情感、意志行动方面表现出来的那些心理活动所处于的动态变化的过程。它是人的心理现象最重要的一个方面,是普通心理学研究的一个重要组成部分。心理过程从其活动结构和机制来看,具有人类的共同性、普遍性。心理过程包括以下三个方面:

一是认识过程。认识过程主要包括感觉、知觉、记忆、思维和想象等阶段。二是情感过程,是指人在认识客观事物的过程中产生的人对客观事物的某种态度的体验或感受。人在认识客观事物时,并非无动于衷,常常会产生满意或不满意、愉快或不愉快、热爱或厌恶、欣慰或遗憾等体验。这里所讲的"愉快""满意""热爱""厌恶""欣慰""遗憾"等心理活动,在心理学中统称为情感过程。三是意志过程,是指在认识的支持与情感的推动下,人能够有意识地克服内心的障碍与外部的困难,坚持实现既定目标的过程。人不仅能认识客观事物,对它产生一定的感受,而且还能根据对客观事物及其规律的认识能动地改造世界。

相对于个性心理来说,心理过程是不断变化着的、暂时性的。认识、情感和意志都有其自身的发生和发展的历程,但它们又不是彼此独立的,而是相互影响和相互作用的:认识过程是基本的心理过程,情感和意志是在认识的基础上产生的;情感和意志过程含有认识的成分,能对认识过程产生影响,它们是统一的心理活动的不同方面。认识、情感、意志过程作为心理学研究对象的一部分,被统称为心理过程。

(二) 个性心理

个性心理是指每个个体所具有的稳定的心理现象。它包括个性倾向性和个性心理特征两个方面。

1. 个性倾向性

个性倾向性是个体对活动稳定的趋向与选择,决定个体对事物的态度和行为的内部动力系统,是具有一定的动力性和稳定性的心理成分。内容包括需要、动机、兴趣、理想、信念和世界观等。个性倾向性使个体在活动中有目的地对客观现实做出选择性反应,例如一味追求物质需要的人在追求物质享受中,可能会置人格、国格于不顾;相反,强调精神需要的个体,在强烈的物质利诱下一般也不会做出有损国格和人格的事情。成就动机高的学生,在课堂上会认真听课,积极思考、主动记忆,勇于克服学习中的各种困难;相反,成就动机低的学生,上课则往往不认真听课,不主动记忆和动脑筋思考,在困难面前打退堂鼓。对数学感兴趣的学生,其心理活动的积极性更多地表现在与数学有关的事情上;对物理感兴趣的学生,其心理活动的积极性更多地表现在与物理有关的事情上。具有不同的理想、信念、世界观的人,对其心理活动的组织和引导也各不相同。

个性倾向性是个性心理的重要组成部分,它对相关的心理活动起着支配和控制的作用。

2. 个性心理特征

个性心理特征是个体经常表现出的、本质的、稳定的特点。个性心理特征的内容主要包括能力、气质和性格几个方面。

能力是直接影响活动效率、使活动得以顺利进行的个性心理特征，是表现在完成某种活动的潜在可能性方面的特征。气质是表现在心理活动的动力方面的特征。性格是表现在完成活动的稳定的态度和行为方式方面的特征。个性心理特征影响着个体的行为举止，集中地体现了人的心理活动的独特性。个体在观察的深刻性、全面性方面，在记忆的敏捷性、巩固性方面，以及在思维的灵活性、迅速性方面的差异，属于能力上的差异。个体在脾气、内外向方面的差异，属于气质上的差异。个体在待人处事态度及克服困难的决心和毅力上的差异，属于性格上的差异。

个性倾向性与个性心理特征在某一个人身上独特的稳定的有机结合，就构成了这个人不同于其他人的个性。个性心理是指在一定的社会历史条件下的人所具有的个性倾向性和个性心理特征的总和，其中性格是个性的核心。

（三）心理过程与个性之间的关系

心理过程和个性心理两者联系密切。一方面，个性心理以心理过程（认识、情感、意志）为基础。没有心理过程，个性心理就无法形成；人的个性的形成和发展过程是个体社会化的过程，是在一定的社会影响和教育下，通过心理过程反映客观现实而逐渐定型化的结果。另一方面，已经形成的个性心理又反过来制约每个人的心理过程，并在心理过程中表现出来。例如，具有不同兴趣、不同能力的人，对同一件事、同一首歌、同一幅画的评价会各不相同。

另外，目前也有人提出，在心理过程与个性心理之间还存在着特定的"心理状态"，认为心理状态是在心理活动的进程中，在一定的时间出现的某种相对持续的状态，是从心理过程到形成个性的一个过渡环节。

上述对于心理现象的分类，只是为了便于学习与研究，在实际生活中，人们所表现的各种心理现象都是密切联系、交互影响的，具有高度的整合性。

总之，心理学要研究心理现象发生、发展的规律性，研究个性心理形成和发展的过程以及研究心理过程与个性心理相互关系的规律性。

三、心理学各分支学科的研究对象

由于人是各种社会实践活动的主体，所有社会领域的活动都离不开人的参与，因此心理学的分支遍及社会生活的各个领域、各个方面。这些分支学科一起构成了当代心理科学的丰富内容。下面简单介绍一下心理学的主要分支学科及其研究的对象。

（一）实验心理学

实验心理学是以实验方法研究心理活动发生和发展的规律的学科。实验心理学采用控制和处理各种变量的方法去观察和记录心理现象产生及变化的过程，对所得的结果进行严格的科学检验，借此确定变量间的关系，考察心理与行为的特点与规律。实验心理学是心理学的基础分支,其研究涉及心理学的大多数领域,包括学习,动机和情绪,感觉、知觉、记忆、思维、语言和言语等认知过程,人的效能以及沟通,等等。

(二)临床心理学和咨询心理学

临床心理学是对非正常行为进行研究、诊断、处理的心理学分支,致力于对患者的服务及对适应和异常心理性质的探讨,包括以心理诊断及心理治疗为主体的一般临床心理学(或基础临床心理学)部分和以探讨临床现象和科学事实为主的实验临床心理学部分。咨询心理学是聚焦于教育、社会职业等相关职业的适应问题的心理学分支。与临床心理学家不同,大多数咨询心理学家服务于教育机构等社会咨询机构。从从业人数上看,临床心理学和咨询心理学是心理学的两大分支学科。

(三)教育心理学

教育心理学是研究学校情境中学与教的基本心理规律的学科。其主要任务在于揭示学生掌握知识、技能,形成良好品德的心理特点及心理规律。教育心理学家在课堂教学、教材和教法、考试、训练、能力测验以及学生的人格发展方面,运用心理学原理去描述、解释和预测人们的行为。学校心理学是教育心理学的分支,它主要是在学校环境中研究学生学习中出现的问题和解决的办法,以及为学生提供各种心理咨询,如专业选择及生活安排等,并运用各种心理测验以推断学生的能力和能力倾向、人格和情感发展等。

(四)心理测量学

心理测量学是研究各种心理测量、测验的方法,以及各种量表的编制的学科。心理测量学作为心理学的一个分支,是随着心理学和统计学的进步,在心理测验实践中发展起来的。这一领域的心理学工作者主要致力于设计和建构各种心理与行为的测量工具,主要是指各种心理测验量表,用于智力、各种特殊能力、创造力、气质、人格、态度、兴趣、动机、心理健康等的测量。心理测验在人才选拔与评价、职业指导、因材施教、心智缺陷的早期诊断及精神疾病的及时发现、教学法与工效学措施的评价、司法鉴定等过程中有着广泛的用途。同时,作为心理学的一种研究技术,心理测验在搜集量化资料、建立和检验假说以及实验分组等诸方面大大推动了心理学的理论研究。

(五)工业与组织心理学

工业与组织心理学是研究工业与组织中人的行为规律的学科。工业心理学的研究包括人事选拔、人事训练及对其效果的评价等有关工业人事心理学内容;也包括工作动机、职员的满意程度、组织内的信息沟通渠道、决策模式、团体内聚力、组织气氛与组织诊断、领导过程以及组织结构等组织心理学内容的研究。同时还研究工作环境、人机关系等工程心理学内容。随着心理科学的发展,上述各研究方面发展成心理学的一些独立分支,如人事心理学、组织心理学和工程心理学,等等。

(六) 广告与消费者心理学

广告与消费者心理学是研究人们的市场行为、广告效果、时尚、商品信息渠道以及人们的认知与购买的关系等的学科。这是应用心理学的一个分支,也可以称之为"商业心理学"。严格说来,广告心理学的研究要早于消费者行为研究。把广告与心理联系在一起始于19世纪末,早期研究服务于以生产者为中心的卖方市场,其特点是单向的,即指向于推销商品的心理活动。随着经济发展,营销观由卖方市场转向买方市场,对消费者自身的研究越来越受重视,特别是在20世纪40年代之后,对消费者购买行为深层动机的探讨、对潜意识广告和消费者对商品忠实性的研究逐渐兴盛起来。从单纯宣传商品信息、说服消费者购买的广告心理,进而发展到以研究消费者为主体,这一发展趋势促进了消费者心理学的问世。如今,在西方国家,广告心理成了消费者心理学中的重要内容,并多以"广告与消费者心理学"命名。该学科根据宣传、态度改变、人际关系、情感等方面的研究成果,分析、解释人们的消费行为、消费需求与动机、消费者决策、广告作品评价等问题。

(七) 社会心理学

社会心理学是研究个体或若干有组织的个体在特定的社会生活条件下心理与行为活动产生变化规律的学科。社会心理学的研究目的在于:了解人的心理活动的产生和发展所依赖的社会条件以及产生与变化的规律,说明这些心理活动什么时候发生;预测在特定条件下个体是否会产生相应的心理活动,产生的可能性有多大;心理与行为的改变策略等。社会心理学是一门帮助人们正确地认识人、对待人和做人的学问,研究范围非常广泛,涉及个体社会心理和社会行为、社会交往心理和行为、群体心理、应用社会心理,等等。

(八) 发展心理学

发展心理学是研究个体一生各个不同年龄阶段的心理活动及其生理基础的发生、发展规律的学科。发展心理学研究接受生命全程的观点,研究个体从胚胎发育到出生、成熟到衰老的整个生命历程的心理活动。这个过程一般分为胎儿期、新生儿期、儿童期、少年期、青年期、成年期和老年期。生命全程研究不但加深了人们对长期被忽视的成年期和老年期的认识,而且促使人们对一生中发展意义的重新思考。另外,由于发展心理学研究个体心理发展的各个方面,所以它与心理学的各方面有着紧密的联系,包括感觉与知觉、学习与记忆、语言、情感、思维、动机、人格等。目前,国内发展心理学主要从认知发展和个性、社会性发展两条路线开展研究。

(九) 生理心理学

生理心理学是以实验的方法研究人的生理基础对心理活动作用的学科。目前生理心理学的研究内容主要包括神经系统、内分泌系统、特殊感觉器官系统的结构和功能,阐明这些系统与心理活动的关系。生理心理学为人们了解心理活动的物质基础提供了必不可少的内容。这一分支也被称为生物心理学,这一表述在西方文献中更为多见。生物心理学研究行为的生物学基础(不局限于生理机制),涉及如下更为广阔的领域:① 行为的生理基础；② 神经心理学,集中探讨脑—行为关系；③ 比较心理学,探讨种系间行为的差异与相似性,以及行为的适应意义；④ 行为遗传学。

目前在世界范围内,美国的心理学研究处于领先地位,无论是心理学基础研究还是应用研究,均呈现繁荣景象,走在世界的前列。

第二节 心理学的研究原则与方法

一、心理学的基本研究原则

研究人的心理现象,尤其是研究教育或教学过程中的心理现象,不仅是心理学专业工作者的重要任务,也是广大教师的职责。心理学的研究方法,一般随研究课题的不同而有所不同,但无论谁做心理学研究,无论研究什么课题,无论使用什么方法,均必须遵循以下三个基本原则：

（一）客观性原则

恩格斯说道："唯物主义的自然观不过是对自然界本来面目的朴素的了解,不附加任何外来的成分。"毛泽东同志也曾教导我们,要实事求是。"'实事'就是客观存在着的一切事物,'是'就是客观事物的内部联系,即规律性,'求',就是要求我们去研究。"可见,一切科学研究都必须遵循客观性原则。

但是由于心理现象的特殊性,对心理学研究的客观性原则的坚持不仅有着特殊的意义,而且有着特殊的难度。反观心理学的发展历史,就有不少知名心理学家的研究忽略了这一点,德国著名心理学家冯特等人就主张把内省当作心理学研究的最重要的方法。詹姆斯是美国心理学领域中最杰出的先驱,他也坚持这样的观点,他在《心理学原理》中写道："内省观察是我们不得不最先、首要和始终依赖的东西。'内省'这个词几乎不需要界定——它当然是指向我们自己的心灵,并且报告我们在那里发现了什么。所有人都同意,我们在那里发现了意识状态。"

心理现象是一种客观存在的事实,它的产生与外部及内部的条件密切相关,它的历程也有规律可循,所以研究人的任何心理现象都必须贯彻客观性原则,依据可以观察并加以检验的客观事实,切忌仅仅根据内省观察来猜测与分析人的心理。

（二）发展性原则

心理现象和其他的物质现象一样,始终处在发展、变化之中。任何心理现象都有其发展的客观规律,即使是较稳定的个性心理特征,如果长时间受到内部的、外部的各种因素的影响和作用,也同样可能发生变化。因此,心理学研究必须遵循发展的原则。我们不仅要看到心理的现时的特征,而且要看到其发展的前景,要在发展中考察各种心理现象。

（三）系统性原则

人既是生物实体,又是社会实体,生活在具有不同质的多系列系统之中。一方面,人作为生物实体,处在生物进化的系统之中,处在外部的物理系统、生物系统之中。人作为一个生物的实体,内部又有神经系统、肌肉系统、内分泌系统等许多亚系统。人是一个高度非线性的系统,上千亿神经细胞进行着一系列复杂的相互作用。另一方面,人作为社会实体,处在一定的社会系统之中,扮演着诸多社会角色,受到各种社会因素的影响,因此,研究人的心理现象又不能不把它放在社会系统中去加以考察。

对人的多层次、多因素的极其复杂的心理现象做系统的分析时,必须做到:① 要在各个因素的相互联系、相互作用中去认识整体;② 要从心理所涉及的不同水平(从无意识到意识的水平)去加以考察;③ 要对心理进行多侧面(从稍纵即逝的心理过程到稳固的个性心理)的分析;④ 要对心理做发展层次的分析;⑤ 要考虑到心理特性的多序列性;⑥ 要考虑到心理的决定关系的复杂性。

二、心理学的基本研究方法

由于心理现象的复杂性,在心理学研究中,没有一种单一的方法能适用于所有领域。心理学家采取多种研究途径来研究心理现象,现代的心理学研究越来越强调所谓的三角印证的原则,即多种方法下得出的相同结论才是可靠的。心理学的主要研究方法有观察法、调查法、实验法、测验法、个案法、活动产品分析法、经验总结法、比较文化研究法、档案研究法,等等。

(一)观察法

观察法是研究者根据研究目标,按照一定的计划,对研究对象进行系统、全面的观察,通过分析所收集的资料,了解心理与行为的特点与规律的方法。观察研究的要点是重在观察并记录自然发生的行为或事件,在各种自然场合下人们的行为表现,如幼儿园或家庭中儿童的行为、课堂中老师或学生的行为、工业组织中管理者和工人的行为以及街道上行人的行为,等等。

观察法从时间上可以分为长期系统观察和定期观察;从观察的内容上可以分为全面观察和重点观察;从观察的方式上可以分为直接观察和间接观察(通过摄像、照相、录音等方式进行记录,然后进行观察)。有时直接观察也可以在隐蔽处通过纱屏、单向透光玻璃进行。在观察时,如有可能,可以和被观察者进行谈话,以了解他的心理活动,并观察他在谈话时的表现。

观察法的优点在于:不需要被观察者合作;被观察的行为是自然的行为;所得到的结果有直接的意义。一些心理学家如皮亚杰等人大量地使用观察法进行研究,取得了非常丰硕的研究成果。观察法的缺点在于:被动、费时、难以重复验证、难以精确分析等。

(二)实验法

实验法是根据研究目的,有计划地严格控制或创设条件,主动引起或改变被试的心理活动,从而进行分析研究的方法。实验法突出的优点是可重复性、可验证性,可以迅速、省时、省力地获取精确的资料。美国心理学史家波林曾经有一句非常著名的评价:"把实验法应用于心理问题是心理学研究史上无可比拟的、伟大杰出的事件。"

心理学使用的实验法有两种：实验室实验法和现场实验法。

实验室实验法通常是在特设的实验室中，借助各种仪器设备，严格控制各种条件来进行的实验研究方法。

下面引述一个错觉实验的例子来说明实验室实验法的研究特点。有人在生活中发现，在一间完全黑暗的房间里，唯一可见的刺激是一针眼大的光点，如果注视这一光点，过一会儿就会觉得它在游动，但实际上它是固定不动的，后来人们称之为游动错觉。有人据此设计了这样一项心理学实验，实验的被试是12名有吸大麻经验的吸烟者。实验程序如下：首先要求被试吸完两支含大麻的纸烟后，紧接着在一完全黑暗的实验室中注视一光点，并报告光点的移动距离。设计的自变量为纸烟所含的大麻剂量，一共用了4种剂量：0、50、100和200单位，每一名被试都接受4种剂量的实验，4天内每天做一种剂量的实验。结果表明，游动错觉的似动程度是直接与大麻剂量相关的，吸食的大麻剂量越大，引起游动错觉的距离也越大。

现场实验法是在日常生活条件下，实验者有目的地对某些条件加以控制或改变，以研究人的心理行为活动特点与规律的方法。从20世纪40年代开始，现场实验法开始被广泛应用于心理学的各种应用研究之中，特别是社会心理学的研究之中。下面介绍一项经典研究来说明这种方法。凯利(1950)曾做过一项关于人际知觉的现场实验。实验的被试是哈佛大学心理学专业一年级的一个班的学生。实验者(原任课老师)在班上宣布，下一节课将由一代课老师来上，接着发给每个学生一份关于该代课老师的简历的材料。学生实际上被暗中分成了两组，一组接到的材料上说该代课教师待人"热情"，另一组接到的材料则说他相当"冷漠"。除这一点不同外，简历上的其余内容是完全一样的。代课老师到来后，上了30分钟的讨论课。实验者对整个上课过程做了记录，课后要求学生对代课老师进行评价。结果，那些事先被告知说他"热情"的学生都认为他体谅别人，有幽默感，脾气好，善于交往；而那些事先被告知他"冷漠"的学生大都把他知觉为不体谅别人，缺乏幽默感，脾气不好，不善交往。虽然两组学生知觉的是同一个人，但他们却对他做出不同的评价。为什么？因为他们受到实验者预先给代课老师所贴的标签的影响。得到"热情"标签的学生产生了知觉定势去寻找代课老师表现热情的行动，而得到"冷漠"标签的学生却注意去寻找他的冷漠的方面。实验结果表明，对人的知觉往往受类似标签的先入为主的影响。上面的实验是在课堂现场做的，现场的大多数条件保持一种自然状态，因为这一类实验是在现实社会生活情境里进行的，所得结果也更具有适用性。

实验法的主要优点在于：研究具有主动性、快捷性、精确性，能够得出因果结论，研究易于重复、可以检验、便于对比。实验法的主要缺点在于：实验的过程复杂，干扰因素难以完全控制，人为的实验室环境中得出的实验结果往往难以应用到实际生活中去，等等。

（三）测验法

测验法是运用具有一定信度和效度的标准化量表(或问卷)对人的心理特征进行测量和评定的方法。第一个制定这种测验量表的是英国的高尔顿，当时他的目的是为了研究优生学和个别差异等问题。20世纪初，法国心理学家比奈为鉴别低能儿编制了智力量表，之后又有许多心理学家编制了测定情绪、人格的量表。这些科学量表的制定，使人的心理特征可以用客观的数量化工具来衡量和评价,比如我们可以把智商为126的儿童评定为智力优秀。

现在心理学测验有很多种。从测量内容上看,在智慧方面有各种智力测验;在学业方面有教育测验、学科测验;在知觉方面有听觉、辨光、举重等测验;对人们的态度、性格、兴趣、气质等也有相应的测验。从测量对象的人数上看,有个人测验和团体测验。从测量材料上看,有文字的测验和非文字的测验,等等。

测验法的优点在于:能够对心理现象进行方便的、迅速的、全面的、量化的分析,可以方便地借助于计算机同时分析多个变量之间的相关关系。测验法的主要缺点在于:难以推出因果性的结论。

(四)其他研究方法

除上面介绍的方法之外,传统的心理学研究还常用访谈法、活动产品分析法、个案研究法,以及经验总结法、比较文化研究法、档案研究法等来研究人的心理现象,现在的心理学研究还经常使用计算机、大型的数学统计软件等现代化工具来辅助进行研究。

第三节 心理学的任务及其与教育的关系

一、心理学研究的基本任务

一般认为心理学研究的基本任务主要有四类,即描述、解释、预测与控制。

(一)描述

所谓描述就是指在心理学的研究中要正确描述研究对象的现状、依存的环境条件等,如描述研究对象的心理状态、智力水平与性格特点等。只有通过正确描述,了解心理现象"是什么",才能揭示心理现象之间以及心理现象与其他因素之间的关系。

(二)解释

解释是指心理学研究要回答人们对于心理现象的疑问。如回答有关心理现象彼此之间的关系、影响因素等问题。在解释过程中既需要依据客观事实、客观数据,同时往往也离不开研究者主观理念、思维的加工,例如弗洛伊德对于梦、下意识失误等的解释。在心理治疗的过程中,弗洛伊德对于各种心理患者病因的解释无疑是至关重要的。在心理学的发展中,对心理现象的合理的解释,或者科学的心理学理论十分必要,对研究者而言,这种解释可以使相关心理现象的零星知识或认识加以整合,减轻记忆负担,有助于预测人的心理和行为。

(三)预测

预测是根据研究所建立的某一科学的理论,通过思维的演算,预测研究对象的发展变化状态以及在特定时空情景中具体的反应。一般认为科学的理论可以保证正确的预测,例如,根据斯金纳的"强化"理论,我们一般预测,当某一行为在发生以后受到奖励,这一行为就会重复发生。不过在心理学领域,我们运用某一理论来预测研究对象的行为趋势时应特别小心,因为目前绝大多数的心理学理论是针对特定环境情景、特殊条件下的,而现实生活中的人所承受的刺激条件是复合的,甚至是随机的,因此因果关系就不一定成立。所以我们一方面要充分肯定预测的价值,另外也要注意预测的风险。客观地说,心理学的预测目前看来只是对于某一现象变化以及表现概率的推测。

(四)控制

控制是指研究者以科学的理论为指导,操纵某一变量,或者说创设一定的条件,使研究对象产生理论预期的改变或者发展。一般而言,控制是科学研究的最高目标。但是随着生态伦理学的发展,人们已经越来越多地注意到人类需要更好地适应环境,而不是改变它们。在心理学的研究领域中,我们自然要有控制的理想,例如我们需要科学地养育和教育儿童,使之朝向我们认为理想的方向发展,我们需要努力促使员工提高工作的效率,需要使前来寻求帮助的心理症患者解除其苦恼等。但是由于自由与自主、内生与成长是人的基本价值追求,因此在心理学研究过程中,应该注意"控制"的负面效应。

上述四个方面既是心理学及相关科学进步与发展的需要,也是解决各个社会实践领域心理与行为问题的需要,因此心理学研究既具有理论任务,又具有实践任务。

二、心理学在教育中的应用

随着心理学的进步与发展,其研究成果在教育领域中的应用也越来越广泛。初期主要是普通心理学的研究成果在教育领域中的应用,比如说感知、记忆、思维、想象、注意等认知过程方面的基本规律帮助老师和学生有效地感知教材、提高记忆效率、增强注意力等,个性方面的研究成果帮助老师认识学生的个别差异,有助于因材施教。随着教育心理学诞生,关于学生的学和教师的教,涌现了大量而系统的研究,极大地深化了人们对于学习本质、学习规律的认识,深化了人们对于教学组织、教学设计、群体对于学生学习的影响等的认识。教育心理学的研究成果对教育教学实践具有广泛而重要的指导作用。

从实践来看,凡能自觉运用心理学理论科学指导教育教学实际者,便能有效提升教育教学的质量和效率,更能促进自身的专业成长。例如,19世纪末,德国著名教育学家赫尔巴特就运用普通心理学的知识来指导教育实践,取得重要成就,受到人们的广泛肯定;苏联的马卡连柯、苏霍姆林斯基等著名教育家运用心理学知识进行差生转化的教育实验,取得理想的效果,产生了广泛而深远的影响。因此,对于教师或者师范生而言,心理学知识的学习与掌握不仅是十分重要的,而且是十分必要的。

(一)心理学知识的掌握有助于教育者更好地了解学生

要做好教育、教学工作,最基础的工作就是全面地了解学生。了解学生是管理好、教育好学生的前提。实践表明,把孩子当作"小大人"的做法是行不通的,对学生"一刀切"的做法同样是行不通的。因此教师必须切实了解学生的认知发展水平和个性、社会性发展特点，必须了解学生的个别差异。心理学知识，尤其是发展心理学方面的知识是教师科学认识学生的有效的理论工具，可以帮助其高屋建瓴地了解、理解不同性别、不同年级学生群体的特点及个性差异；社会心理学知识可以帮助其了解、理解学生群体的心理现象；心理测验与测量、心理咨询方面的知识可以帮助其克服主观性，更为迅速、全面、准确地了解不同学生的个性及心理健康状况等。

（二）心理学知识的掌握有助于建立良好的师生关系

心理学不仅是认识人的学问，而且也是帮助人们更好地与人相处，建立良好人际关系的学问。事实上，促进人际和谐、促进人与环境的和谐一直是心理学的基本追求。师生之间和谐的人际关系是搞好教育、教学的前提条件和重要保证，即所谓"亲其师信其道"。心理学知识，特别是社会心理学方面的知识、人际关系心理学方面的知识、人本主义的心理学思想等十分有益于教师真正树立以生为本的态度，形成关爱学生、尊重学生、信任学生、理解学生的民主意识，掌握与学生顺利沟通的方法与技巧。

（三）心理学知识的掌握有助于教育者的职业成长

教师在职业生涯中如果仅仅依靠在实践中摸索，依靠个人经验的积累，其自身的职业成长必然会走很多弯路。教育心理学、学校心理卫生、职业生涯辅导等心理学知识，可以有效地帮助教师提高教育教学及教育研究的质量和效率，提高管理班级的能力和水平，进而提高个人的教学威信、自信，提高个人的教学效能感，预防和减轻职业倦怠，有效提升个人的心理健康水平，享受教书育人工作的乐趣和幸福。

第四节 心理的实质

什么是心理？人的心理是从哪里来的？这个问题同哲学的根本问题密切地联系着，同心与物、心与脑的关系问题密切地联系着。心理的实质问题是普通心理学的最基本理论问题之一，对心理实质的理解历来存在着两种根本对立的观点。

一、唯物主义与唯心主义心理观的对立

唯心主义认为，心理是脑之外的、不依赖于脑而独立存在着的一种东西。在古代，有人曾猜测人的思维、感觉和做梦等是灵魂或精神的活动。这种灵魂或精神是与生俱来的，住在人的身体（心脏、血液、瞳孔等）里面，而当人睡着或者死亡的时候心理或灵魂就离开了人体。可见，唯心主义者把心理看作不依赖于物质而存在的虚无缥缈、不可捉摸的东西。

唯物主义认为，心理起源于物质，是物质活动的产物。在我国，古时候人们一直以为心理现象是人心脏活动的产物，认为人的心理活动的器官是心脏。所以汉字里许多与心理活动相关的字词都带心字底或者竖心旁，如恩、想、情、意、恨等。这种把心理现象看成是起源于物质，是物质活动的产物的见解，固然是唯物主义的，但认为心理产生于心脏，毕

竟与事实不符。后来庸俗唯物主义者把心理活动和物质过程等同起来，认为脑髓之分泌思想就好像肝脏之分泌胆汁、胃分泌胃液一样。显然这种观点也是不正确的。

只有在马克思主义哲学的指导下，人们对于心理的实质才获得了科学的理解。列宁精辟地指出，人的心理是"头脑的机能，是外部世界的反映"。可见辩证唯物主义者对人的心理的实质的理解是：心理是人脑对客观现实的反映。这一观点可以表述为：心理是人脑的机能，是人脑对客观现实的反映。

二、辩证唯物主义的心理实质观

（一）心理是人脑的机能

1. 心理的器官在脑不在心

如上述所言，古时候人们以为人的心理活动的器官是心脏，因为人平时可以感到自己心脏的跳动，在激动和平静等不同的心理状态下可以明显感到自己心脏跳动的差异，身体其他部位则一般没有明显的感觉；再者，心脏在人体的部位也容易让人产生心理活动。随着人们生活经验的积累，人们逐渐认识到心理现象不是跟心而是跟脑密切联系着，例如人们观察到：在睡眠和麻醉时（如酒醉），心脏的活动没有变化而精神状态大不相同了；脑受了损伤的人（如外伤或震荡），心理活动就要受到严重的破坏，耳目完好却变聋变盲了，有的记忆消失了，有的言语、思维或随意运动受到了损害。有时这些损害跟精神病患者的情况相似，精神病患者正是在心脏和其他器官的机能正常的情况下表现出神志不清的。因此，人也就逐渐认识到心理活动的器官是脑，但由于脑的结构和机能都异常复杂，即使要对它进行解剖学的研究，在仅有简单器械的古代也是比较困难的，所以18世纪以前，关于脑以及脑和心理现象的关系方面的科学研究并不多见。

到了19世纪，随着解剖学、生理学的发展，人们对脑的科学研究逐步加强，研究成果不断涌现：法国医生布洛卡对于大脑中言语运动中枢的发现，推动了大脑皮层机能定位的研究；贝兹发现了皮层中贝兹大型细胞，增进了对于人脑的解剖学、组织学的研究；谢切诺夫关于中枢抑制现象的发现、对于大脑机能的了解更是一个大的进步。弗卢伦用切除法以及弗里施和希齐格用电刺激法所进行的研究，加尔宛尼发现生物电现象后引起的关于神经电现象的研究，都极大地丰富和深化了人类对于脑和神经系统机能的认识。

马克思列宁主义的经典作家们总结了人类经验和科学研究的成果，指出："我们的意识和思维，不论表面上如何像是超感性的东西，但它们是物质的、肉体的器官即头脑的产物。""心理的东西、意识等是物质（即物理的东西）的最高产物，是叫作人脑的这样一块特别复杂的物质的机能。""思维是发展到高度完善的物质的产物，即人脑的产物，而人脑是思维的器官。"

2. 脑的基本活动方式是反射

大脑是怎样活动才产生心理现象的？关于脑的活动的方式，17世纪法国哲学家笛卡尔认为，动物的活动和人的一切不随意的活动都是自动实现的对外界刺激的反应。例如手脚碰到灼烫或针刺时立刻无意识地缩回来，笛卡尔把这种活动叫作"反射"。笛卡尔是一位二元论者,他认为动物的一切活动和人的一部分的活动是反射,人的感觉、思维等则是灵魂的活动,与反射无关。笛卡尔的二元论,我们必须摒弃,但是笛卡尔所提出的反射的概念在科学上却意义重大,影响深远。

从科学上开始对反射进行系统研究的是近代苏联著名生理学家谢切诺夫。在《脑的反射》一书中,谢切诺夫把反射的原理推广到脑的全部活动,即人的全部的心理活动上。他指出:"有意识的和无意识的生活的一切活动,就其发生的方式而言,都是反射。"这一认识,是人类对于自身心理现象科学理解的一个飞跃,对于心理科学的发展具有极其重要的意义。

谢切诺夫把反射活动分为三个主要的环节。开始环节:外界刺激和它在感觉器官中引起的、由传入神经(内导神经)向脑传导的神经兴奋过程。中间环节:脑中枢发生的神经过程和这一过程的主观表现——心理活动。终末环节:神经过程由中枢沿传出神经(外导神经)传至效应器官,引起效应器官的活动,如动作、言语等。谢切诺夫曾经强调指出,心理现象借以发生的反射的中间环节,不可能同其余两个环节(外界刺激和反应活动)分离开来。这两个环节是心理的开端和终结。一切心理现象都是整个反射过程的不可分割的部分。现代生物科学研究发现,所谓终末环节并不意味着整个反射活动的终止,一般情况下,反应活动本身又会成为新的刺激,引起新的神经过程,返回传导至中枢,这一现象叫作"反馈"。有了反馈,人的反射活动才能成为完整的、连续的过程,才能使得反应更好地符合客观情况。

谢切诺夫上述关于反射活动的各个环节是联系着的、不可分割的论点,对于人们正确理解心理活动的实质具有重要意义。一方面告诉我们,心理现象是在反射的中间环节产生的,是由反射的始端即外界事物所引发的,反映着外界事物,因此,不能把人的心理活动看作完全脱离外界影响和人的外部活动的一种主观的体验,正如谢切诺夫所说:"任何行为的最初原因永远在于外来的感觉兴奋,因为没有它,任何的思想都是不可能有的。"另一方面,心理活动产生以后又对反射的终端的反应活动具有调节的作用,对此,谢切诺夫指出:对于所谓外界影响不要作简单化的理解。制约心理现象的不仅有现实的外界影响,还有人所感受过的过去的外界影响的总和,他的全部的过去经验。各种心理活动,不管怎样简单,它总是人的全部过去和现在的发展结果。

反射学说肯定人的一切心理活动从产生方式上说都是反射,反射就是有机体借助神经系统实现的对内外刺激的有规律的应答。反射现象说明一切心理活动都是由外界影响所引起并受客观世界的因果规律制约的。这就把心理现象纳入统一的、具有内在联系的各种现象之内,使心理现象成为互相联系、互相制约的各种现象的一个环节,使心理现象服从运动、发展和因果制约的辩证规律,摧毁了唯心主义的关于心理现象的心物平行论、意志自由论等学说。

在谢切诺夫研究的基础上,苏联著名生理学家巴甫洛夫对动物和人的反射活动进行了长期的系统的实验研究,提出了条件反射的概念,建立了高级神经活动学说,为科学阐释心理的生理机制奠定了坚实的理论基础。

巴甫洛夫把反射分为无条件反射和条件反射两种。无条件反射是在种族发展过程中形成的先天遗传、不学而能的反射。人的主要的无条件反射有食物性反射(吞咽和消化活动)、防御性反射(趋利避害,以适应环境)和性反射(繁衍后代的反射活动)。这种反射的反射弧是生来就已经联系好的,是一种固定的神经联系,是由低级神经中枢(脊髓和脑干)

来实现的。但是,无条件反射可以受到大脑皮层的调节。条件反射是有机体在后天的生活过程中习得的行为,其神经联系是暂时的。

根据条件反射形成的方式,人们把它分为经典性条件反射和操作性条件反射两类。

巴甫洛夫所研究的条件反射被人们称为经典性条件反射。20世纪初,巴甫洛夫在实验过程中观察到,动物(狗)不仅在进食时分泌唾液,而且在看到食物的外形、闻到食物的气味,甚至听到喂食者的脚步声时也会分泌唾液。这种"心理分泌"现象引起了巴甫洛夫的重视。他精心设计了一系列经典的条件反射的实验研究:他以狗为实验对象,首先呈现中性的无关刺激,如灯光或铃声,称条件刺激,同时或紧接着分别给予能引起唾液分泌的食物或能引起消退反应的电击等无条件刺激。在一般情况下,如此反复进行若干次后,仅出示灯光或铃声,也能引起唾液分泌或消退唾液分泌的反应。巴甫洛夫发现,形成条件反射的基本条件是无关刺激(条件刺激)与无条件刺激在时间上的反复结合,即强化。经过多次强化,就能使处于觉醒状态的有机体形成条件反射。

美国心理学家斯金纳通过对动物行为的实验研究,发现了一种由学习所形成的反应形式——操作性条件反射,又称工具性条件反射。经典的操作性条件反射实验是将实验动物放入斯金纳实验箱里,箱内安装一根杠杆,动物按杠杆就能得到食物强化。开始时,动物在实验箱中盲目地活动,偶尔有几次脚踩在杠杆上,就获得强化物。此后大白鼠在杠杆周围活动的时间明显增加,获得食物的次数也增多,最后大白鼠学会了按杠杆得到食物。操作性条件反射的特点是用奖励性的手段强化有机体的某种反应行为。由于学习的过程是一种操作的过程,故这种条件反射称作操作性条件反射。斯金纳认为,操作性条件反射是行为改变的原则,即通过建立这种条件反射可以改变有机体的行为。在现实生活中,一个复杂的反射活动往往既包含经典性条件反射又包含操作性条件反射。

巴甫洛夫根据上述实验研究得出结论:条件反射形成的神经机制是在大脑皮层上建立暂时神经联系,即无条件刺激的皮层代表点或兴奋灶与条件刺激的兴奋灶之间暂时联系的接通。人可以用语词作为条件刺激物建立无限级的条件反射。如"谈虎色变""望梅止渴"就是以语词为信号的经典性条件反射。巴甫洛夫认为,条件反射系统就是信号系统。人脑中的信号系统可以分为第一信号系统和第二信号系统。他把用具体事物作为条件刺激所形成的条件反射系统叫作第一信号系统,把用语言作为条件刺激所形成的条件反射系统叫作第二信号系统。语言是第一信号(具体事物)的信号,它可以间接地反映事物,而且是人的思维活动、交流思想、传授知识以及自我控制的工具。掌握语词的正常人的心理活动,一般总是脑的两种信号系统协同活动的结果,而第二信号系统是占主导地位的,正是由于有了第二信号系统,人的心理才产生了质的飞跃,形成人所特有的意识和自我意识,心理活动才能够相对脱离客观事物的直接制约,体现出主观能动性。

(二)心理是人脑对客观世界的反映

1. **反映是物质的普遍属性**

世界是物质的,物质是不依赖于人的感觉、意识而存在的客观现实。反映是一物体与他物体相互作用时留下痕迹、做出回答的过程和功能,是物质的普遍属性。由于物质具有不同的运动形态,所以物质的反映形式也各不相同。无机体的反映形式是物理的、化学的,如物体相互碰撞会留下碰撞痕迹,物体会热胀冷缩,铁丝在空气中会生锈等都是物体的反映,是无机物的反映。生物的反映形式则有所不同,不同的生物反映形式也不同。如植物等生物具有感应性,即对能维持生存的物质做出相应的反映,向日葵总是朝向太阳;生物进化到动物,则具有了动物特有的反映形式,低等动物如单细胞动物、腔肠动物等具有感受性,即能把不带有生物学意义的物体特征当作有生命意义的信号,做出积极定向。感应性可以使得动物对外界的多种刺激物形成暂时的联系,通过种系记忆成为本能。随着神经系统的出现与发展,高等动物的反映又有了新的形式,出现感觉、知觉、思维等心理活动,以及人类的意识。

2. 心理对客观现实的依存性

心理现象的产生,首先是由于作用于人的客观事物的存在。早在人类出现之前、心理出现之前,自然界就已经存在了,说明客观事物的存在不依赖于心理;而人的心理却必须以客观现实为基础,没有客观现实作用于人,心理活动就不可能产生,这是反映论的基本原理:"没有被反映者,就不能有反映,被反映者是不依赖于反映者而存在的。"其次,心理的产生还依存于脑,心理现象是脑的机能、脑的属性,而脑本身也是物质的、客观的,是客观现实的一部分。这种以多样心理现象为形式的对现实的反映是存在于我们心理之外的、不以我们的意识为转移的客观世界的映象。物质是第一性的,心理、意识是第二性的,是物质世界在人脑中的反映。

3. 心理的主观性

人的心理具有一定的主观性。在活动中,人和周围环境不断地相互作用着,客观世界的万事万物首先作用于人的感觉器官,最终以感觉、表象、思想、情感、愿望等形式反映在人脑中,并引起回答性反应——语言、动作等活动。心理就其产生的方式来说,是客观事物作用于人所引起的人的高级神经活动,是脑的反射活动。关于心理活动的内容,马克思说"是在人类头脑中变位了、变形了的物质",列宁说"是物质世界的复写、摄影、摹写、镜像"。事物的映象好像是它的副本、它的描绘,但是虽然心理与其反映的对象或现象是相像的,但并不是对象或现象本身,映像还受人的影响,不仅受人生理因素的影响,还受人的个性和知识经验等的影响,具有一定的主观性。

4. 心理的能动性

人对客观现实的反映不是消极的、被动的、机械的,而具有能动性。人不仅要受自然界和人类社会的影响与作用,而且也能积极地作用于周围世界。客观世界的影响是人对客观现实的反映中具有根本的决定性的一方,决定着并且作为原因制约着人的一切心理活动和一切个性心理特征;然而它不直接地、自动地决定心理活动过程和塑造个性心理特征,而是通过人和客观世界的相互作用,在人的有目的地改变世界的实践活动中实现的。因此,人的心理活动对实践活动的指导意义也是巨大的,人不仅可以主动地把客观的东西反映到主观认识中来,把外界事物变为观念的东西,而且可以通过实践活动使主观见之于客观,变主观的东西为客观的东西。正是由于实践活动,才使人对客观事物的表面认识发展到对事物本质的认识,使人对某些客观事物产生一定的情感,表现出克服困难的意志行动,或对它发生兴趣,并在这种相互作用中培养能力。同时,只有通过实践活动才能使心理活动受到客观的检验,使其所反映的内容符合客观规律。

可见,人的心理的能动性主要表现在两个方面:一是通过实践,人能够把在现实中所获得的直接印象,通过词的概括,同已有的知识、经验联系起来,把感性材料加以改造,以揭示其本质和规律。这种能动性的表现也是意识的抽象能力和推理能力的表现。二是人能够主动地调节和支配实践活动,并通过实践反作用于客观世界,即按照人的意志去改造客观世界。当然,人在反映和改造客观现实时所表现出来的意识能动性,应该也必须受客观规律性的制约。

总之,心理是人对客观现实的主观的、能动的反映。心理是在社会生活实践中发生、发展的,社会生活条件制约着人的心理。由于人在实践中所接触到、感受到的客观事物在日新月异地变化着,因此人的心理也不是固定不变的。

本章小结

心理学是一门古老而年轻的科学。在心理学的发展历程中,构造主义、行为主义、精神分析等不同的心理学流派对心理学研究对象的认识各不相同。我国心理学家认为心理学是研究人的心理现象发生、发展规律的科学,而心理现象主要包括心理过程和个性心理两个方面的内容。一般认为心理学的研究应遵循客观性、发展性、系统性等原则,观察法、实验法、调查法等是心理学的基本研究方法。描述、解释、预测与控制是心理学研究的基本任务。心理学知识,特别是教育心理学知识对教育教学实践、教师专业成长具有重要作用。长期以来,关于人的心理的实质的认识存在着唯心主义和唯物主义两种根本对立的观点。辩证唯物主义认为人的心理是人脑的机能,是人脑对客观现实的反映。

复习思考题

一、选择题

1. 心理学被称为一门古老而年轻的科学,因为尽管心理学思想古已有之,但科学心理学仅有(　　)的历史。

　　A. 50多年　　B. 500多年　　C. 100多年　　D. 200多年

2. 被称为心理学之父的心理学家是(　　)。

　　A. 孔子　　B. 亚里士多德　　C. 冯特　　D. 弗洛伊德

二、简答题

1. 人的心理活动主要包括哪些内容?
2. 心理学的研究任务有哪些?
3. 心理的研究方法主要有哪些?
4. 试述人的心理的实质。
5. 联系实际谈谈心理学与教育教学的关系。

第二章 注 意

内容提要

注意在人类的信息加工中有着重要的意义。没有注意的参加,信息的输入、编码、储存和提取,都难以实现。教师了解并掌握课堂教学中学生注意的特征及规律,可有效预测和调控学生的注意状态,提高教学效果。

思维导图

```
         ┌ 注意的概述 ┬ 注意的含义及特征
         │            ├ 注意的功能
         │            ├ 注意的外部表现与生理变化
         │            └ 注意的理论模型
         │
         ├ 注意的分类 ┬ 无意注意
         │            ├ 有意注意
  注意 ──┤            └ 有意后注意
         │
         ├ 注意的品质 ┬ 注意的范围
         │            ├ 注意的稳定性
         │            ├ 注意的分配
         │            └ 注意的转移
         │
         └ 注意规律在教学中的运用 ┬ 运用无意注意的规律组织教学
                                  ├ 运用有意注意的规律组织教学
                                  └ 运用无意注意和有意注意两者交替的规律组织教学
```

第一节 注意的概述

周围环境给人们提供了大量的刺激,这些刺激有的对人很重要,有的对人不那么重要,有的毫无意义,有的甚至会干扰当前正在进行的活动。人要正常地工作与生活,就必须选择重要的信息,并排除无关刺激的干扰。人脑这种选择信息、排除干扰的功能,就是注意这种心理现象的重要功能。认知心理学把人的认知系统看成是一种信息加工系统。此系统受到通道容量的限制,人只能从各种感觉信息中选择少量重要的信息,进行知觉加工,然后再选择某些信息保持在记忆中,在必要的时候从记忆中有选择地提取某些信息,对环境中的刺激做出不同的反应。正因为这样,认知心理学认为,注意在人类的信息加工中有着重要的意义。没有注意的参加,信息的输入、编码、储存和提取都难以实现。关于学业成绩不良与注意缺陷方面的大量研究也表明,注意力缺陷是儿童学习困难的主要原因。

一、注意的含义及特征

对注意内涵的界定,因研究角度的差异而不一致。冯特把注意看成是意识领域内的一个范围狭小的中心区域。任何心理内容只有进入这个特定的领域,才能获得最大的清晰性和显明性。冯特把这个区域称为意识注视点,他认为注意是意识对客体的指向性。鲁利亚强调注意的选择性功能,认为人的任何有组织的心理活动都以某种选择性为特征,心理过程的这种选择性通常被称为注意。索尔索则认为,注意是指心理努力对感觉事件或心理事件的集中。马丁代尔把注意定义为当前被激活的一系列结点。人脑中各个认知单元在当前一刻被激活的程度是不一样的,激活较少的单元处于短时记忆中,成为注意的边缘,而激活最多的单元,占据着注意的焦点。

美国现代心理学的创始人詹姆斯曾说过"人人都知道什么是注意",但他仍然解释说"注意是心理以清晰而生动的形式对若干种似乎可能同时出现的对象或连续不断的思维的一种占有。它的本质是意识的聚焦与集中,意指离开某些事物以便有效地处理其他事物"。20世纪50年代中期以后,认知心理学兴起,注意的重要性越来越被人们认识,因而对注意的研究也越来越广泛地开展和深入。1967年,奈塞在他的《认知心理学》一书中,有意地用"拾取"信息(pick up information)的词组,以表明人不同于行为主义心理学者们所说的那样,是被动地接受外界刺激,而是"挑选",即主动地选取某种信息。当代认知心理学认为,人是一个信息加工系统,注意是人类信息加工系统中的一个重要组成部分。没有注意的参加,信息在系统中的编码、储存和提取都将成为不可能。人类信息加工系统的能量是有限的,在某一时刻,我们不能同时知觉和编码每个事物。因此,注意的实质就是对输入信息的选择性分析。分析包括对输入信息的知觉、表征及编码等所有过程。

以上对注意含义的不同表述,各有侧重点。在普通心理学中,目前绝大多数学者以詹姆斯关于注意内涵的表述为思想土壤,普遍认为:所谓注意,就是意识的选择性活动,是心理活动对一定对象的指向和集中。指向性和集中性是注意的两个基本特征。

在纷繁复杂的环境中,有多种多样的信息不断地作用于人,究竟接受哪些信息、不接受哪些信息,即注意什么、不注意什么,这取决于人的意识的选择性。选择性有两种形式,一种是有意的,一种是无意的。无论是哪一种选择形式,在特定的时间内,人对各种刺激进行有意识反映的能力总是有限的。

指向,是指对心理活动对象与范围的选定。具体表现在心理活动的范围大小和对象多少。选定的对象和内容可以是外部世界的事物和现象,也可以是个体自身的观念、心态及行为。心理活动的对象与范围一旦被选定,个体的感知、记忆、思维和想象等心理活动才会有方向感,才能进行明确而清晰的反映。否则,时间、精力有限的个体必定无所适从、难以应对。

集中,是指心理活动对一定范围对象的反映强度。具体表现在心理活动的介入数量、持续时间和稳定程度。置于心理活动中心地位的对象,感知、记忆、思维和想象等心理活动的介入数量、持续时间和稳定程度,各方面都要强于心理活动边缘的对象。这是心理活动对一定对象进行深刻而准确反映的重要前提。否则,反映能力有限的个体对对象的认识无法延展深入,只能浅尝辄止。

指向性和集中性是注意的两个基本特征。两者是同一注意状态的两个方面,相互联系、不可分割。指向是集中的前提和基础,集中是指向的体现与深入。换言之,离开指向,集中何在;没有集中,指向何用。不少学习困难的学生,听课时抓不住重点,独立学习时更不知道该学什么,或者对重点学习的内容无法全神贯注,浪费大量时间却效果甚微,多半是没处理好指向和集中这两者的关系。

注意不是一种独立的心理过程,因为注意本身并不能反映事物的属性,但注意是认识、情感和意志等心理活动过程的开端,并始终伴随着这些心理活动,保证心理活动顺利且有效地进行。也就是说,注意贯穿于心理过程的始终。一旦注意终止,心理过程将偏离目标,甚至终止。在认识过程中,当人们在注意着某些事物时,也就同时在感知、记忆、思考和想象着某些事物。在情感体验和意志努力的过程中,如果没有注意,人的情感就无从表现,同时也不会产生克服困难的意志力,意志行动就不可能实现。可见,如果把心理过程比作一艘航船,那么注意不仅掌管着起航,还负责领航、护航。

只要在清醒的状态下,人们总会把注意指向某一事物。我们有时说"我没注意",并不是说注意这种心理现象没有发生,而是指我们没有去注意应该注意的事物,却在注意其他的无关事物。

二、注意的功能

任何心理过程的活动效率,需要注意的伴随才能得以保证。注意的参与,是主体内外一切信息能够进行深加工的必备条件。这是因为注意这种心理现象具有以下三种功能:

首先,注意具有选择功能。注意使个体从一瞬间同时作用于我们的众多事物中选定对我们有价值或意义的、符合自己兴趣或需要的、与当前活动任务和目的相一致的有关事物,而避开、抑制或排除那些无关的其他事物。学生在听课或考试的过程中,通常会从储存于头脑的大量信息中选出与当前智力活动有关的信息,这是注意选择功能的具体体现。没有注意的选择功能,心理活动就会失去方向,意识将会陷入混乱状态,也不能对大量信息按先后主次、轻重缓急加以筛选和过滤,并进一步加工。

其次,注意具有保持功能。注意使个体的心理活动在一段时间内保持比较紧张的状态,就是要靠注意的维持功能。人只有在持续的紧张状态下,才能够对被选择的信息进行深入的加工与处理。注意的持续功能还体现在时间的延续上,对于复杂活动的顺利进行有重要意义。正是由于注意保持功能的影响,才能使感觉登记向知觉分析转化,进而向信息储存转化,并为高层次的思维活动奠定信息基础。如果选择的注意对象转瞬即逝,心理活动无法持久展开,也就无法进行正常的学习、工作和生活。

再次,注意具有调节与监督功能。注意还能够协调、控制和监督心理活动沿着特定方向和目标正常运行。注意的调节和监督功能,决定着注意的合理分配与转移、注意的方向正确与强度适宜。这样,个体就能适应变化多端的环境,无效和低效的心理与行为活动减少,行为目标得以实现。古代教育家荀子在《大略篇》中说:"君子壹教,弟子壹学,亟成。"这里的"壹"就是专一,意为只要教师一心一意地教,学生一心一意地学,就能保证学生最终学业有成。

三、注意的外部表现与生理变化

在课堂教学管理中,教师的职责之一就是对学生的注意力进行管理。全面、及时并准确了解和判断学生在课堂学习中的注意集中状况,是教师调控学生注意力的重要依据。心理学研究表明,当个体集中注意于目标对象时,常常伴随有特定的动作、表情和生理反应,这就是注意的外部表现与生理变化。教师有时通过观察即可掌握学生的注意状态,判断他们是否在注意听课。有经验的老师,能够根据学生注意的外部表现,如姿势、面部表情,特别是眼神,判断他们的注意状态。一旦发现学生注意分散的苗头,不等他们完全脱离教学活动就及时加以引导。一般来说,注意的外部表现有以下三方面:

(一)适应性动作出现

人在注意状态下,感觉器官一般是朝向注意对象的。当我们注意一个物体,会"注目凝视";注意一种声音,又会"侧耳细听";在我们专注于回忆往事、思考问题时,又常会"眼神发呆,若有所思"。当然,最明显的适应性动作就是个体能够追随组织者的思路,配合做各种运算或操作等,这也说明个体正处于积极的注意状态。认知心理学的研究成果表明:人在进行视知觉的时候,眼睛的视线总是对准所注意的对象的某一点,这一点成为眼睛的注视点,并且不断地转动视线以转换注意的目标。眼睛是以跳动的方式将视线转换到新的目标上去的。在每次转换目标以后,眼睛稍许停顿片刻,注视这一目标,然后再跳动到新的注视点上去。在关注对象的时候,眼睛就是这样不断地注视、跳动、再注视……观察着目标对象。可以利用照相、电影摄影,或者记录眼球运动时眼肌的电位变化,来研究注意时眼球运动的轨迹,以确定注意时对象的不同部分所起的作用。

(二)无关动作停止

当人们集中注意时,就会高度留意当前的活动对象,一些与活动本身无关或起干扰作用的动作会相应减少甚至停止。在紧张注意时,一定时间内会出现静止现象。因此可以说,静止是紧张注意的特征。当演员能够抓住观众的注意的时候,观众就会停止身体的运动,剧院里出现一片寂静。当学生的注意被教师的精彩教学吸引时,会停止东张西望、做小动作或交头接耳,教室里会异常地安静。

(三)生理和情绪反应

人在集中注意时,呼吸会变得格外轻微和缓慢,有一定的节律。呼与吸的时间比例也会发生显著变化,吸短而呼长。在注意力高度集中时,常会"屏息静气",甚至牙关紧闭、掌心出汗、心跳加快以及表情严肃或紧张。

值得注意的是,注意的外部表现和注意的真实情况通常是一致的,根据注意的外部表现与生理变化,可以了解人的内心活动。但在特定条件下,人可以通过假象来掩盖注意的真实情况,可能会出现外部表现和内心状态不相符合的"貌合神离"的情况,即所谓貌似注意实际不注意或貌似不注意实际注意的现象。因此,在判断一个人的注意集中和稳定情况时,仍须审慎,还应通过多方面的观察和了解进行综合分析。

四、注意的理论模型

(一) 过滤器模型

认知心理学家认为,人之所以有选择地注意周围环境线索的一小部分,是由于其信息加工能力是极其有限的,不能同时对全部感觉线索进行加工。于是他们设想,在信息加工系统的某个地方存在着一种瓶颈口。瓶颈口的存在,一方面可能受感受器或神经通路的限制(如中央凹的存在),另一方面也可能受中枢加工机制和反应的限制。英国学者布鲁德本特1958年提出了关于选择注意加工方式的第一个完整的模型——过滤器模型,这个模型后来被韦尔福德称为单通道模型。其基本假设是信息加工受通道容量的限制。布鲁德本特认为,来自外界的信息是大量的,这些感觉信息将通过大量的平行的感觉通道进行加工。但是,人的神经系统高级中枢的加工能力是极其有限的,于是在信息加工过程的某一阶段就出现了瓶颈口。为了避免系统超载,需要过滤器加以调节,选择出一些信息,进入高级分析阶段,而其余信息可能暂存于感觉登记或短时储存中,然后迅速衰退,这种过滤类似开关,可以接通一个通道,使该通道的信息通过,而其余通道则被阻断,信息不能通过。

显然,过滤器模型是在信息论的直接影响下提出的。信息论认为,信息加工受到通道容量的限制。信息超过了通道的容量,就会从通道中"溢出"。过滤器模型是一种全或无的模型,即由于过滤器的作用,来自一个通道的信息因为受到选择而全部通过,而来自另一通道的信息由于"闸门"被关掉,就完全丧失了。由于信息的选择取决于刺激物的物理性质,因此过滤器的位置可能处在信息加工的早期阶段。那么,过滤器是如何选择的呢?布鲁德本特认为选择不是随机的。最初,他假定,选择是根据信号的物理属性(如刺激的新异性和强度等)进行的,而与其内容无关。新异的、较强的刺激,具有生物学意义的刺激容易通过过滤器受到人的注意。后来,布鲁德本特又强调了人的期待作用,认为期待的信息可受到人的注意。

尽管此模型得到了某些实验的支持,具有一定解释力,但是模型的局限性也很明显。其一,模型是根据听觉实验的结果提出的,实验所用的材料都是听觉材料,因此信息的选择与过滤只发生在同类性质的材料间。当材料的性质改变,信息输入来自不同的感觉通道时,模型的预测力量就不强了。其二,模型只解释了刺激的物理性质对信息选择的作用,而无法解释材料的语义联系在信息选择中的作用。事实上,当实验是用有语义联系的材料来做时,被试者对不注意的材料是能够处理的。其三,由于人们可能对语义进行加工,因此假定注意选择发生在信息加工的早期阶段是没有根据的。

(二) 衰减模型

美国心理学家特瑞斯曼1960年根据自己及其他人的实验,提出了一个新的注意模型——衰减模型。她认为,过滤器不是像布鲁德本特的模型那样只允许一个通道的信息通过,而是既允许追随耳的信息通过,也允许非追随耳的信息通过,只是非追随耳的信息被衰减,强度减弱,但有些信息仍可得到高级水平的加工。特瑞斯曼对该模型做了进一步解释:追随耳和非追随耳的信号都先通过初级的物理特征分析,然后也都能通过过滤器,只是非追随耳的信号经过过滤器时受到衰减,而追随耳的信号则未受到衰减。特瑞斯曼在衰减模型中引入了"阈限"的概念。任何输入的刺激必须超过阈限的强度,才能使人意识到它的存在。追随耳的信号通过过滤器时没有受到衰减,保持原来的强度,可以顺利激活有关的字词,从而得到识别。非追随耳的信号因衰减而强度减弱,常常不能激活相应的字词,因而不能得到识别,但是有些词对人有重要意义,如自己的姓名、火警信号等有较低的阈限值,可受到激活而被识别。当人们从非追随耳的通道中接收到某些有重要意义的信号时,即使这些信号由于过滤器的作用,强度已减弱,但仍能激活心理词汇中的某些阈值较低的单元,并使人们意识到它的出现。同样,如果人们期待着某个单词,那么与这个单词有关的检测装置将提前做好准备,激活的阈限会相应降低。总之,在衰减模型中,瓶颈的位置是比较灵活的。关于选择性过滤器在信息加工系统中的位置问题,特瑞斯曼假设有两种情况:一是语义分析之前的,称为知觉过滤器;二是语义分析之后的,称为反应过滤器。所以,在特瑞斯曼看来,注意的选择不仅依赖于初级水平上物理特征的分析,而且还依赖于高级分析水平的状态,既有知觉过滤器根据项目的物理特征进行选择,也有反应过滤器根据信号的意义进行精细的选择。

衰减模型不仅解释了注意的选择机制,而且也解释了单词的识别机制,因而对认知心理学产生了很大影响。衰减模型改进和发展了过滤器模型,它能解释更广泛的实验结果,并对人的行为做出更好的预测。但是两个模型有些地方是共同的:第一,都认为人的信息加工系统的容量是有限的,因此输入的信息必须由过滤器加以调节;第二,都假定过滤器的位置在知觉分析之前,或初级的物理特征分析与高级的意义分析之间,而不是发生在反应选择的阶段;第三,过滤器的作用都是选择一部分信息进入高级的知觉分析水平,使之得到识别,注意选择都是知觉性质的。由于这些共同点,人们常常把两个模型合并在一起,称为 Broadbent-Treisman(过滤器—衰减模型),将其看作注意的知觉选择模型。不同之处在于:第一,"全或无"的工作方式改为衰减。第二,单通道改为双通道或多通道。

(三) 反应选择模型

该模型由多椅齐在 1963 提出,后经诺曼修正。他们认为,几个输入通道的信息均可进入高级分析水平,得到全部的加工,注意不在于选择知觉刺激,而在于选择对刺激的反应。他们设想中枢的分析结构可以识别一切输入,但输出是按其重要性来安排的,对重要的刺激才会做出反应,对不重要的刺激就不做出反应。若更重要的刺激出现,则又会挤掉原来重要的东西,改变原来的重要性标准,做出另外的反应。追随耳与非追随耳的信息均能进入高级分析即知觉分析水平。只是由于实验采用了追随程序,使追随耳的信息显得比非追随耳的信息更为重要,因而能引起反应,即能被回忆并说出来。非追随耳的信息则不能,但其中的重要的刺激如被试自己的名字是可以引起反应的。也就是说,此模型主张所有输入的信息在知觉阶段都将得到充分的分析,选择作用只发生在信息加工的后期,而不是前期，至少是观察者对刺激做出辨识之后。换句话说，反应选择模型承认"瓶颈"的存在，但把"瓶颈"设想成更接近加工系统的反应端。反应选择模型特别重视记忆在信息选择中的作用。这种模型假定所有感觉输入都要通过知觉加工，再到达记忆系统，激活被储存在记忆系统中的表征，并与记忆系统中被激活的表征发生着某种联系，即有相关。正是这种相关决定着中枢对输入信息的选择或再认。

后来的研究发现，人们在同一时间内能有效完成两种活动，因此瓶颈理论遭遇挑战。近年来，随着研究成果的积累，人们对"瓶颈"的存在进一步提出质疑。有人认为，注意的容量并不是固定不变的，通过训练，学生的书写也许自动化了，因而不再需要注意的能量，随着个体技能水平的提高，信息加工的容量是变化的。Johnston Heinz 在 1978 年就提出，"瓶颈"的位置是由人们根据活动的情况来确定的，从早期的选择（再认前选择）到后期的选择（语意分析）。换句话说，根据活动的要求不同，人们可以采取适应这一活动需要的注意方式。

上述模型都是以认知系统的加工能力或资源有限作为出发点的。最早由布鲁德本特提出，但并没用这种思想来具体说明注意，未能成为注意的机制或解释注意的原则。20世纪 70 年代始，一些认知心理学家避开注意过滤器在信息加工系统中所处的位置，而把注意能量有限当作注意机制来解释注意，即应用中枢能量说明注意，将注意看作人能用于执行任务的数量有限的能量或资源，用这种能量或资源的分配来解释注意，此理论常被称作中枢能量理论。卡尔曼提出的能量分配模型能较好地体现中枢能量理论。

（四）能量分配模型

卡尔曼于 1973 年在《注意与努力》中提出能量分配模型，也即中枢能量模型。模型假定人们在完成一项心理活动时，他们的资源或认知资源是有一定限度的，使人们必须把有限的资源有控制地分配到不同的活动或同一活动的不同方面去。资源分配方案是决定注意分配的关键，分配方案受到多个因素控制。一是唤醒因素可利用的能量。人处在中等唤起水平时，有效的资源较多；唤起水平太低或太高，都会干扰当前的行为。唤起依赖于许多因素，如焦虑、恐惧、愤怒、性兴奋、肌肉紧张、药物效应、强烈的刺激作用等。可见，资源的数量并不是固定不变的，它依赖于个体当前的唤起水平。二是对完成活动所要求能量的评价，如是否对资源进行了合理的分配。这是一个重要因素，不仅影响唤醒水平，使可利用的能量增加或减少，而且极大地影响着分配方案。三是临时性意向（当前意愿），是由当时情景所引起的注意倾向，即个体完成当前活动的要求和目的，如按要求倾听右侧耳机的声音、寻找一个朋友的照片等。四是个人的长期意向，反映着不随意注意的作用，即他要求将能量分配给新异的、突出的刺激。一般来说，简单的活动对资源的要求较低，复杂的活动对资源的要求较高。例如，在宽阔无人的高速公路上，熟练的司机可以边开车边说话，因为这些活动没有超过信息加工的总容量；在行人拥挤的街道上行车，来自视觉和听觉的大量刺激占用了认知容量，司机就没有能力再与别人聊天。

该模型没有假定信息加工中的结构障碍（如过滤器），而假定个体从事心理工作的能量一般是有极限的。该模型认可利用的资源和唤醒是相连的，其资源的数量可随各种情绪、药物、肌肉紧张等因素的作用而变化。儿童对电视的凝视时间越长，在干扰条件下就越能继续保持对电视的凝视。当儿童凝视电视屏幕更长一些时间,这种效应特别强烈,安德森称此为注意惰性。即人们在处理某一特定刺激时所消耗的时间越多,他们就越可能在将来继续处理这种刺激。从能量分配模型的观点看,儿童的临时意向是处理电视节目,而他们的持久倾向是处理那些突然的、偶尔出现的干扰物。当他们把越来越多的资源投放在与临时意向有关的客体上时,他们用于处理持久性倾向的资源就不多了。

中枢能量理论可较好地解释同时进行两个活动所产生的各种复杂情况,并在一定程度上克服知觉选择模型和反应选择模型的对立。它的做法是以资源分配来取代设在信息加工过程某个阶段上的过滤装置或选择机制,但也存在局限性。第一,中枢能量理论所主张的资源分配着眼于过程和整体,没有深入过程的内部。尽管它克服了知觉和反应选择模型的对立,却不能无视知觉选择和反应选择的可能性。第二,理论不能解释活动的性质对注意分配的影响,如果活动的性质不同,即使都比较复杂,干扰也较少发生。第三,理论用两种活动间的相互干扰来测量有限的中枢能量,接着又用有限的中枢能量来解释两种活动之间的干扰,即研究者想要建立的理论正是按这种理论设计的实验来证明的。

第二节 注意的分类

了解和掌握注意的不同类型及其特性和影响因素,也是判别个体注意状态、管理和培养注意力的重要依据。个体对事物的注意,有时是被动地由客观事物决定,不由自主地发生,不需要任何意志努力,有时是有目的地选择,还需要做出一定意志努力。这样,按照注意指向和集中的目的是否明确,以及意志努力付出与否的差异,可将注意分为无意注意(不随意注意)、有意注意(随意注意)和有意后注意(随意后注意)三种。

一、无意注意

无意注意是指事先没有目的、也不需要意志努力参与的注意。它是在某种刺激的直接影响下,自然而然地将感受器官指向特定刺激物的定向探究反射。例如,我们正在教室里聚精会神地听老师讲课,忽然从教室外闯进来一个人,大家都不约而同地将视线转向他,即不由自主地引起了对他的注意。在这种情况下,注意的产生未受意识主动控制,也就不存在意志努力,而是主要取决于刺激物的突发性和新异性特点。因受个体本能的好奇倾向的驱动,故意识水平较低,是动物也具有的一种注意状态,是注意的初级表现形式。

引起无意注意的原因包括刺激物本身的特点及主体自身的状态。就前者而言,一般有以下几方面:刺激物的强度(包括相对强度)、刺激物的新异性(包括相对新异性)、刺激物间的对比关系(包括对比的相对性)以及刺激物的活动变化(包括活动变化的相对性)。就后者来讲,主要有:主体对事物的需要、兴趣和态度,主体的情绪和精神状态。这些因素也可以被称为刺激物的意义性,即刺激物对主体生活的意义。

二、有意注意

有意注意是指自觉而有预定目的、需要一定意志努力的注意。它是服从于人的活动任务与目的,受第二信号系统调节和支配的。正是人的自觉性,决定了我们在什么情况下注意哪些事物以及事物的哪些方面、哪些特点和哪些性质等。也正是意志努力的介入,即便在干扰严重存在时,注意力的集中与稳定也是可能的。有学者曾经通过智力测验,把一个班的大学生分成成绩均等的两个组。6周后,控制组在正常情况下接受同样的测验,而实验组在听觉和视觉的干扰下接受另一种智力测验。给实验组安排的干扰有:7个不同声音的电铃在房间不同地方间断地响;4个蜂鸣器、2只风琴管、3只口笛、1个时而敲打的圆锯盘和1台留声机不断发出声音;房间后面的聚光灯不停地到处扫射;实验者的同伴穿着奇装异服、拿着稀奇古怪的仪器,吵吵闹闹地进进出出。结果表明,虽然实验组的人对上述干扰感到讨厌和疲乏,但控制组和实验组的后测成绩却相差无几,137.6分对133.9分,后者因干扰产生的损失仅3.7分。还有学者的研究结果为,学困生与学优生相比,他们不仅加工速度慢,而且很难有选择地注意各种任务并忽略无关信息的干扰。学优生则报告他们在学习过程中不会被庞杂的信息、枝节问题和次要概念所干扰,能够区分重要性和难易程度不同的材料。这些都表明有意注意中的意志努力抗干扰的强大力量。

有意注意是在实践活动中,在无意注意的基础上发展起来的,注意过程中表现出的自觉性、积极性和主动性是意识水平较高的体现,是人类特有的心理现象,是注意的一种较高级形式。有意注意的形成和发展也受到多种因素的影响或条件的制约:对活动任务、目的理解深刻,对活动的合理组织,如智力活动与实际操作的结合、对活动间接兴趣的激发,以及抗干扰的意志力培养等。

无意注意与有意注意常常相互影响。一方面,有些事物会引起我们的无意注意;另一方面,又要求我们对某些事物保持有意注意。一般情况下,强的有意注意与无意注意如果不一致,随着时间的延长则会对后者产生抑制作用。相反,如果有意注意与无意注意一致,则可相互强化,如有意注意会因有新异刺激引起的无意注意的参与而得到加强。当然,弱的有意注意无论对无意注意的促进作用还是抑制作用均较弱。

三、有意后注意

有意后注意是指高度自觉、目的性强且不需要意志努力的注意。它同时具有有意注意和无意注意的某些性质和特征,也是有意注意后期出现的一种特殊注意形式。小孩在家长的强迫下学习钢琴,刚开始不感兴趣,但迫于压力,不得不付出很大的意志努力,这时的注意是有意注意。随着相关知识经验的丰富和活动水平的提高,他体验到了音乐的美感和演奏的愉悦感、成就感,不需要付出意志努力也可维持注意,这时的注意已表现出无意注意的一些性质和特征。这种注意是在有意注意基础上逐渐形成和发展起来的,因而称为"有意后注意"或"后继性有意注意"。有意后注意既服从当前的任务要求,又可节省意志努力、延缓疲劳,有利于完成持续性、复杂性和创造性的活动任务,因此它也是注意的一种高级形式。

从事各种实践活动的个体都具有这三种类型的注意,并经常交替利用、相互转化,以有效完成任务,达成预期目标。比如,当一个人偶然被外语学习的新异性和趣味性吸引去学习外语,这是无意注意状态,随着学习任务的加重和枯燥内容的增多,又无法用外语去处理事情,但认识到外语学习对将来升学、生活和工作的重要影响,从而克服各种困难、自觉而有目地学习,这时的注意已转化成有意注意。当他学习和应用外语达到熟练程度,能够利用外语知识解决工作与生活中的问题,不必再为掌握外语而学外语,这种情况下的注意已从有意注意转化为有意后注意。在有意后注意阶段,若遭遇新的障碍,又可返回有意注意。尽管无意注意阶段个体对活动的轻松感、有趣感可避免疲劳发生,但个体从事任何一种实践活动,若仅凭无意注意,活动就会杂乱无章,缺乏计划性、目的性和持久性。若长时间依靠意志努力来集中和稳定注意力,必然导致心理紧张、精力枯竭,产生倦怠,随之注意分散,难以有效思考,活动绩效低下,并最终阻抑顺利地完成任务、实现目标。

除上述常见的注意分类标准外,对体育运动中注意问题的研究最有影响的代表人物奈德弗依据注意能力的范围(宽窄)和方向(内外)两个维度,还将注意分为四种类型:广阔—外部注意;狭窄—外部注意;广阔—内部注意;狭窄—内部注意。

广阔—外部注意:适合于把握复杂的运动情景,如集体项目中的足球、冰球、篮球等,需要具有这种注意。

狭窄—外部注意:指向外部且范围很窄,做出反应的短暂时刻需要这种注意,如击球和对抗对手。

广阔—内部注意:要求善于分析,学习速度快,善于把各种信息纳入自己的知识储备中,并借此制订计划和行为策略,回忆过去和预测未来。

狭窄—内部注意:对于敏感地把握各种身体感觉最必要,如射击、跳水、体操等项目中的动作和运动体验,以及表象演练等。

第三节 注意的品质

一、注意的范围

(一)注意范围的含义

注意的范围,是指在同一时间内人所能清晰觉察到的注意对象的数量。这是注意在数量上的特性。注意范围的测定,通常是在 1/10 秒的时间向被试呈现刺激,个体一般只能注视一次目标对象,在这段时间内,意识所能把握的对象数量就是注意的范围。一般采用速示器呈现圆点图的方法来测量视觉注意广度,也可用计算机代替速示器实现测验,用计算机呈现 C 程序设计的随机分布圆点图。以直线内插法求得 50% 被判断正确的圆点数(即注意广度)为衡量指标。心理实验研究表明,成人对黑色圆点的注意广度平均是 8 个左右,对于不相关字母的注意广度约为 4~5 个。

(二）影响注意范围的因素

1. 知觉对象的特点

知觉对象的特点影响注意的范围。如心理实验中用速示器呈现外文字母，颜色相同时注意范围大，颜色不同时注意范围小；排列有序的字母注意范围大，杂乱无序分散的字母注意范围小；一样大小的字母注意范围大，大小不同的字母则注意范围小；组成有意义的词的字母比毫无意义的孤立的字母注意范围大。总之，注意对象越相似、越集中，排列越有规律，越能构成相互联系的整体，注意范围就越大，反之注意范围就越小。

2. 人的活动任务和知识经验

活动任务越简单，注意的范围就越大；活动任务越复杂，则注意范围就越小。例如，一个人在感知外文字母的时候，要求他尽可能多地说出字母，或者要求他说出字母的颜色，或者要求他辨别字母的对错，或者以上三种任务同时提出来，每种任务下他所能注意到的字母数量是不相同的。注意的范围还与个人的知识经验有关。一个人在某一方面的知识经验越丰富，就越善于把所感知的对象组成一个整体来认识，因而他在这一方面的注意范围也就越广阔，反之则越狭窄。精通外文的人读外文书，注意范围就大，外文水平差的人注意范围就小。如果看中文，我们的注意范围就要比不熟悉中文的外国人大得多。

注意范围的扩大，可提高学习和工作效率。在学习中，注意范围大，阅读速度就快，所谓"一目十行"，就是指在同样的时间内输入大脑的信息更多。因而，训练扩大学生的注意范围，是使他们较多、较快地获得知识的必要条件。教师及时巩固学生已学知识，扩大学生的视野，丰富相关知识经验，同时，有计划地提高学生的注意技巧，注重关键信息和信息的关键特征等，都有助于学生注意广度的培养。

课堂教学过程中也要求教师有较大的注意范围。一般来说，学生有一种共同心理期待，希望能够得到教师对自己的注意。教师对学生饱含期望和亲切的注意，可以沟通师生间思想感情的联系，能够激发学生积极向上的愿望，成为鼓舞学生努力学习的力量。较大的注意范围，还能够使教师及时、更多地获得学生对教学的反馈信息。因此，教师无论在课堂上或是在其他场合，应当有意识地设法扩大自己对更多学生的注意。

二、注意的稳定性

（一）注意稳定性的含义

注意的稳定性，是指人的心理活动持久地保持在一定事物或活动上的特性。这是注意在时间上的特征。注意集中的持续时间愈长，注意的稳定性愈高。注意稳定性测试常采用划削测验、团体施测，以错误率和划削速度为指标。

注意的稳定性并不意味着它总是指向于同一个对象，而是说行动所接触的对象和行动本身可以变化，但活动的总方向保持不变。例如，学生做作业时看参考书、写字、演算等，这些活动都服从于完成作业这一总任务，仍表现为注意的稳定性。

在集中注意感知某一事物时，很难长时间地保持不变。人的感受性不能长时间地保持固定的状态，而是在间歇地加强或减弱。这种不能直接控制的感受性所发生的周期性变化称为注意的起伏现象。在听觉方面,如持一只怀表,离开受试者耳朵一定距离,使他刚能隐约地听到表的滴答声。受试者会一时听到表的声音,一时又听不到,或者感到表的声音一时强、一时弱。在视觉方面,注意的起伏现象可以用马森圆盘演示出来。当马森圆盘在马达上转动的时候,由于圆盘半径上的黑色方形点子与白色背景的混合比例的不同,盘上会出现一层一层浓淡不同的黑环,越靠近圆心黑环越浓,越远离圆心黑环越淡,直到靠近边缘处看不出黑环,只见白色。如果注意黑环的数量,会发现时而多一两层,时而少一两层。知觉到的黑环的数量不断变化表明注意的起伏现象发生。注意起伏的一次周期,可分为一个正时相和一个负时相,前者表现为感受性的提高,后者表现为感受性的降低。每一次起伏周期历时约8～10秒,个别差异范围较大。一般认为注意的起伏现象是外围感受器官和中枢的适应过程造成的。在发生适应现象以后,感受性减弱,于是感觉器官产生微弱运动,刺激物作用于新的感受细胞上面,或者感受器官经过一个恢复过程,而使感受性再度提高。

不显著的注意起伏现象在其他方面也可以看到。在许多研究反应的实验中,要求对刺激物(光、声音等)尽可能迅速地做出预先规定的运动反应(如按电钮)。这些实验表明,如果在给予刺激物之前有一个预备信号,那么在刺激物之前大约2～3秒钟的时间内给予信号会得到最好的效果。如果时间的间隔长一些,就开始发生注意的起伏。不过这些不显著的起伏,只是在要求一个人非常迅速地反应某个刺激物的时候才有消极的影响。在较长时间和多样化的工作中,这种影响是很小的。

与注意稳定性相反的状态是注意的分散。注意的分散是由其他刺激物的干扰或由单调刺激物引起的。干扰强弱取决于附加刺激物的特点和附加刺激物与注意的对象的关系。实验证明:与注意的对象同类的刺激物,比不同类刺激物的干扰作用大;同样的干扰刺激物,对于知觉的影响小,对于思维的影响大;在知觉过程中,视知觉受无关刺激物的影响最小。使人发生兴趣的或强烈影响着情绪的其他对象,也会引起注意的分散。但是并非任何附加刺激物都能引起注意分散。在没有外界刺激物的时候,保持注意也是很困难的。这是因为缺乏外界刺激物,大脑的兴奋难以维持较高的水平,所以有时微弱的附加刺激物不但不会减弱注意,反而会加强注意。

(二) 保持注意稳定性的条件

1. 注意对象的特点

一般来说,注意对象的内容丰富、复杂多变,注意的范围适宜,注意就较稳定和持久。而内容贫乏、单调而静止的对象,范围不当,就不易稳定注意。例如,只看一个静止的字,难以维持注意;看内容丰富多变的小说,注意就能长时间保持。

2. 活动的组织安排

活动多样化,并且不同的活动交替进行,以及不断出现新内容、提出新问题,可较长时间地保持注意的稳定。如看地图,如果只看一个点就不能持久,如果沿河流或铁路线所经城市不断前进,就能较持久地稳定注意。要使注意持久,就不能只是单纯地看或听,要动动手,实际操作一番,即把注意和外部的实际活动结合起来。

3. 人自身的特点

一个意志坚强、善于控制自己的人，就能与干扰做斗争，保持稳定的注意。一个人处于头痛、失眠或过度疲劳等不正常状态时，就不易保持长久而稳定的注意。另外，人对事物的积极态度，对目的任务的明确认识，对活动意义的深刻理解，是否有浓厚的兴趣和高度的责任心，也是影响注意稳定性的条件。

保持稳定的注意在实践中具有重要意义，许多工作都需要有高度稳定的注意，即使短时间的注意分散，也会严重影响工作质量。养成稳定注意的习惯对学生学习有重要意义，可以保障学生为达到一定的目标而持之以恒地努力。教学内容和方法的丰富生动，对学生学习目的的引导，启发学生积极思考，排除教学环境的无关因素，都有利于提升学生的注意稳定性品质。

三、注意的分配

（一）注意分配的含义

注意的分配，是指人在同时进行两种或多种活动时，能够将心理活动指向不同对象的特性。注意分配的测试常采用"注意力分配仪"，单一任务为声、光的单独刺激，双重任务为"声＋光"的复合刺激。以 Q 值作为注意分配能力的指标（$Q<0.5$ 表示没有注意分配，$0.5 \leqslant Q \leqslant 1$ 表示有注意分配），Q 值越接近于 1，注意分配能力越强。有人曾做过单独听故事和单独进行加法运算，与复合活动的实验，结果如下：

（A）单一活动：正确完成加法运算的数目为 52。

（B）复合活动：正确完成加法运算的数目为 43（相当于单一活动正确完成运算数的 83％）。

（C）单一活动：正确复述故事项目的数目为 31。

（D）复合活动：正确复述故事项目的数目为 10（相当于单一活动正确复述项目数的 32％）。

在不同种类的刺激物严格地同时发生作用，因而需要用两个分析器去感受时，要适当分配注意是相当困难的。在这种情况下，一般是首先只能感知到一个刺激物，经过一段较短的时间以后，才能感知到第二个刺激物。在复合器的实验中，仪器上有一个指针在刻有一百刻度的度盘上迅速转动，指针经过一定度数的时候，就会响起铃声。受试者的任务是在铃响的时候，说出指针所指的度数。实验表明，受试者通常不能说出铃响时的准确度数，而所说出的却是铃响之前或之后的度数。这表明他的注意先是指向于一个刺激物（铃声或指针的位置），而在稍迟一些时间，才指向另一刺激物。另外的研究还证明，严格地同时给予两耳以不同的信号，感受它们也是有困难的。当受试者预先有意识地选择听取一耳的信号，或者将某一耳的信号增强，才能感知这一耳的信号。

在日常生活和活动中，有很多工作要求高度的注意分配能力，管理机床、课堂教学、音乐指挥等都需要很好地分配注意力。课堂教学中的注意分配表现在：教师上课时边讲课、边板书、边观察学生的反应；学生听课时边听、边记、边思考、边注视教师和黑板。所谓"眼观六路""耳听八方"，就是形容人要同时注意很多事物，把注意分配到不同对象上。

谁能够把注意同时分配到较多方面，谁就能在单位时间内把握更多的事物，顺利完成复杂的工作。

（二）实现注意分配的条件

1. 人对活动的熟练程度

在同时进行的多种活动中，如果其中只有一种是不熟悉的，需要集中注意观察它或思考它，而其余动作已成为熟练的动作，达到了自动化或半自动化的程度，不需要更多的注意参与也能完成时，就可以实现注意的分配。在这样的前提下，"一心二用"甚至"一心多用"都是可能的。如果工作的各方面都是生疏的，那么，注意的分配就困难。例如，初登讲台的教师往往由于怕讲不好，情绪紧张，只注意自己的讲述。虽然看着学生却不能理会学生是否在注意听讲。教学经验丰富的教师，熟悉教材，从容不迫，能在讲课时注意到学生的反应以及整个课堂的其他情况。

2. 活动间的关系

为了更好地分配注意，同时进行几种活动，通过练习建立起一定的联系，使这些活动之间形成统一的动作系统，协调一致甚至达到自动化的程度，那么它们同时进行就容易成功。如果要进行几种毫不相关的活动，则注意的分配是很困难的。例如，汽车驾驶员经过专门训练，形成了一定的动作系统，已不需要特别的意志努力就可以把注意分配到行车、倒车、转弯、绕过障碍物及注意路面情况上。而一个人边弹琴边唱歌，如果弹的和唱的不是同一首歌，注意就很难进行分配。

3. 活动的性质

注意的分配与活动性质有密切关系。如果同时进行的活动属于动作技能，则注意的分配比较容易。如果同时进行的是两种智力活动，注意的分配就比较困难，即使这两种活动能同时进行，其中一项或两项活动也会受到影响。有一个实验，要求被试依靠脚腕的转动，用右脚按顺时针或逆时针（只能选用一种方式）方向画圆，同时在一张纸上连续笔算三位数的加减题，题目不重复，这两项活动进行得越快越好。结果发现：被试不能两者兼顾，很难实现注意的分配。

几乎所有的实践活动都要求较高的注意分配能力，为了能够很好地分配注意，必须在同时进行的几种活动之间建立一定的联系。这需要通过练习把复杂的活动形成一定的联系系统，使其达到"自动化"的程度，在需要时就很容易把整个活动系统调动起来。例如汽车司机驾驶汽车的复杂动作，通过训练以后，能够形成一定的动作系统，他几乎不需要特别努力，就可以很好地完成驾驶动作，并且他的注意还可以分配在其他与驾驶有关的事情上。

学生的注意分配能力也可在实践活动尤其是教学活动中加以培养。增强与活动有关的知识经验和动作技能的熟悉程度，训练学生注意分配的技巧，使他们善于分配注意，可促进学生注意分配能力的提高。

四、注意的转移

（一）注意转移的含义

注意的转移，是根据新的活动目的和任务，主动地把注意从一个对象转移到另一个对象上去的特性。如上完一节语文课后,主动把注意转移到下一节数学课。注意的转移同样也可以通过实验进行测定。

 **扩展性阅读**

实验心理学关于注意转移测定的实验

实验目的:本实验是学习测定注意转移能力的方法,验证其可训练性。通过实验使学生更清楚地掌握注意转移的特点和人们的学习、工作和生活的密切关系。

实验原理:注意转移是指根据新的任务,主动地把注意从一个对象转移到另一个对象或由一种活动转移到另一种活动的现象。注意转移的快慢和难易取决于原来注意的紧张程度和引起注意转移的新对象的性质。如果对原来事物注意紧张度高,新的事物或活动不符合人的需要和兴趣,注意转移也就困难和缓慢。反之,注意的转移就比较容易和迅速。可见,影响注意转移的快慢和难易是有条件的:① 原来注意的强度;② 新的注意对象的特点;③ 个体神经过程的灵活性,人的注意转移除存在着个体差异外,还存在年龄差异。

实验材料:数字卡片、表、纸、笔

实验程序:

1. 练习第一种方法

主试发出指导语:这项实验是要你把两个个位数相加,并根据这两个数及其相加的结果为下一步相加准备两个新的数。现在我告诉你第一种方法,你要仔细地听。比如我给你两个个位数1和8。你要把1写在上面,把8写在下面,然后把它们加起来,将和数9写在上面那个数1的右边,再把原来上面那个数1写在下面那个数8的右边,这就构成了两个新的数。请看卡片。

同样的做法,把9和1相加之和写在9的右边,再把9写在和数的下面,也就是写在1的右边。要注意的是,若再做下去,9和1相加是10,那么就要弃掉十位数,只保留个位数0。如果两数相加的结果是另外的两位数,比如是18,那也弃掉10,只保留8。请看卡片。

如果一排写满了,就另起一排,按着上排最末两个数继续做下去。请看卡片。

你明白了吗?现在我给你两个数4和2,你自己练习一下。"开始!"主试按动表。

被试练习1分钟,主试停住表,检查被试是否确实理解,指出错误,再解释一遍,再用5和9练习1分钟。

2. 练习第二种方法

主试发出指导语:现在我讲第二种方法。两个个位数相加的和数,不要像第一种方法那样写在上面那个被加数旁边,而是写在下面那个数的右边,然后再把原来下面的那个数写在和数的上面,构成两个新数。请看卡片。

如果两数相加结果是两位数,如果是写满了一排,都按上面第一种方法一样处理。请看卡片,就这样做。

现在我给你两个数 4 和 2,你用第二种方法练习一下。"开始!"主试按动表。

被试练习 1 分钟后,主试停住表。检查被试是否确实理解第二种方法,指出错误,再解释一遍,再用 9 和 2 练习 1 分钟。

3. 正式实验

(1) 主试发出指导语:你们已学会了两种方法,现在我给你两个数,你开始用第一种方法做。准备,上面写 8,下面写 7,先用第一种方法做。"开始!"主试按动表计时。

(2) 被试用第一种方法做 1 分钟后,主试说"画线,用第二种方法",你做到哪里就在哪里画一竖线,然后改用第二种方法做,也做 1 分钟,主试说"画线,用第一种方法"。这样,共做 10 分钟。

(3) 如果重复实验,起始的数对都要改变。可采用以下数对:5 和 9,2 和 7,9 和 4 等。这些数对相加 60 次才会出现重复系列。如果被试由于计算或更换方法有误,中途出现循环系列,应当作废,中止实验,并用其他数对再进行实验(最好不马上做)。

(4) 观察并记录被试转换工作后的行为特点,如是否有紧张、是否有间歇等。

(5) 正式实验重复做两次,比较两次测试成绩,验证注意转移能力的可训练性。

实验结果:

(1) 统计出每一分钟算出和数的数目。

(2) 统计每分钟错误数(个别计算错误、提行、写数的正确性等)。

(3) 统计每发出"画线"口令后由一种方法转换为另一种方法的最初五对数相加的错误量。

注意的转移与注意的分散有着本质的区别。注意的转移是根据新任务的需要,主动地把注意转移到新的对象上,使一种活动合理地代替另一种活动,是一个人注意灵活性的表现。注意的分散是由于受到无关刺激的干扰,使自己的注意离开了需要注意的对象,而不自觉地转移到无关活动上。

注意的转移与分配是彼此紧密联系的。每一次注意转移的时候,注意的分配也必然发生变化。注意一经转移,原来注意中心的对象便移到注意中心以外,而另外的新对象进入注意中心,整个注意范围的图景便发生变化。因此,每当注意中心的对象转换后,必然呈现出新的注意分配的情况。

有些工作要求在短时间内对新的刺激物发生反应,注意的分配和转移就特别重要。如飞行员、汽车司机和火车司机等必须有较好的注意分配和转移的能力。这些工作要求注意转移得迅速及时,要有计划地组织注意转移的顺序和掌握注意转移的时机。例如飞行员在初期练习起飞的时候,注意转移的顺序一般包括:在地面滑跑的过程中,注意应当集中在远方的目标,以保持飞机的正确滑跑方向;飞机离地的时候,注意就要转移到观看地面,以保持飞机的飞行高度;之后,注意又要转移到判断飞机的上升情况。飞机下降的时候,飞行员必须在一定的高度做仪表检查,然后迅速地将注意转向地面,准备降陆。飞行员每次转移注意,还必须适当地分配注意,如在起飞时的地面滑跑过程中,除了主要注视远方目标外,还要倾听发动机的声音,估量加油门的情况,等等。飞行员的注意如果转移得不及时,掌握时机不准确,或注意分配不当,就难以使飞行操作符合要求。因为飞行员要有较高的注意转移与分配的能力,所以鉴定注意转移与分配的能力是选拔飞行员的测验项目之一,要利用专门设计的仪器进行。

在日常工作中,常常在一部分工作结束之后,需要迅速开始另一部分工作,或者在工作过程中发生了新情况,需要立即处理,这都需要迅速转移注意,并合理分配注意。

(二)影响注意转移的因素

1. 原来活动的吸引力

原来的活动如果是自己感兴趣的,就会有极大的吸引力,那么注意的转移就困难。因为活动的吸引力大,人的注意强度高,难转移。反之,原来的活动吸引力小,注意的转移就容易。

2. 新活动的特点

如果引起注意转移的新活动意义重大,符合人的需要和兴趣,那么即使先前的活动吸引力很强,也能顺利地实现注意的转移;反之,对于新活动的意义理解肤浅,或不符合人的兴趣,那么即使先前活动的吸引力不强,也不能顺利地实现注意的转移。

3. 人的神经系统活动的灵活性

神经系统活动灵活性强的人,就能在必要的情况下顺利地把自己的注意从这一对象转移到另一对象上;神经系统活动灵活性差的人,就不能很快地实现注意的转移。

对学生来说,具有注意转移的能力是非常重要的。一个学生每天要学习几门不同的课程,还要完成其他活动,这就要求有灵活的注意转移能力。教师在培养学生的注意转移能力时,首先要注意教学内容的系统性和连贯性。可以利用复习提问的方式或自问自答的方式,由旧课自然地引入新课,学生的注意也就顺利随着转移。其次,要教育学生加强学习的计划性。要求他们按照计划,迅速地转移注意力,以免浪费时间,从而提高学习效率。

以上四种注意的基本品质会先后、同时或交替表现在个体的实践活动中,并有个别差异,如有些人注意转移与分配的能力较强,有些人注意转移与分配的能力较差;有些人注意的范围较广,有些人注意的范围较狭;有些人注意比较稳定,有些人注意不甚稳定。这些个别差异有时与个体的神经机能状态和气质等有关:神经衰弱患者一般注意不集中,在注意广度、注意分配、注意转移三项品质上,多血质和胆汁质的学生呈现出优势。在注意稳定性上,胆汁质和抑郁质有显著负相关。但在一般人,这些差异主要还是在不同的实际生活、教育及训练中形成的。所以一般说来,注意的品质是能够通过实际生活的锻炼或教育和训练而改进的。因此,应该按照不同的职业要求,进行有关注意的培养和锻炼,从而拥有优质的注意力资源,以提高职业效能。

优质的注意力资源应该是注意四种基本品质的有机结合,它是个人具有的相对稳固的心理特征,通常有四个方面的判断标准:一是能够迅速进入注意状态。例如,打上课铃以后,学生进入教室,回到座位上就能迅速进入注意状态。二是能够集中与自己活动有关的感觉信息的输入,排除与之竞争的无关刺激信息。如上课时学生专心学习,不为外面的喧哗、吵闹所干扰,在家做作业的时候,不会受到客厅里面电视的干扰。三是能够适应并维持准备状态的心理定向。如学生在上课时总是准备回答老师的提问,密切关注老师的提问信号并随时准备发言。四是能够及时将注意力转移到环境中的其他部分,而不是沉迷于某一特定情境难以自拔。例如虽然与同学的争执让自己如鲠在喉,但面临学习任务时,就应迅速遗忘不快,立即进入学习状态。患有多动症的儿童注意基本处于涣散状态,但是当他们在看自己特别喜欢的动画片时,注意力也能够特别集中,据此,我们不可简单地根据某个单一的标准去推断出多动症儿童注意力资源匮乏。

第四节　注意规律在教学中的运用

初中学生已经能够独立地、专心地完成自己的学习任务,能够自主调节和控制自己的注意,把自己的注意指向和集中于必须注意的事物上,而不为外来的无关刺激左右。但是,在教学过程中也有一些学生对学习不能集中注意而导致注意力涣散,影响了听课效果。根据注意的性质和特征、影响无意注意的因素、保持有意注意的条件以及影响注意品质的因素,在课堂教学中判定、组织、管理和培养学生的注意力,使学生把有限的注意资源指向和集中于当前的学习任务,无意义的刺激就难以得到知觉的加工,就是教师在教学中自觉运用注意规律、提高课堂教学效率的具体体现,是完成教学任务、达成教学目标的重要保证。

一、运用无意注意的规律组织教学

无意注意既可帮助人们对新异事物进行定向,为人们获得对事物的清晰认识提供可能性,也能使人们从当前进行的活动中被动地离开,干扰他们正在进行的活动,因而具有积极和消极两方面的作用。无意注意的消极作用,常会导致学生上课分心,干扰正常的教学活动。因此,在课堂教学中,教师要尽力避免无意注意的消极影响。无意注意在教学中也有积极作用,它减少意志力耗损,缓解身心倦怠,维持课堂教学效能。因此,教师应有意识地通过对某些服从于教学要求、有助于完成教学任务和达成教学目标的刺激物的控制,以引起学生的无意注意,为教学活动服务。为此,教师在具体教学过程中,应注意以下几方面:

(一) 积极创建良好的教学环境

为了使学生在学习过程中不受外部无关刺激的干扰,应尽量防止引起学生分心的无关刺激物的干扰,创造一个安静、整洁与淡雅的教学环境。首先,教师应该注意教室外环境对课堂的干扰,冬天风雪大的时候应关紧门窗,夏天日晒的时候要拉上窗帘,如果有噪音、视觉干扰或不良气体侵入,应该尽快排除。其次,还应注意教室内的环境,如地面是否干净、桌椅排列是否整齐、教室的布置和装饰是否简洁朴素等。图片、图表、锦旗和奖状等过于华丽、繁杂的室内布置,有时会成为课堂教学的"污染源",使学生注意力分散。再次,教师自身的仪表、口语等方面也可能出现一些无关刺激,如某一动作出现过于频繁、幅度过大、表情过分夸张,以及衣冠不整、蓬头垢面、奇装异服、发型怪异前卫、口头禅、"正确的废话"等,都会成为可能的无关刺激,分散学生的注意力,降低课堂教学效果。

(二) 注重讲演、板书技巧和教具的使用

客观刺激物的强度、对比、新颖性和活动性是引起无意注意的重要因素,教师要发挥无意注意的积极作用,就应努力在讲演、板书和教具使用中施加这些影响。在讲课过程中,教师应该音量适中,语音、语调做到抑扬顿挫,遇到重点、难点还要加强语气和必要重复,也要注意逻辑重音,并伴以适当的手势和表情。声音太大、语调平淡,容易使学生疲劳;声音过小,学生听不到或听不清,就很容易分心。

板书是课堂教学的书面语言,是完成教学任务的重要辅助手段。板书的目的一方面是帮助学生理清知识的结构和脉络,解决疑难;另一方面,也是为吸引学生的注意力,提高课堂教学效率。因此,板书不应繁杂,应简洁明了,做到运用有度、重点突出、清晰醒目,要体现出结构感、层次感和逻辑感,必要时还可用彩色粉笔和图、表格加以强调。

许多学科的教学还需要借助教具作为辅助手段,尤其在低龄儿童的教学中,合理使用教具可以激发学生的直接兴趣,吸引学生的无意注意。教具应该新颖直观,能够很好地说明问题。使用教具时教师还要给予言语讲解,引导学生正确观察,避免学生只关注表面现象,忽略实际问题。展示教具的时间不宜过早,演示结束后应及时收好教具,以免干扰或抑制学生的有意注意,使学生的注意力与教学进程不协调。

(三) 重视教学内容的组织和教学形式的多样化

教学内容要丰富充实,避免单薄空洞。教学内容也要跟上学科发展动态,不断更新,保证其新颖性,避免知识陈旧老化。还要注意教学内容中的理性认识与学生生活实际、已有知识经验之间的联系,力求具体真实。原因在于,个体的知识经验是影响无意注意产生的因素,学生更愿意关注与自己的知识经验有联系的事物,这就需要教师找出教学内容与学生的知识结构、生活实际的联结点,提供感性具体的材料或实例,引起学生的直接兴趣,维持学生的注意。另外,教师应该运用多种教学方法和灵活、多样的教学手段,激发学生愉悦的情绪体验,既有思想共振,也有情感共鸣,这样才能调动学生的学习积极性,如教师在讲解和板书之外,还应穿插使用教具演示、个别提问、角色扮演、集体讨论和辩论以及动手操作和练习等多元化的教学形式。尤其是学科内容中必定存在着一些理论性较强、难于理解又比较枯燥的内容,学生有意注意时间过长,需要付出更多意志,也就比较容易出现生理疲惫、情绪衰减和精力枯竭的学习倦怠现象,因而教师要特别注重教学形式的多样性。

（四）有效处理学生课堂学习中的问题行为

课堂学习中学生的问题行为，是指学生在课堂学习过程中出现的注意力涣散、影响课堂心理气氛、扰乱教学秩序，进而阻抑教学目标实现的不良行为。对学生课堂学习中问题行为的有效处理，能及时收回、稳定学生的注意，使其因注意力分散造成的消极影响降低到最低限度，这有赖于教师的教育机智。所谓教育机智，就是教师对学生课堂学习活动的敏锐性及能根据新的、意外情况快速做出反应，果断采取恰当的教育教学措施的一种独特心理素质。它是教师在教育理论的学习和教育经验总结的基础上，在教育实践活动中逐渐养成的。具有教育机智的教师，就可有效地应对学生的课堂问题行为。具体地讲，教师在凭借教育机智解决问题行为时应尽量循循善诱、因势利导、灵活果断、随机应变，方式多样、对症下药、实事求是、掌握分寸。同时，应遵守"二要八不"的原则：要对事不对人；要尊重学生的人格，维护学生的自尊心；不忽视年龄特征，要依据学生年龄特征看待问题行为；不随便以部分事实和表面现象为依据下结论；不忽视情境因素，多考虑环境影响和客观原因，少将问题行为归咎于个人品质和主观故意；不做简单推论，不用以往不良表现来推定当前问题行为的性质；不因情感而钝化理性；不依个人好恶来取代原则；不做主观判断，不把个人看法作为处理依据；不投射个人情绪，处理问题应摆脱个人情绪影响。有些教师对课堂教学中个别学生问题行为的简单粗暴处理，不仅无助于该生集中和稳定注意力，反而会殃及其余认真听课的同学，分散他们的注意力。

（五）加强教学中与学生的情感交流

教师在课堂教学中与学生的情绪情感交流，就是要关心全班同学，照顾个别差异，给情绪低落与胆怯的学生以及时的鼓励，给活泼好动、容易分心的学生以更多的学习要求和任务。教师不能只顾讲课，还要留意学生的笔记与思考。用频频颔首配合赞赏的眼神肯定学生思路正常，鼓励学生继续深入思考下去；用全神贯注的表情和惊讶的眼神表示学生思维独特，富有创意；用摇头配合怀疑的眼神表示学生思路不对，应调整逻辑线路。在课堂教学中加强与学生的情绪情感交流，有助于激发学生的学习兴趣，集中稳定学生的注意，师生间因这样的真情互动而充满人性关怀，课堂教学心理气氛和谐融洽，教学富有生机与活力。教师的这种职业技能和教育技巧，是任何先进的现代化教学设备和手段无法取代的。否则，教学就可能沦落到"冷冰冰的智力活动"的境地，学生良好注意状态的维持也就很困难。

二、运用有意注意的规律组织教学

有意注意有明确的目的性，有意志努力的参与，有利于全面、系统、深入且清晰准确地认识事物。学习活动的顺利进行，更多地需要有意注意的调节和控制。但长时间的有意注意容易使个体产生疲劳，从而导致分心，并且有意注意的活动对象并不总是符合个体的兴趣和心理需要，有时不免产生厌倦。在课堂教学中，教师应积极主动地创设条件，避有意注意所"短"，扬有意注意所"长"，才能使学生的有意注意保持良好状态和水平。教师在具体教学过程中，可通过如下路径，采取相应策略。

（一）强化学生对学习目的和任务的理解

学生对学习或工作的目的与任务越明确，意义认识越深刻，完成任务、达到目的的愿望就越强烈，也就越容易引起和维持有意注意。一方面，教师应引导学生树立明确的学习目的和正确的学习态度，协助学生合理定位学习目标，这是学生持之以恒地投入学习活动的前提。另一方面，在每节课的开始，教师都要使学生明确本节课的教学目标和应掌握的知识点，以及在整个学科知识体系中的单位和价值，以增强学生学习的方向感和自觉性，有的放矢地配合教师的教学活动进行学习。特级教师魏书生提出的"目标定向教学法"，就是强调使学生了解一堂课的教学目标和任务要求，积极主动地配合教学，完成预定目的。对有些教学内容还可视学生情况，在每堂课结束前空出一定时间对与教学目标有关的重点和难点内容加以强化。

（二）培养学生对学习活动的间接兴趣

在有意注意中，注意和兴趣的关系往往是间接的。这种间接兴趣是指对活动所达到的终极目的和最后结果生发的兴趣。很多情况下，正是由于对活动的最终目的和结果感兴趣，人们才会自觉地把注意力维持在该活动上。间接兴趣越稳定，就越能对目标对象产生有意注意。在课堂教学中，教师应对学生阐明本学科知识学习的意义和重要性，包括对其他学科学习影响的重要性，对学生升学和进一步深造影响的重要性，以及对学生将来学以致用和回报社会影响的重要性，这也是在知识教学中渗透必要的思想教育。特别是在一些内容相对枯燥、难度较大的科目学习中，使学生了解知识掌握后的功用和社会价值，引起他们对学习结果的间接兴趣，可以使他们进入有意注意的学习活动。历史上有些科学家一生从事物理、化学研究，一开始并非其兴趣所在，但为了使国家富强、科技腾飞，总是能兢兢业业、全身心地投入学习和工作。

（三）合理组织课堂教学以防止学生分心

学习活动需要学生维持有意注意，但人的注意力又很难长久地集中，所以，教师的教学过程应避免任务安排过满、节奏过于紧张，应该张弛有度，给学生适当放松休整的时间。有时，教师适当放慢速度，穿插些有趣的谈话，可以更好地促进学生的学习。另外，教师可以运用多种现代化教学手段，采取生动活泼的形式，来调整学生的注意状态。色彩丰富的形象和活动画面的刺激，以及操作活动，有利于降低和消除学生的疲劳感，维持较长时间的有意注意。

可以说，课堂教学组织越合理，越符合学生的心理特点和内在需要，学生越不容易分心。但有时为了避免学生分心，还要采取一些具体的控制措施。

（1）预先控制。对有不良的学习习惯、上课爱做小动作的学生，做有针对性的调查分析，进行说服教育并适当采取防治措施。

（2）信号控制。教师在教学过程中通过言语提示和表情暗示等信号来提醒分心的学生。

（3）提问控制。针对个别分心的学生点名提问，在回答不出时要求他集中注意，听其他同学的正确回答。

（4）表扬控制。不失时机地表扬专心听讲、正确回答问题的学生,给分心的学生树立榜样。同时适当地对分心的学生进行批评,也可起到加强注意的效果。

三、运用无意注意和有意注意两者交替的规律组织教学

在教学中,过分要求学生依靠有意注意来学习,易引起疲劳和注意的涣散;但如果只让学生依靠无意注意学习,则不利于他们的主动性及与困难做斗争的意志力的发展,难以完成学习任务。因此,在教学中,教师应当考虑使学生的有意注意和无意注意有节奏地交替轮换。一般说来,在学生无意注意之时,要组织起学生的有意注意,坚持一定时间后,可用无意注意加以调节,适当调整之后,再度组织学生的有意注意。一堂课若能反复交替几次,就可使学生不至于过早产生疲劳、分心,也就能够比较轻松地保持稳定的注意。具体地讲,上课之初,学生的注意停留在课间 10 分钟的有趣对象,因此,需要通过一定手段将学生从课间关注的事情上拉回来,去吸引他们的有意注意,如言语提示、回顾上一节课的核心内容并从中设置一些问题,让学生认真思考并回答,等等。接着,就要激发学生上课的兴趣和求知欲,使有意注意和无意注意巧妙地结合起来,经验丰富的教师通常会根据教学内容的性质和特点,采用一些课堂教学的导入艺术。既可采用以强调知识之间内在联系为主的直接导入法、审题导入法、衔接导入法和类比导入法,也可采用以生动直观、联系实际为主的实例导入法、典故导入法和演示导入法,还可采用以设疑问难、激发求知欲为主的悬念导入法和问题导入法。随着课堂教学进程的推进,有意注意一段时间后,可在学生注意即将分散之前,通过精心设计的提问、演示、练习和操作等方式,或适当穿插一些与教学内容有关的生动有趣的案例、幽默风趣的语言等让学生放松一下,转入短时的无意注意为主的状态,然后再转入有意注意状态。运用这种两者交替的规律进行教学,学生的注意会发生节奏性变化,就可成功地维持学生良好的注意状态与水平,为一堂好课奠定重要基础。

此外,运用注意规律组织教学,教师还应当根据注意的外部表现和生理、情绪变化的特征,及时了解和准确把握学生的听课状态,并反思自己的教学,以便在教学内容和方法等方面有针对性地加以调整和完善。同时,根据影响注意品质的因素或条件,在教学过程中有意识地培养、提升学生的注意品质,也是注意规律运用于教学的体现。值得注意的是,根据无意注意与有意注意的积极和消极影响的两面性,在课堂教学中,要反对仅强调无意注意的积极作用,单纯以学生兴趣为中心,不考虑教学内容的科学性、系统性和思想性,脱离教材内容,罗列堆积过多事例,拼凑大量笑料,天南地北神侃,还美其名曰：这是在激发学生兴趣,活跃课堂气氛。这样的教学,往往使学生在轻松之后、兴奋之余,对教学内容所知甚少,会有空空荡荡的感觉。当然,也要反对只强调有意注意的积极作用,单方面要求学生在学习过程中做出意志努力,克服一切困难,而从不考虑学生的年龄特征、合理的兴趣和需求,也从不探寻教学内容的丰富性、生动性和趣味性,以及教学形式和手段的多样性,只"一心一意"苦讲,使学生深感枯燥乏味,即便是学习态度端正、学习目的明确、学习动机强烈、意志力坚韧的学生,也难以长时间保持良好的注意状态和水平。

本章小结

周围环境给人们提供了大量的刺激,人要正常地工作与生活,就必须选择重要的信息,并排除无关刺激的干扰。故此,对注意这种心理现象的基本特征、性质、功能和品质的了解与把握,有助于教师集中和稳定学生的注意力,增强学生学习效率。

复习思考题

一、选择题

1. 电视广告试图通过声音大小的转换、意想不到的景象引起受众的( )。
   A. 无意注意　　B. 随意后注意　　C. 随意注意　　D. 有意注意

2. 培养随意后注意的关键是( )。
   A. 对活动的直接兴趣　　　　　B. 对活动的间接兴趣
   C. 活动的新异性　　　　　　　D. 活动的组织性

二、名词解释

注意　有意注意　有意后注意　不随意注意

三、简答题

1. 简要述评注意的几种理论模型。
2. 影响无意注意的因素有哪些?
3. 保持有意注意的条件有哪些?
4. 注意的转移与注意的分散有何区别?
5. 注意的起伏性与注意的稳定性有何区别?

四、论述题

1. 论述学生注意品质的影响因素及其培养。
2. 如何运用注意的规律组织教学?

五、案例解读

一位热情而热爱教育工作的教师为了使学生更好地学习,想提供一个更有情趣的学习环境。新学年开始了,他对教室进行了一番精心的布置,教室内周围的墙上张贴了各种各样、生动有趣的图画,窗台上还摆上了花草等植物,使教室充满了生机。请判断这将会产生什么样的负面效果。为什么?

提示:这位热情的教师出发点是好的,但很可能事与愿违,反而会导致学生注意力分散,影响学生集中注意、专注学习的效果。根据无意注意的规律,各种有趣的图画、花草等新异的刺激物,会吸引学生的注意力,使学生随时有可能把注意力转移到欣赏图画和花草等上面,分散了学习的注意力,影响了学生专心听讲。

第三章 感觉和知觉

内容提要

感觉和知觉是人类最基础、最重要的心理现象,是人类与这个世界保持联系的基本途径。可以说没有感知觉,就没有人类的心理。那么什么是感觉,什么是知觉呢？感觉和知觉都有哪些种类？感知觉都有什么作用呢？人为什么有的时候会有错觉呢？错觉可以避免吗？任何的刺激量都能引起我们的感知觉,还是需要刺激量达到一定程度才可以呢？为什么刚进入影院的时候看不清周围的事物,而过了一段时间就可以看清呢？为什么先吃西瓜再吃葡萄会觉得葡萄特别酸,而先吃葡萄再吃西瓜会觉得西瓜特别甜？为什么有的人听到某种音乐会"看到"颜色呢？还有,人类知觉有哪些基本特征？感知觉的规律在中学的教学中有什么作用呢？所有这些让人感到迷惑又有趣的问题都可以在本章的学习中找到答案。

思维导图

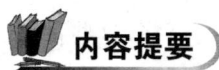

- 感觉和知觉
  - 概述
    - 感觉的定义
    - 感觉的分类
    - 知觉的定义
    - 知觉的分类
    - 感知觉的作用
    - 错觉
  - 感觉的一般规律
    - 感受性和感觉阈限
    - 感觉的适应
    - 感觉对比
    - 联觉
    - 阈下刺激的感觉效应
  - 知觉的基本特征
    - 知觉的选择性
    - 知觉的整体性
    - 知觉的理解性
    - 知觉的恒常性
  - 感知规律在中学教学中的应用
    - 感觉强度规律的应用
    - 知觉选择性规律的应用
    - 知觉理解性规律的应用
    - 感知协同规律的应用
    - 错觉规律的应用
    - 社会知觉规律的应用

第一节 感觉与知觉的概述

一、感觉的定义

感觉是人脑对直接作用于感觉器官的事物的个别属性的反映。我们的眼睛能看到颜色,耳朵能听到声音,鼻子能闻到气味,皮肤能感觉到温度,内脏能感受到疼痛,这些都属于感觉的范畴。

感觉随刺激物的作用而产生,随刺激物的消失而消失。要产生感觉就必须存在客观事物的直接刺激,离开刺激物人脑自身是不能产生感觉的。闭上眼睛我们看不到任何东西,外界没有声音我们就什么也听不到。感觉是对客观事物个别属性的反映,当我们看到一个苹果的时候,感觉只能告诉我们看到了什么颜色、什么形状,闻到了什么气味,尝到了什么味道等这样一些个别的属性,至于说我一眼就能看出那是一个苹果,那已经不再是感觉的特性了。事实上,感觉的产生是一个复杂过程,首先需要我们的感觉器官对客观刺激的感受,进而把客观刺激的物理属性转化成神经信号,然后神经信号沿着传入神经进入大脑的特定部位,最后大脑对传入的神经信号进行分析加工而产生感觉。从这个意义上讲,感觉不是在感觉器官上而是在人脑中产生的。

机体的感觉器官往往只对某种类型的刺激做出反应,如眼睛对光做出反应,耳朵对声做出反应。反之,光线作用于鼻腔、声音作用于眼睛是不能产生感觉的。对某一种感觉器官来讲,感受最敏感的那种刺激叫作适宜刺激。光是眼睛的适宜刺激,声是耳朵的适宜刺激,各种可溶于水并能刺激味蕾的物质是味觉的适宜刺激。各种感觉器官都有其适宜的刺激。

二、感觉的分类

按照不同的分类标准可以把感觉分成不同的类别。根据刺激是来自机体外部的还是来自内部的可以把感觉分为外部感觉和内部感觉。其中外部感觉包括视觉、听觉、嗅觉、味觉和皮肤觉;内部感觉包括运动觉、平衡觉和内脏觉等。根据刺激的性质可把感觉分为电磁的、机械的、化学的和热的四类。根据刺激源与人的距离远近可分为距离性感觉和非距离性感觉;视觉的刺激和听觉的刺激可以在离人有一定距离的情况下被人感知,因此为距离性感觉;而机体觉、运动觉、味觉等的刺激必须与人的感官接触才能产生感觉,因此为非距离性感觉。

(一)视觉

视觉是人类重要的感觉通道,人类从外界获得的信息 70% 以上是由视觉提供的。

视觉是可见光波刺激视觉器官所产生的感觉,视觉的适宜刺激是波长在 380 纳米到 780 纳米的电磁波,即可见光波(见图 3-1)。其范围只占整个电磁波范围的 1/70。可见光波存在三个特性,即波长、强度和纯度,这些特性与我们视觉经验的色调、明度、饱和度存在密切联系。不同波长的光波引起不同的色调感,如 700 纳米为红色,580 纳米为黄色,510 纳米为绿色。光的强度引起的视觉经验为明度,光的强度可用照在平面上的光的总量来测量,总量越多,强度越大。通常情况下,一个强烈的光看上去比一个较弱的光明亮。纯度是指光的成分的纯杂性,它引起的色觉反应是饱和度。如鲜红色比紫红色或粉红色饱和度要大,因为鲜红色纯度更高。正常人所感知到的世界是五彩缤纷的,人眼大约可以分辨 150 多种光波,其中主要有红、橙、黄、绿、青、蓝、紫七种色彩感觉。

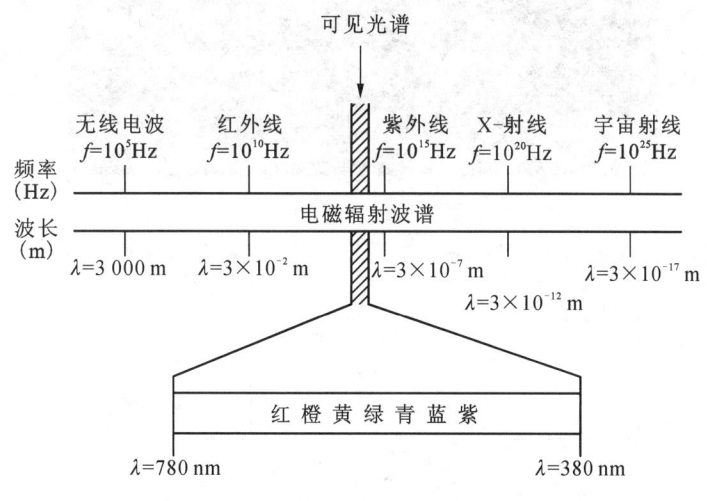

图 3-1 可见光波图示

有的人色觉存在缺陷,包括色弱和色盲。色弱主要表现为对光谱的红色和绿色区的颜色分辨能力较差。色盲又分两类,一类是局部色盲,一类是全色盲。局部色盲又包括红绿色盲和黄蓝色盲。红绿色盲看不到红色和绿色,只能看到蓝色和黄色两种颜色,他们把整个光谱上红、橙、黄、绿部分看成黄色,把青、蓝、紫部分看成蓝色,500 纳米附近的光谱他们分辨不出颜色,只能看成白色和明度不同的灰色。黄蓝色盲比较少见,他们是把整个光谱看成红色和绿色两种颜色。全色盲的人把整个光谱看成一条不同明暗的灰色带,没有色调感。全色盲的人在整个人类群体中是极其罕见的。色盲可能与人视网膜上某种感光细胞的缺乏有关,也可能与人的视觉信息加工过程的某种异常有关。另外色盲与遗传有关,基因的缺陷可以引起色盲,所以色盲具有遗传性,且多传男不传女。

当作用于感觉器官的刺激消失时,感觉并不立刻消失,还能保留短暂的时间,这种暂时保留的感觉印象称为后像。视觉中存在明显的后像。注视图 3-2,然后视线在图片上游移,你会发现原本是纯白色的圆点一会变黑一会变白,实际上圆点本身是白的,本身没有变化,我们看到的黑点是我们的视觉后像。心理学家曾做过一个实验,先后呈现一条竖直的线条和一条水平的线条,当先后呈现的时间间隔为 0.06 秒时,我们看到的不再是两条先后出现的线条,而是一条竖线倒在一个平面上(如图 3-3),这种现象被称为闪光融合。刚刚能引起闪光融合感觉的最小频率称为临界闪光频率。闪光融合是由视觉后像引起的,事实上我们看到的电影都是一些不连续的照片,只是因为它们呈现的频率达到或超过了临界闪光频率,感觉上电影的画面是连续的。

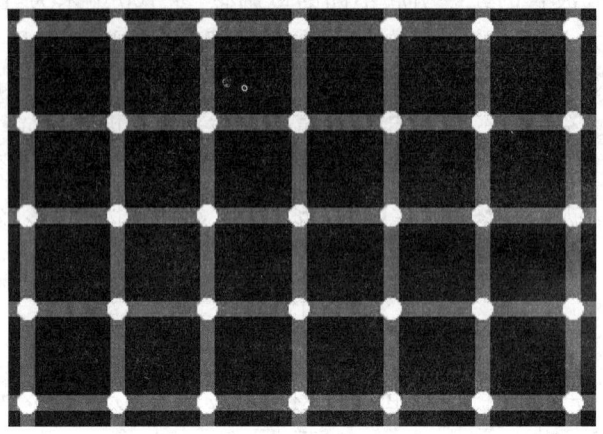

图3-2 视觉后像

图3-3 闪光融合

视觉辨别物体细节的能力叫作视敏度,即临床上所称的视力。一个人辨别物体细节的尺寸越小,视敏度就越高。通常我们用视力表来检查人的视敏度,常用的视标有"C"形和"E"形,被试者在一定的距离上报告出图形开口的方向。正常人可以区分1分视角的视像,即物体上的两点与眼睛之间的辐合角度为1/60度。人的正常视力为1.0,但有的人可达1.5甚至更大,如某些长期在草原上生活的牧民,眼睛的视敏度甚至可达2.0。眼睛是心灵的窗户,合理科学地用眼有助于保护视力,长时间看书或长时间看近处事物时,定时做眼部按摩和远眺对保护视力很有帮助。

(二) 听觉

听觉是声波作用于听觉器官而产生的感觉。在弹性媒质中物体振动所激起的纵波叫声波。声波有三个物理特性:振幅、频率和波形,分别对应着听觉经验的响度、音高和音色。一般来说,声波的振幅越大,我们听到的声音就越响,但由于我们的耳朵对于所有频率的声音并非同等地敏感,所以响度也与声波的频率有关。声波的频率主要影响听觉经验的音高,如钢琴上的低音和高音键弹奏出的音符的音高不同,这主要是由琴弦的振动频率不同决定的,频率越高音高越大。音色是由声音的波形决定的,二胡的声音和钢琴的声音一听就能区别开,这主要是由于两者的波形不同。根据波形和振幅是否有周期性的振动,可以把声音区分为乐音和噪音。有规律的,为乐音,无规律的为噪音。当然这只是从物理上来区分的,单纯从心理感觉上来讲,某些时候即便是乐音也会给我们噪音的感觉,如宁静的夜晚,隔壁宿舍有人练琴,即便听起来悦耳动听,但因为它使你心情烦躁难以入睡,此时的乐音对你来讲就变成了噪音。

一般而言,引起人听觉的适宜刺激是频率在 16~20 000 赫兹之间的声波,过低和过高频率的声音都很难被人感知到。相对来讲幼儿对高音更为敏感,甚至可以听到正常成人难以听到的高音。人类最敏感的是频率为 1 000~4 000 赫兹的声音。

听觉的感觉器官是耳,人耳主要由三部分构成:外耳、中耳和内耳(图 3-4)。外耳的作用主要是收集声波,中耳主要负责传导声音,内耳的功能是将物理特性的声音刺激转化为生理性的神经冲动。声音经耳郭收集,沿耳道传至外耳与中耳交界处的鼓膜,引起鼓膜的振动。鼓膜的振动又带动三块听小骨发生运动,进而引起耳蜗中的液体产生流动。处于耳蜗底部的基底膜上的毛状神经纤维会随着液体的流动而飘动,这些毛状的神经纤维会随着不同的飘动模式释放出不同的神经冲动,在这里物理特性的振动被转化为神经信号。然后,神经信号沿着听觉传入神经至大脑的听觉中枢,大脑对神经信号进行分析后产生听觉。听觉是人类重要的感觉通道,人类所获得的外界信息至少有 10% 以上是来自听觉的,有些时候听觉甚至比视觉更为重要,比如在黑暗的夜晚听觉就表现出它的优势,有些盲人可以发展出非常敏锐的听觉能力,用听觉替代视觉,他们走路时不会被东西绊倒或撞到墙。

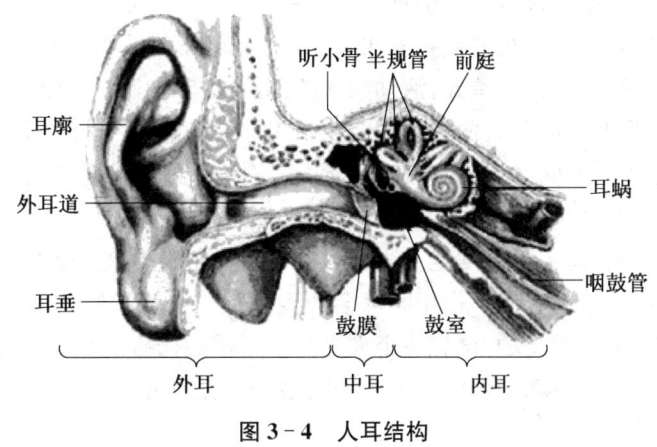

图 3-4　人耳结构

(三) 嗅觉和味觉

引起嗅觉的刺激物是散布在空气中的化学物质。嗅觉是距离性感觉,因为人可以凭着散布在空气中的化学物质闻到气味,而不必与刺激源直接接触。

能溶解的化学物质作用于鼻腔黏膜上的嗅觉细胞,嗅觉细胞会将受到的化学刺激转化为神经信号传入大脑,引起嗅觉。人的嗅觉感受性比较高,据估计人的嗅觉感受细胞有 1 000 万个,可嗅到每公升空气中含 0.000 000 66 毫克的乙硫醇(烂洋白菜味)的气味,但相对一些低等动物而言人的嗅觉还是比较差的。德国有种牧羊犬有 224 000 000 个嗅觉感受细胞,其嗅觉的灵敏度是人的 40 倍以上。随着人类的进化,视觉和听觉似乎逐渐替代了嗅觉在人类生存中的作用,嗅觉对现代人而言不再像其对人类祖先那么重要了。对嗅觉进行分类是困难的,因为大千世界中的化学物质林林总总各不相同,难以做出概括的分类,我们往往是通过产生气味的物体的名称来命名气味的,如鱼腥味、汽油味。人的嗅觉存在明显的适应现象,长时间闻一种气味可使感受性明显下降。

另外,气味之间存在微妙的相互作用,几种气味同时存在,因气味种类的不同,有时会产生气味的混合,有时会产生一种新的气味,有时原先的几种气味会被相继闻到,有时一种气味会掩盖其他气味。生活中要善于利用气味之间的作用,但有时会事与愿违,比如有人想用香料来掩盖卫生间的臭味,因搭配不当,臭味反而更加刺鼻。

味觉的适宜刺激是溶于水的化学物质。味觉的感受细胞分布比较广,不只分布于舌面,咽喉的黏膜和软腭等处也存在。通常我们把味觉的感受细胞叫作味蕾。当然味觉感受性最强的区域还是舌面。舌面的不同部位对味道的感受性也不同,一般而言,舌尖对甜味最敏感,舌根对苦味最敏感,两侧对酸味最敏感,所谓"尖甜根苦两边酸"。温度对味觉有影响,20～30摄氏度时味觉的感受性最高。味觉还跟人的机体状态有关,饥饿的人对甜和咸的感受性增高,对酸和苦的感受性降低。值得注意的是,疾病对嗅觉和味觉的感受性都有影响。如鼻咽、感冒可使嗅觉和味觉的感受性降低。

(四)皮肤觉

皮肤觉是客观刺激作用于皮肤而产生的感觉。皮肤觉是一个统称,实际上皮肤上可以产生触觉、压觉、温度觉、痛觉、振动觉等,这些都属于皮肤觉。物体接触皮肤表面但不引起皮肤变形产生触觉。当物体接触皮肤表面并引起皮肤变形时产生压觉。身体的不同部位对触压觉的感受性有很大差异,活动频繁的部位如指尖、嘴唇、眼睑等感受性很高,而背部、腹部感受性很低。皮肤表面温度的变化会引起温度觉,接触的物体比皮肤表面的温度低产生冷觉,比皮肤表面的温度高产生热觉,与皮肤表面的温度相同则不产生温度觉,因此皮肤表面的温度也叫"生理零度"。产生温度觉的温度范围是－10～60摄氏度,超过这个范围会产生痛觉,而不是温度觉。当机械的、物理的、化学的、温度的、放射能的以及电的各种刺激对皮肤组织起破坏作用时都会产生痛觉。在各种感觉中,唯痛觉难以产生感觉适应。这是有保护意义的,试想一个人受到了严重的伤害而其又对痛觉产生了适应,那么其生命就危险了。振动的物体接触皮肤时会产生振动觉,如用振动的音叉接触皮肤即可产生这种感觉。

(五)运动觉和平衡觉

运动觉是最基本的本体感觉,是由肌肉运动、关节角度、身体位移等的改变而引起的感觉。当人的身体运动时就会产生运动觉。人在感知外部事物时经常会有动觉的参与,如人要调节眼部肌肉改变晶状体的曲度才能更清楚地看到远处的物体,只是因为人们在完成这些动作时基本上是一个自动化的过程,所以平时不为个体所感知。平衡觉是反映头部运动速率和方向的感觉。平衡觉的感受器是人内耳中的前庭器官,当人头部运动、身体倾斜时都会引起前庭器官的感觉。有人特别容易晕船晕车,就是因为这些人的前庭器官过于敏感的缘故,多加练习可改变前庭器官的敏感性。渔夫很少有晕船的,司机也很少有晕车的,就是这个道理。

(六)内脏觉

反映内脏各器官活动状况的感觉叫内脏觉或机体觉。各种内脏器官是内脏觉的感受器,正常情况下人很难感受到内脏的活动,只有当内脏器官处于某种不正常状态时才能感受到,如饥、饿、渴、饱、胀、便意、恶心、疼痛等情况。内脏觉的特点是感觉不精确,分辨力差,我们经常因为肚子疼去医院,有时医生问我们是左边疼还是右边疼时,我们又分辨不清,就是这个原因。

三、知觉的定义

知觉是人脑对直接作用于感觉器官的客观事物的整体属性的反映。事实上我们感知世界的时候并不是单纯地感觉到光线、颜色、形状等事物的单一属性,我们总是整体地反映着客观事物。看到红色的同时我们知道那是一面红旗,听到语音的同时我们知道那是我们的好朋友在侃侃而谈,闻到香味时我们知道那是正在出炉的烤鸭。一般认为单纯的感觉只有刚刚出生的新生儿才有可能存在。大多数情况下,感觉和知觉几乎是同时发生的。知觉和感觉一样,都离不开客观刺激物而单独存在,都随着刺激物的产生而产生,随着刺激物的消失而消失。

知觉是比感觉更为高级的心理现象。知觉是人脑对感觉信息的组织过程。比如一个苹果,通过感觉我们可以获得苹果的颜色、形状、气味、味道等单一属性,但我们是怎么知道这是一个苹果而不是别的什么东西呢?这是因为我们将这些单一的属性组合起来,同时调动了过去我们感知过的苹果的形象,两者匹配以后,我们就确定地知道这是一个苹果而不是别的东西。知觉的组织离不开过去的经验。

四、知觉的分类

知觉可分为物体知觉和社会知觉两大类。物体知觉是以物质或物质现象作为知觉对象的知觉,包括空间知觉、时间知觉和运动知觉。社会知觉是以社会生活中的人以及人际现象作为知觉对象的知觉,包括对他人的知觉、对人际的知觉和对自己的知觉。

(一)物体知觉

1. 空间知觉

空间知觉是物体的空间特性在人脑中的反映。空间知觉是由视觉、听觉、触摸觉、动觉等多种感觉系统协同活动的结果,其中视觉起着主要作用。空间知觉包括形状知觉、大小知觉、深度知觉和方位知觉。形状知觉是对物体形状特征的反映;大小知觉是对物体大小的反映,主要通过视觉和触摸觉来完成;深度知觉也叫距离知觉,是对物体之间距离的知觉,距离可以是垂直方向的,也可以是水平方向的;方位知觉是对空间方向位置等属性反映的知觉,如前后、左右、上下、东西南北等都是方位知觉。

2. 时间知觉

时间知觉是人脑对客观现象的延续性和顺序性的反映。与其他的知觉不同,时间知觉没有专门的感受器官,我们对时间的知觉往往是通过自然环境的变化、计时工具或自我的生理节律性的变化等间接的途径获得的。我们对时间的估计经常是不准确的,时间越长,估计的误差越大。此外,活动内容影响对时间的估计:在一段时间里,做紧张而有趣的事倾向于把时间估计得短些。相反,做不感兴趣的感觉无关紧要的事情就会把时间估计得长些。情绪和态度也影响对时间的估计：欢乐的时候觉得时间过得快,烦闷厌倦的时候觉得时间过得慢。

(二) 社会知觉

1. 社会知觉的分类

(1) 对他人的知觉

对他人的知觉主要是指对他人外部特征的知觉,进而了解其内部动机、情感、意图等方面。人们对他人的知觉能力是不同的,有的人可以根据别人非常细微的表情等的变化而推测其内心动机,所谓"察言观色""听其言而知其人"。而有的人对他人非常明显的厌烦情绪不能察觉,如一个滔滔不绝的说话者没有发现他的朋友已经没有耐心听其讲话了。

(2) 人际知觉

人际知觉是对人与人之间关系的知觉。人际关系是非常复杂的,也是非常微妙的。概括地讲,人际关系主要存在三大类：① 以情感为基础的人际关系,如亲人、朋友。② 以利害为基础的人际关系,如商业伙伴。③ 缺乏任何基础的陌路关系。人际知觉的准确程度受个体的经验、动机和情绪等的影响。

(3) 对自己的知觉

对自己的知觉是一个人通过对自己行为的观察而获得的对自己心理方面的认识。个体在对自己进行观察时,自己既是观察者又是被观察者,观察者的我称为主我,被观察者的我称为客我。实际上个体对自己真正的了解是来源于个体拿自己与别人比较的结果。个体是如何知道自己在某一方面是有能力的呢？这是因为他拿自己这个方面与别人比较时总是发现自己能更好地完成任务。他人是个体知觉自己的一面镜子。

2. 社会知觉中的心理现象

(1) 第一印象,也叫首因效应

在社会知觉中人们往往通过第一印象来判断一个人,而且第一印象会影响到人们后来的知觉和判断。如一个人给你留下了良好的第一印象,此后他在行为中表现出一些缺点,你也可能认为这些缺点是他偶然表现出来的,不是他的本质特征。相反,如果一个人给你留下了恶劣的第一印象,后来哪怕他有很多良好的表现也很难改变你对他恶劣的第一印象。在生活中我们要利用这一效应,如参加面试或第一次约会都要力图给别人留下良好的第一印象,同时也要避免第一印象干扰我们形成对他人客观的看法,不能单凭第一印象来判断一个人,而要在长期客观的观察中了解一个人。

(2) 晕轮效应

晕轮效应,是指当对一个人某些特性形成好或坏的印象之后,人们就倾向于据此推论其他方面的特性。就像明亮的月光使周围的群星黯然失色一样,一个突出的特征掩盖了其他特征。所谓"一好百好,一坏百坏""情人眼里出西施"就是典型的晕轮效应。

(3) 刻板印象

刻板印象,是指对某个群体形成了一种概括而固定的看法后,据此去推断这个群体中每个成员的特征的现象。我们通常会认为"南方人精明,北方人粗犷",这就是典型的刻板印象,实际上不是每一个南方人都精明,也不是每一个北方人都粗犷。但我们遇到一个具体的南方人或北方人时会据此去推论他们是精明的或是粗犷的。刻板印象会阻碍我们去客观地认识和了解他人,因此在日常生活中要尽量避免。

(4) 近因效应

近因效应,是指最后给人留下的印象会强烈地影响对他人总体的看法。如一个调皮的学生最近表现出一些良好的行为,老师就会认为这个学生正在改过自新;而一个一贯表现良好的学生最近出了点差错,老师也可能认为这个学生的表现大不如前了,正在走下坡路;一对恩爱的夫妻可能忘了当年的生死与共、互相扶持,而为当前对方的某些行为缺点喋喋不休争吵不已。这是因为人的大脑总是对新近的信息印象深刻。由此给我们一个启发,如果要维持良好的人际关系,就要不断地给对方留下新的良好的印象。

五、感知觉的作用

感知觉是人类最简单最低级的心理现象,但感知觉在人的心理发展中却起着至关重要的作用。

首先,感知觉是构成人认识的基础。尽管感知觉是人类认识世界的低级形式,但所有高级的认知过程都以感知为基础。没有感知,记忆、想象、思维等高级认知过程就失去了内容来源,也不会有这些高级形式的认识方式的存在,因为这些高级的认识方式都是在感知觉的基础上发展而来的。

其次,感知觉是保持正常心理活动的必要条件。对于每一个正常人来讲,没有感觉的生活是难以忍受的。1954年,加拿大心理学家赫布等人进行的感觉剥夺实验就是最好的证明(图3-5)。他们以每天20美元的报酬招募志愿者来参加实验。被试被分配到专门建造的黑暗隔音的房子里,眼睛戴上眼罩,耳朵被堵住,手脚也戴上特制的手脚套。除了进食和排泄,他们所有的感觉基本上都被剥夺了。被试被告知尽量在这样的房子里生活的时间长一些。这个实验任务看起来非常简单,但实际上所有被试在实验期间只能昏睡或胡思乱想,实验很快就变得难以忍受。大多数被试都不能坚持一周以上。后来的很多感觉剥夺实验都表明,在实验期间被试注意力不能集中,不能进行连续而清晰的思考;有的人产生了幻觉,有的人变得神经质,有的人感到莫名的恐惧。有一个参加了为时14天的感觉剥夺实验的被试,实验后8天之内不能进行学习。可见,感知觉是人类保持正常心理活动的必要条件。

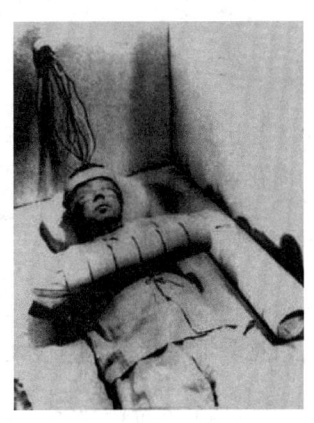

图3-5 感觉剥夺实验

六、错觉

错觉是指在特定条件下对事物必然产生的某种固有倾向的歪曲知觉。错觉的种类繁多,在各种知觉中都有可能发生。比较典型的有以下几种:

（一）视错觉

视错觉是在视觉中发生的错觉，以几何错觉研究得最多。下图（图3-6）是几何错觉的几个例子。

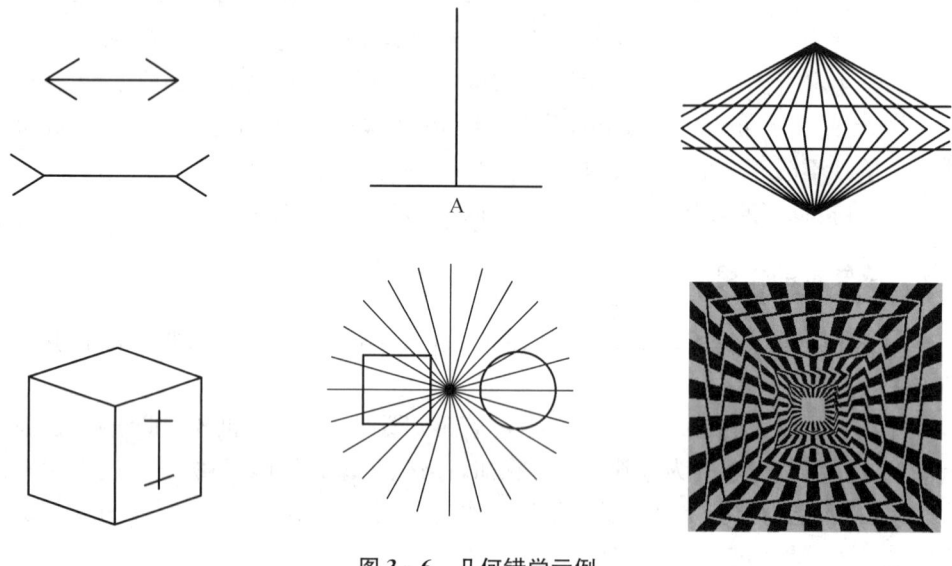

图3-6 几何错觉示例

（二）形重错觉

由于视觉和过去经验参与而对重量感发生变化的错觉。用手比较一公斤铁和一公斤棉花，总会觉得一公斤铁要重些。

（三）时间错觉

在枯燥痛苦的时候人总觉得时间过得很慢，开心快乐的时候觉得时间过得快。时间错觉受情绪状态影响很大。

（四）方位错觉

在礼堂里听报告，我们听到的声音实际上是从两边的音响里传来的，但我们总觉得声音是从前边传来的。有时飞行员在海面上飞行会产生倒飞错觉，把海面当作天空，这也是典型的方位错觉。

（五）运动错觉

上文中的闪光融合实际上就是一种运动错觉。原本不动的物体在一定条件下被知觉为运动的现象称为运动错觉。眼睛注视黑暗房间内的一个微弱的光亮点，一会儿就会觉得这个亮点在运动；坐火车时自己乘坐的火车是静止的，但当运动的火车经过时会感到自己乘坐的火车开动了，而实际火车未动，这些都是运动错觉的例子。

第二节 感觉的一般规律

一、感受性和感觉阈限

对刺激的感觉能力叫感受性。感受性是用感觉阈限的大小来衡量的。感受性分绝对感受性和差别感受性，相对应的感觉阈限也分为绝对感觉阈限和差别感觉阈限。绝对感觉阈限是指刚刚能引起感觉的最小刺激量。对这个最小刺激量的感受能力即绝对感受性。能觉察出的两个刺激的最小差别量称为差别感觉阈限。对这一最小差别量的感觉能力叫差别感受性。不管是绝对感受性和绝对感觉阈限还是差别感受性和差别感觉阈限，它们之间的关系都是反比的关系。用公式表示为 $E=1/R$，E 代表感受性，R 代表感觉阈限。德国生理学家韦伯在研究差别阈限时发现，一个人能察觉 50 克和 51 克之间存在重量上的差异，却不能察觉 100 克和 101 克之间存在差异，这时重量必须增加到 102 克方能被觉察。基础量和增减量之间存在一定的关系。经过大量研究，他提出了著名的韦伯定律，用公式表示为 $\Delta I/I=K$，ΔI 表示刺激变化量，I 表示基础量，K 是常数。不同的感觉系统，韦伯分数也不一样。表 3-1 列举了中等强度下不同感觉系统的韦伯分数，分数越小表示感觉越敏感。韦伯定律只适合中等强度的刺激，过强或过弱刺激难以体现韦伯定律描述的现象。

表 3-1 不同感觉系统的韦伯分数（中等强度范围）

感觉系统	韦伯分数
视觉（亮度、白光）	1/60
动觉（提重）	1/50
痛觉（皮肤上灼热引起）	1/30
听觉（中等音高和响度的音）	1/10
压觉（皮肤压觉）	1/7
嗅觉（橡胶气味）	1/4
味觉（咸味）	1/3

二、感觉的适应

由于刺激对感觉器官的持续作用而使感受性发生变化的现象叫感觉适应。除痛觉外几乎所有的感觉都存在适应。适应可以引起感受性的提高，也可以引起感受性降低。一般来讲，在弱刺激持续作用下感受性容易提高，持续的强刺激容易引起感受性降低。

视觉的适应分为暗适应和明适应。大家都有这样的经验，白天去看电影，刚进入电影院时眼前一片漆黑，但过了一段时间眼睛就慢慢地能看清周围的事物了。这种现象叫作暗适应。暗适应是环境刺激由强向弱过渡时,由于弱光的持续作用导致视觉器官对弱光刺激的感受性提高的现象。暗适应的速度相对较慢,一般要过5至7分钟才能看清周围的事物,一个小时后人的感受性可提高20万倍,基本达最高水平。当我们看完电影,从黑暗的电影院走到明亮的室外时,刚开始我们会被外边的光照耀得睁不开眼睛,除了一片光亮什么都看不清,但只要过几秒钟我们就能看清周围的事物了。这种现象是明适应。据研究,人们暗适应和明适应的速度不同主要与视觉细胞中的视紫红质的合成和分解有关。这种物质的多少影响人的感光能力,视紫红质越多,人的感光能力越强。暗适应是视紫红质的合成过程,速度较慢,明适应是视紫红质的分解过程,速度较快。

嗅觉、味觉、温度觉和触压觉都有明显的适应现象。"入芝兰之室,久而不闻其香;入鲍鱼之肆,久而不闻其臭"是嗅觉的适应。"厨师做菜,越做越咸"是味觉的适应。"忘足,履之适也"是触觉的适应,而"忘履,足之适也"才更符合事实。初入浴缸感觉热水太热,过一段时间就不觉得那么热了,其实不是水温降低了,而是我们对水温产生了适应。

感觉的适应是有机体长期进化的产物,是人适应能力的一个重要的方面。如白天的阳光与夜晚的星光相差几百万倍,如果没有感觉的适应,人就很难在快速变化的环境中精确地感知外界的事物。但感觉适应本身是有利也有弊的。感觉器官感受性的降低,有助于减轻个体的身心负担。如对嘈杂声音的适应有利于排除干扰,专心做事。但一个人如果长期适应于高噪音的环境也很可能会损害其听力甚至导致失聪。长期在有害气体环境下工作的人,有时自己中毒却不知道,也是由于感觉适应的原因。

三、感觉对比

同一感觉器官接受不同的刺激而使感受性发生变化的现象叫作感觉对比。感觉对比可分为同时对比和继时对比两类。

同时对比是刺激物同时作用于感觉器官而产生的对比现象。如把一灰色小方块放在一个黑色背景上,小方块看起来要亮一些,把它放到白色的背景上看起来就暗一些,此时方块与背景的交界处对比特别明显。"万绿丛中一点红",红色显得特别红,绿色显得特别绿,这些都是同时对比的例子。

继时对比是刺激物先后作用而产生的对比,如先吃甜的东西再吃酸的东西,就会觉得酸的东西特别酸,反过来,先吃酸的再吃甜的就会觉得甜的特别甜。喝过苦药再喝白开水,会觉得白开水也是甜的,就是这个道理。

四、联觉

当某种感官受到刺激时出现另一种感官的感觉和表象,这种现象称为联觉。联觉是人的感觉现象中比较奇妙的一种现象,一种感觉兼有另一种感觉的印象,时而近似感觉,时而近似表象,但一直与感觉同时产生,并不是由人自己随意想象出来的。

最常见的联觉有色听联觉和色温联觉。色听联觉是听到某种声音即能看到某种颜色。如兰菲尔德曾研究过一个被试,前后相隔7年,他产生的联觉却相当稳定,听到音符

"C"时"看到"红色,听到音符"D"时"看到"紫色。在各种颜色中,红色让我们感到温暖,绿色让我们感到清凉,蓝色让我们感到冰冷,这是色温联觉。事实上,联觉相当普遍,我们经常会说"甜蜜的嗓音""沉重的乐曲""尖酸的气味"等,就是联觉的反映。

五、阈下刺激的感觉效应

阈下刺激是指那些处在感觉阈限之下,不能被人感知其存在的刺激。一般认为感觉阈限之下的刺激因为不能为人所感知,所以对人是没有影响的。但事实并非如此,一些实验证明了阈下刺激对人是有影响的。Wilson(1979)曾做过这样一个实验,让被试两耳各带一个耳机,两个耳机播放的声音不同,一个耳朵倾听一篇文章,并规定被试跟随声音逐句朗读,这样可保证被试注意听该耳的信息,以免分心注意另一耳朵的信息。另一个耳朵听到的是几段从未听过的乐曲。因为被试注意力都集中于播放文章的耳朵,对另一耳朵的声音在意识中是无法察觉到的。因此,另一个耳朵听的乐曲声音可视为阈下刺激。实验结果发现:如果将实验时听过的三段乐曲和另外从未接触过的三段新乐曲混合呈现,让被试辨别哪一段是在耳机中听到的,发现被试不能正确回答。但如果变换问题,让被试凭自己的感觉从六段乐曲中指出哪段自己听起来比较熟悉顺耳时,发现被试的辨别相当准确。这证明阈下刺激在不知不觉中仍然产生影响。事实上阈下刺激的感觉效应不局限于听觉,很多研究者相信其他感觉通道也存在。所以电视等媒体播放的广告我们平时可能并不在意,但自己的消费行为却受到它们的影响。近年来关于内隐记忆的研究都是以阈下刺激的感觉效应为前提的。

第三节 知觉的基本特征

一、知觉的选择性

我们在知觉事物时总是把一定的事物从背景中区分出来给予优先的知觉,这就是知觉的选择性。凡是在某一瞬间被我们清楚地知觉到的事物称为知觉的对象,凡是在同一瞬间与对象联系在一起但我们不能清楚地知觉到的事物称为知觉的背景。对象和背景不是绝对的,而是相对的,它们之间是可以相互转化的。大多数人第一眼看图3-7会首先看到一个花瓶,但如果转换一下,就会发现花瓶的背景实际上是两张对着的人脸。也就是说,图形中花瓶和人脸都可以作为知觉的对象。那为什么我们总是先知觉到花瓶而不是先知觉到人脸呢?这是因为我们总是试图在知觉情境中去区分出知觉的对象,并解释这个情境的含义。当对象和背景之间的关系不明确时,不易产生知觉

图3-7 知觉的选择性示例1

经验。比如我们看一张只是一大片相同的草皮的照片,很难产生知觉经验,但如果草皮上有一群羊和一个牧童,这时羊和牧童就容易成为对象,而草皮成为背景,这个情境也更容易被理解。一般来讲,知觉形象是熟悉的事物,如人、动物、房屋、器具等,而且当形象与背景之间的界限清楚时,那些熟悉的事物就容易成为知觉的对象,对象和背景的关系也较为明确。

实际上,影响知觉选择性的因素较为复杂,概括地讲主要表现在三个方面:

首先,对象和背景的差别越大,对象就越容易从背景中区分出来;对象和背景差别越小,就越不容易区分出对象。教材中重点内容用黑体或特殊字体排版就是为了使重点内容易成为知觉对象,教师用红笔批改作业也是为了区别于学生的书写,突出评语和分数。相反,军人的迷彩服、昆虫野兽等的保护色就是为了降低与背景的差别,使自己不易被发现。

其次,在静止的背景上,运动的物体容易成为知觉的对象。城市里闪烁的霓虹灯、街上行驶的车辆、草原上奔跑的羊群、用于教学的幻灯片、电影等都容易成为人们知觉的对象。

再次,知觉者的经验和个体倾向性也明显影响知觉的选择性。熟悉的事物容易成为知觉的对象。有人做过实验,让西班牙人和美国人同时用左右眼分别看两张图画,左眼看棒球赛,右眼看斗牛,实验结果大不相同。西班牙人更多的是看到斗牛,而美国人更多的是看到棒球赛。图3-8中,从第一幅往后看会觉得每一幅图都像一张男人的脸,而从最后一幅往前看会觉得每一幅都像一个少女,可见过去经验在我们的知觉选择性中起到极其重要的作用。需要、兴趣、爱好等个人倾向性也影响到知觉的选择性。饥渴难耐的人对食物和水源的知觉特别敏感;急于找份工作的人对招工信息特别容易知觉;篮球爱好者对篮球赛的宣传特别敏感。所谓"樵夫进山只见柴草,猎人进山只见野兽",就是这样的道理。

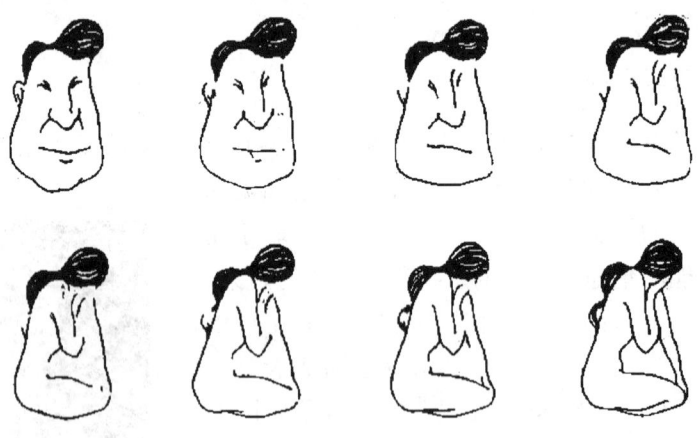

图3-8 知觉的选择性示例2

二、知觉的整体性

每一个客观事物,都是由各个部分组成的,往往具有多个属性,但我们在知觉时通常将其知觉为一个整体,这就是知觉的整体性特征。所谓整体性是指超越部分刺激相加之总和所产生的一种整体知觉经验。比如欣赏一幅美术作品,图画上有红花有绿树,而我们欣赏时在心理上产生的美感是超越红与绿这两种色彩的。同样的色彩,打乱布局可能就不会产生相同的美感了。所以说,整体是大于部分之和的,我们知觉事物时总是倾向于从整体上来把握事物。图 3-9 就是个很好的例子,同一个图像,在第一行里被知觉为英文字母 B,在第二行里则被知觉为数 13。

A,B,C,D,E,F
10,11,12,13,14

图 3-9 知觉的整体性示例 1

有的时候即使引起知觉的刺激本身是零碎的,但由之所引起的知觉经验仍然是整体的。图 3-10 中,从客观刺激的角度来看,每一幅图都完全是由一些不规则的图形构成,我们所形成的知觉经验却是由各种规则图形相互遮挡而构成。第一幅图是由一个白色的三角形覆盖在另一个三角形上,最底层是三个黑色的正方形;第二幅图最上面是一个白色正方形,下面是十字交叉的直线和四个黑色的圆;第三幅图最上面是一个白色的圆,背后是十字交叉的黑色矩形,最底层是两个黑色方框。可见知觉的整体性主要是一种心理现象。

图 3-10 知觉的整体性示例 2

知觉之所以具有整体性,是因为客观事物对人而言是一个复合的刺激物。由于过去经验的参与,大脑在加工来自各种感官的信息时,就会利用已有经验对缺失的部分加以整合补充,将事物知觉为一个整体。根据格式塔心理学家们的研究,影响知觉整体性的因素是多样的,主要包括以下几条规律:

(一)接近律

凡是距离相近的物体容易被组织在一起,从而知觉为一个整体。如图 3-11(a),将黑点知觉为一行还是一列完全取决于它们之间的距离。

(二)相似律

凡形状或颜色相近的物体容易被组织在一起。如图 3-11(b),黑点易被知觉为一个整体,而叉号易被知觉为另一个整体。

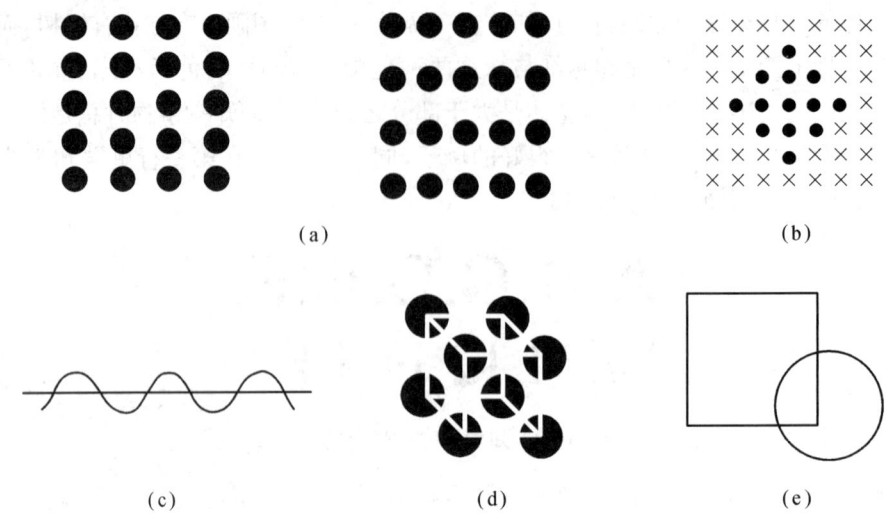

图 3-11 影响知觉整体性的因素示例

（三）连续律

凡具有连续性或共同运动方向的刺激容易被看成一个整体。如图3-11(c)，人们看到的总是一条曲线和一条直线，而不是一些不规则的线条。

（四）封闭图形

人们倾向于将缺损的轮廓加以补充，使知觉成为一个完整的封闭图形，如图3-11(d)，我们很容易看到一个封闭的白色立方体，这是因为各个黑圆中留有的空白正好能够组合成一个完整的图形，若向外拉动其中任何一个黑圆，立方体的图形就不成立了。

（五）良好图形

具有简明性、对称性的客体更容易被知觉。图3-11(e)很容易被看成正方形和圆组成的图形，而不是两个图形。

三、知觉的理解性

知觉的理解性是指人在知觉某一个客观对象时，总是以过去的知识经验为基础，以便对知觉的对象做出最佳的解释和说明。我们在知觉事物时总是倾向于把新知觉到的事物与原有的知识经验进行对比，试图去理解当前的事物。对事物的理解是知觉的必要条件。"这是什么？""我以前见过吗？""它属于哪一类？动物还是植物？"这些问题经常在我们知觉新事物时向自己提出。可见，

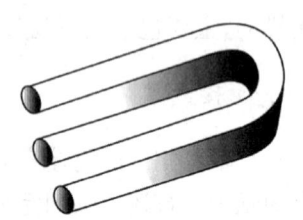

图 3-12 知觉的理解性示例1

过去的知识经验是我们知觉理解的重要参照体系。要理解当前事物就离不开过去的知识经验。图3-12可以让我们很好地检验这个过程。乍看之下此物似乎是个三齿的马蹄

铁,当我们的视线沿着三个齿从左向右移动时,我们发现三个圆齿变成了两个方齿,可是视线从右向左再扫视时发现两齿也是不成立的。于是我们理解时就出现了困难:"这是个什么东西?到底是三齿还是两齿?"经过再三的考虑,最后我们断定,这个图形在现实中是不可能存在的。在这个过程中,过去的知识经验提供了一个参照体系,在判断图形是否合理时起到了参照对比的作用。另外,思维和语言在知觉的理解过程中起到了重要的组织作用。尽管知觉是一种较为低级的认知过程,但同样也离不开思维和语言这样的高级过程。我们在理解一个新事物时总是试图给其命名并分类,这是语言和思维的组织作用的体现。比如一个北方人从来没有见过某种南方的水果,他不知道这种水果叫什么名字,但他可以很清楚地知道这肯定是一种水果。这是因为他能够将以往关于水果的基本特征的经验和当前知觉到的这种水果的特征的经验进行对比匹配,从而做出判断。语言和思维的组织作用在知觉情境不清楚、线索不明了时体现得更为明显。图3-13只是由一些斑点构成,但我们在知觉的时候不仅仅将其知觉为一些斑点,而是试图来命名这幅图。当我们综合各种信息做

图3-13 知觉的理解性示例2

出判断,这可能是一条狗,再看这幅图时你就会发现,这幅图越看越像一条狗。实际上我们很多人都有这种经验,秋高气爽,我们悠闲地躺在草坪上观察着天上飘过的朵朵白云,你会发现天上的白云一会儿变成一匹奔腾的马,一会儿变成一个人形。实际上云还是云,只是因为其不同的形状,我们试图给它命名,当我们认为它像某种东西时就会越看越像。其中的道理跟我们知觉斑点图形是一样的。

四、知觉的恒常性

当知觉对象的物理特性在一定范围内发生变化时,知觉形象并不因此发生相应的变化,知觉的这种特性称为知觉的恒常性。知觉的恒常性表现在很多方面,在视觉中表现得最为突出,下面着重介绍最主要的四种:

(一)大小恒常性

同一物体在视网膜上的成像因距离的不同而不同,距离越远成像越小。物体与眼睛的距离相等时,大的物体在视网膜上的成像大,小的物体在视网膜上的成像小。这是以生理为基础的视觉现象,但我们判断物体大小时并不单纯以其在视网膜上成像的大小为依据。如一个人站在离我们3米、5米、10米远的不同距离处,他在我们视网膜上的成像大小是不同的,但我们并不会因此而认为这个人变矮了。这种在一定范围内不论物体离眼睛的距离远近,我们仍倾向于把物体看成相同大小的现象被称为知觉的大小恒常性。

大小的恒常性也是由于受到过去经验的影响。我们过去的经验告诉我们,远的物体看起来小一些,近的物体看起来大一些。似乎我们会在不自觉中对物体离眼睛的距离和物体在视网膜上的成像大小之间做运算,从而估计物体的大小是否变化。比较细致的实验研究发现,同样的远距离物体,成人倾向于将其估计得比实物大一些,儿童倾向于将其

估计得比实物小一些。似乎成人太清楚远处的物体看起来会比其实际小一些,从而做了过度的补偿。

(二)形状恒常性

随着物体对我们眼睛的角度发生变化,其在视网膜上的成像的形状也跟着发生变化,只要这种变化没有超出一定的范围,我们并不认为物体本身的形状改变了,这种现象就是视觉的形状恒常性。图3-14中,当门正对着眼睛的时候,在视网膜上的成像是长方形,当部分开启的时候,其在视网膜上的成像是等腰梯形,但我们仍然认为门是长方形,并没有因其在视网膜上成像形状的改变而改变。但当门旋转到第四种情形时,我们已经很难准确地估计门的形状了。可见只有当客观事物在一定范围内变化时,形状恒常性才有可能,超出这个范围,形状恒常性也会消失。

图3-14 形状恒常性示例

(三)明度恒常性

尽管照明的亮度改变了,但我们仍倾向于把事物的表面亮度知觉为不变,这种现象被称为明度恒常性。一匹白色的布和一匹黑色的布放在一起,白布呈白色,黑布呈黑色,这是因为两匹布的明度不同。把两匹布都摊开,一半暴露在阳光底下,一半在阴影中。这个时候两匹布的两半间的明度发生了变化,但我们仍然认为是一匹白布和一匹黑布,不会把一匹布看成是两段明度不同的布。这样的例子很多,黑色煤炭在太阳底下的明度远远高于夜晚粉笔的明度,但我们在知觉的时候仍然认为粉笔是白色的,煤炭是黑色的,粉笔看起来比煤炭亮。

为什么会产生明度恒常性呢?一种说法是因为我们对物体本身的特征熟悉,因而对物体的特征做解释时,主要依靠个人的经验,如纸是白色的,墨汁是黑色的,即使不看我们也是知道的。另一种说法认为,物体本身对光的反射率不变是明度恒常性的重要原因。尽管粉笔和煤炭在黑暗和明亮的环境中其亮度可能相同,但它们在任何亮度环境下对光的反射率是不同的,因而我们获得的明度知觉也是不同的。

(四)颜色恒常性

尽管物体照明的颜色改变了,我们仍然把它感知为原先的颜色,即颜色恒常性。比如,在黄色路灯下的一辆白色汽车,从颜色本身的变化来说,这时汽车的颜色也偏黄色了,但是汽车的主人并不因为他的汽车停在黄色路灯下就认为他的汽车变色了,通常他仍然把他的汽车知觉为白色。再如,一面红旗在早晨、中午和黄昏时因为环境光的改变,其本身颜色也会改变,但不论是早晨、中午还是黄昏,我们总是倾向于将一面国旗知觉为红色的。

颜色恒常性也与个体经验有关,一个从来没有过颜色恒常性经验的人初次见到黄色路灯下的白色汽车,很可能会认为汽车本身也是黄色的。实际上颜色恒常性指的是心理感受上的颜色不变,并非指客观事物本身的颜色不变。

扩展性阅读

俾格米人的知觉

人类学家特恩布尔(Colin Turnbull)在20世纪50年代末60年代初进入扎伊尔(现在的刚果)茂密的伊图里森林研究了巴布提部落俾格米人(当地土著居民)的生活和文化。有一次他外出考察,需要穿过森林从一个俾格米人的部落到另一个部落。随行的是一名叫肯格的小伙子(约22岁),他来自当地的一个俾格米人部落。肯格是特恩布尔的向导,并把特恩布尔介绍给不认识他的巴布提部落。因为俾格米人生活的丛林非常茂密,肯格从来没有见过丛林之外的景象。接下来发生的事情跟肯格的生活经验关系密切。

当特恩布尔和肯格驱车离开丛林的时候,肯格被眼前的景象惊呆了。他指着远处高高的鲁文佐里山问,那是云雾还是岩层?特恩布尔告诉他那是山,但眼前的山要比肯格在自己生活的丛林里所看到的大得多。特恩布尔问肯格是否愿意一同驱车前去更近地观察那座山,肯格同意了。他们启程时,下起了暴雨,直到他们到达目的地时雨才停下来。暴雨使能见度降低到大约100米,这使肯格无法看到渐渐接近的群山的情景。最后他们到达了位于山脚下爱德华湖边的伊尚戈国家自然公园。天空放晴,呈现在眼前的风景是难得一见的景象,鲁文佐里山上没有一丝云雾,整座山耸立于傍晚的天幕下,积雪覆盖的山顶在阳光下熠熠生辉。肯格扫视了一圈,断言这个地方不好,因为这里没有树。然而,当他抬起头来仰视群山时,他简直说不出话来。巴布提人的生活和文化受到了茂密丛林的限制,在他们的语言里没有可以描述眼前景象的词汇。肯格被白雪皑皑的山顶所吸引,认为那是一种岩层构造。特恩布尔向他解释那是积雪,他却怎么也不相信。

在平原上放眼望去,肯格看到一群野牛正在几英里外吃草。要知道相隔那么远的距离,野牛投射在肯格视网膜上的映像是很小的。肯格转向特恩布尔问道:它们是什么昆虫?特恩布尔有点被他的提问搞糊涂了,回答说那是野牛,这些野牛甚至比肯格以前在丛林里看到的还要大。肯格立刻笑了起来,认为他在开玩笑,并再次询问那是什么昆虫。然后他自言自语,觉得他的这个同伴实在是不够聪明,竟然把那些像甲虫和蚂蚁的昆虫说成是野牛!

> 特恩布尔回到车里,要求肯格和他一起开车接近吃草的野牛。肯格是个勇敢的年轻人,但当他看到随着驱车接近,动物的形体不断增大时,他挪到特恩布尔身旁,小声地说这应该是魔法。最后,当他们到达野牛身旁,看到野牛的真实大小时,肯格不再害怕了,但他仍不明白为什么就在不久之前它们看起来还是那么小,并且怀疑它们是不是在刚才那段时间里渐渐长大的,或者这是不是某种骗人的把戏。
>
> 当两个人继续驱车来到爱德华湖边的时候,发生了类似的情况。这是一个很大的湖,在两三英里外有一艘渔船。肯格不相信几英里外的那条大船足以装下几个人。他断言那不过是一块木头,直到特恩布尔提醒他野牛的经历后,肯格才惊异地点头表示同意。
>
> 在回到森林前的余下的时间里,肯格观察着远处的动物并试着猜测它们是什么。特恩布尔明白,肯格已明显不再感到害怕或怀疑,并且在不断让自己的知觉适应这种全新的感觉信息。他学得很快。第二天,肯格要求特恩布尔把他送回森林中的家,并再次说这是个不好的地方,因为这里没有树。

第四节 感知规律在教学中的运用

了解感知觉的规律不仅能让我们更清楚地理解我们感知的过程,更好地理解我们生活实践中的感知现象,而且运用巧妙的话,可以大大提高我们的教学效果。下面我们分六个方面来讨论感知觉的规律在中学教学中的应用价值。

一、感觉强度规律在中学教学中的应用

任何的刺激只有它的强度达到一定程度才能被我们所感知。也就是说,刺激量必须达到或超过我们的感觉阈限才能引起我们的感知。所以教学当中,教师讲课的声音要足够洪亮,让每一个学生都能够听清楚。现实生活中,有的教师特别是一些女教师上课的时候声音比较弱小,坐在教室最后一排的学生根本没有办法听到讲课的声音,教学的效果必然很差。因为学生听不到讲课的声音,内容讲得再好也是无济于事的。声音过低,即便是学生认真听能够勉强听到也会影响学生的学习效果,因为在听课过程中学生必须花费大量的心理资源专注于"听"本身,用于理解知识的心理资源就少了。教师的板书也是如此,字迹清晰、大小适宜、书写工整有利于学生辨认,学习效果自然会提高,相反效果就会比较差。中学里像物理、化学这样的课程经常需要教师做实验演示某些实验现象,这时也要考虑强度规律,使实验现象要足够明显才有利于学生的感知。

但这并不是说,刺激的强度越大越好。如果教师上课的时候声音过大,不仅不利于学

生的感知,还会给学生的耳朵带来痛觉,即便是没有引起痛觉,过强的刺激也容易引起感官的疲劳,影响感知效果。

二、知觉选择性规律在中学教学中的应用

根据知觉选择性的规律,突出教学内容使其成为学生的感知对象,有利于教学效果的提高。中学里,一堂课通常不是只讲一个知识点,课堂内容较多时要注意突出重点,使重点内容成为学生重点感知的对象。因此,在教学中讲到重点内容时可以提高语音、加强语气,板书时用彩色粉笔或者不同的字体来标示出来,等等,使之区别于其他内容。

活动的对象容易成为知觉选择的对象。因此,在教学中抑扬顿挫的语调、较为夸张的手势、活动教具、多媒体教学等手段都可以用来突出教学对象,使之容易被学生所感知,从而达到较为理想的教学效果。实际上在中学教学过程中安排适当的活动,增加师生之间的互动,对于提高教学效果很有帮助。

新奇的事物容易成为我们知觉的对象。因此,我们在教学中要注意变换教学手段,改进教学方法,使知觉的对象具有新颖性,以此来引起学生对教学内容的兴趣,提高教学效果。

三、知觉理解性规律在中学教学中的应用

我们在知觉对象时总是试图去理解对象,只有被理解了的对象才能更好地感知。在教学中我们应想方设法加深学生对知识的理解。

首先,新的知识应该以原有知识为基础。新的知识只有建立在原有知识的基础上才能被人理解,也更容易建立与原有知识的联系,利于记忆。所以教学中要清楚学生的基础,根据学生的基础安排教学内容。其次,加强学习内容的直观性是理解知识的重要手段。直观又可分实物直观、模像直观和言语直观。实物直观是通过对实物的感知进行的;模像直观是通过模型、影像等方式来演示以增强直观性;言语直观是通过形象化的言语描述,引起学生的回忆、联想,使有关的记忆表象恢复或激起学生的想象活动而实现的。实物直观和模像直观可以给学生提供直接的感性材料,简单易懂。但有些知识很难获得实物直观和模像直观材料,因此言语直观就显得尤其重要。运用言语直观可以使学生在感知材料和领会知识时,摆脱实物直观与模像直观所需要的时间、地点、设备等条件的限制。同时,由于言语具有概括性的特点,言语直观所提供的感性知识,能在学生头脑中形成一类事物的表象,起到举一反三的作用。中学生的思维基本达到了抽象逻辑水平,因此言语直观对于中学生的学习更有意义。

四、感知协同规律在中学教学中的应用

同一事物往往具有多个属性和特征,要全面深刻地把握事物就需要从多个方面感知事物。教学要发挥多种感知系统的作用,让多种感官共同参与活动以提高感知效果。单一通道所获得的信息毕竟有限,这对于从整体上全面把握知识的作用有限。多种感觉通

道参与可以使学生获得大量的感性材料,为进一步的理性认识打下坚实的基础。比如,初中、高中的物理、化学等课程,很多现象和规律不能单凭口头讲授,一味灌输,这样很容易使学生形成死记硬背的学习习惯。相反地,让学生多参与实验活动,亲自看到、听到、触到、嗅到、尝到,调动多种感觉通道,积累最直接的感性材料,这样就会使学生对所学的现象和规律认识深刻,记忆牢固。其他学科也是一样的,即便是那些被认为不便于直接感知的语文、历史、政治等文科倾向的科目,只要设计巧妙,同样可以使学生调动不同的感官从多个方面加深对所学知识的理解。

五、错觉规律在中学教学中的应用

感知错觉具有一定的固定倾向,也就是说在一定条件下我们必然会出现的感知倾向。因为这种联系比较固定,所以亦可称为错觉规律。错觉并不一定总是不好的。事实上,一些艺术设计、广告设计等经常利用错觉来加强受众的印象。有时在教学中同样也可以利用错觉来加强教学效果,亦可以利用某些错觉现象来引起学生对教学内容的兴趣。比如,让学生体验一斤棉花和一斤铁的重量,再进一步讲解初中物理学里质量与重量的概念,就可较好地激发学生的学习兴趣。当然,错觉规律给我们最大的启示还是在感知事物时不要被事物的表面现象所迷惑,要客观忠实地反映客观现象。因此,在教学中要提醒学生避免产生各种错觉,不要被错觉所蒙蔽。如在做物理、化学等实验时,不要把期望观察到的现象当成实际观察到的现象。

六、社会知觉规律在中学教学中的应用

社会知觉中的首因效应、晕轮效应、刻板印象、近因效应等在教学中都有一定的应用价值。

第一印象往往印象深刻而且在短时间内难以改变并深刻地影响感知者以后的观点。教师第一次上课,要注意仪表端庄、备课充分,讲解生动、谈吐幽默,这样很容易给学生留下知识广博、幽默风趣等良好的第一印象。在以后的教学中教师即便是有一点纰漏或不足,学生也会认为这不是教师的固有特点,对教师的缺点更容易容忍。当然,教师应该时刻注意自己的言行,努力改正自己的缺点。但现实中我们又不可能做到尽善尽美。因此给学生留下良好的第一印象可以较好地维护教师在学生心目中的形象。有研究表明教师在中学生心目中有良好的威信可以促进教学效果。现实中我们也有这样的经验,有的学生因为不喜欢某个老师而不喜欢他所上的课,也有的学生开始不喜欢某门课,后来因为喜欢某个老师而努力学习他所教的课程,这种现象在初中表现得尤为明显。可见给学生留下良好的第一印象是非常重要的。

晕轮效应是人在社会知觉时形成对他人好或坏的印象后就以此为依据推断他人其他方面的特点。"一好百好,一坏百坏",本质上是以偏概全的。所以在教学中,教师在看待学生的时候应该尽量避免受到晕轮效应的影响。公正地对待每一位学生,了解每一位学生的长处与不足,鼓励他们发挥长处、改正缺点。尤其要注意不能单纯以学生学习成绩的好坏来评价学生的优劣。

刻板印象本质上是人在看待他人的时候总是倾向于把他人归于某一类,然后以类的特点来概括个体的特点。这种概括往往是不准确的,我们总认为"南方人精明,北方人粗犷",但实际上并不是每一个南方人都精明,也不是每一个北方人都粗犷。在教学中也是如此,教师经常会主观地把学生分类,如把学生分为聪明的、愚笨的、学习好的、学习差的、活泼的、安静的、守纪律的、不守纪律的,等等。实际上,这种简单的归类会阻碍教师进一步地了解学生其他方面的特点。不能全面准确地了解学生,就难以做到因材施教。所以教师在教学活动中知觉学生特点时要注意避免受刻板印象的影响,根据学生的真实表现去了解其特点,避免将学生简单归类。

近因效应给我们的启发是我们对一个人的看法会受到其最近的表现所左右。这种看法可能是正确的,也可能是不正确的。如一个平常调皮的学生,最近表现得比较守纪律,这可能只是最近的一种偶然表现,也可能是最近他真的正在决心改变。作为教育者,在对待学生的时候要善于用欣赏的眼光来看待自己的学生,当一个学生最近有良好的变化时要及时发现,给予肯定和表扬,强化其良好的行为。同时,对一些学生的不良行为的苗头也要及早发现、及时纠正,引导其向良好的方向发展。长此以往,学生也会慢慢改变其不良的行为习惯,甚至会改变对自己的较低的自我概念。

总之,在教学过程中教师要综合运用各种感知觉的规律,合理组织教学,使学生在有限的课堂时间内能更有效地感知教学内容,提高学习效率。同时教学中还要注意某些可能阻碍学生感知效率提高的不利因素,尽量避免各种不利因素阻碍学生的有效学习。只有这样,才能使教学达到事半功倍的效果。

本章小结

本章首先介绍了感觉、知觉的基本定义和基本分类。在此基础上介绍了视觉、听觉、嗅觉、味觉、皮肤觉、运动觉、平衡觉、内脏觉等几种重要的感觉现象,同时介绍了物体知觉、社会知觉的几种典型类型以及错觉现象。本章专节介绍了感觉的一般规律和知觉的基本特征以及这些规律在中学教学中的应用,这是本章的重点内容。

复习思考题

一、选择题

1. 右图是由三个扇形和三条折线组成,但是人们会把它知觉为一个大三角形和三个圆形,其反映的知觉特性是(　　)。

    A. 整体性　　　　　　　　B. 选择性
    C. 稳定性　　　　　　　　D. 恒常性

2. 当人们听到一种自己觉得可怕的声音时,往往会感到发冷,甚至起鸡皮疙瘩。这种现象称为(　　)。

    A. 适应　　　　B. 对比　　　　C. 联觉　　　　D. 后像

二、名词解释

感觉　知觉　晕轮效应　错觉　知觉的理解性　感觉阈限　联觉

三、简答题

1. 感觉与知觉有哪些区别与联系？
2. 社会知觉的主要现象有哪些？
3. 感觉的基本规律有哪些？
4. 知觉的基本特性包括哪些方面？

四、论述题

结合实际，论述感知规律在中学教学中的应用。

第四章 记 忆

内容提要

记忆是人脑积累知识经验的一种功能,它有着"心灵仓库"的美称,探索记忆的奥秘已引起了不少学者的兴趣。古希腊时期的亚里士多德就对记忆现象有着较多的思考,他在《记忆和回想》一文中提出了一些有价值的理论,如记忆的定义、特点、操作方式及与心灵功能的关系等,从而推动了后续有关记忆的研究。近年来,随着信息科学的发展,计算机技术的应用和认知心理学的兴起,人们已不满足于对记忆的现象学解释,开始更多地以信息加工的观点探索记忆在头脑中的动态过程,提出了许多有创建性的理论和模型。本章将首先介绍记忆的定义、作用、分类及生理机制。然后从识记、保持、再认或回忆几个方面讨论记忆的过程。之后从信息加工论的观点详细介绍了感觉记忆、短时记忆和长时记忆三大记忆系统的特点。最后介绍了中学生记忆的特点及其培养。

思维导图

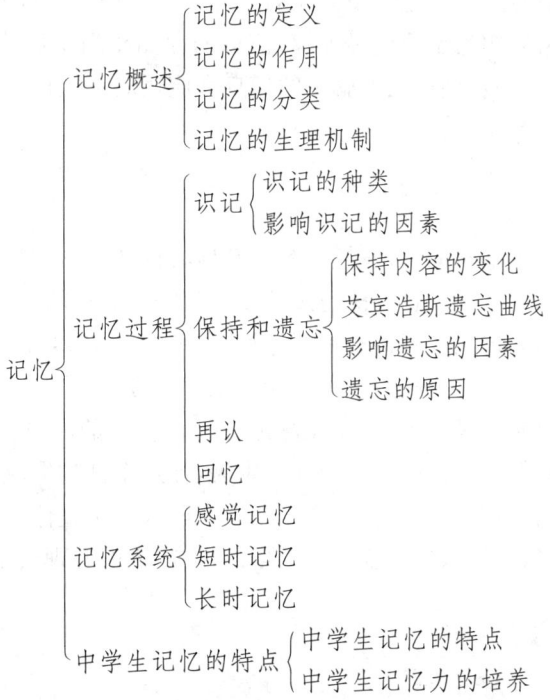

第一节 记忆概述

一、什么是记忆

记忆是过去经验在头脑中的识记、保持和再现(再认或回忆)。例如,从前看过的一幅画,现在不在面前,我们还能把它的内容大致想起来,当再次见到这幅画时能认得出来,这就是记忆。不仅感知过的事物能保持在头脑中,思考过的问题、体验过的情绪、练习过的动作都可以成为我们的经验保持在头脑中,在以后生活的适当时候回想起来,或当其再度出现时能够认得出来,这些都是记忆。

记忆与感知觉不同,感知觉是个体对当前直接作用于感官的事物的认知,而记忆无须事物直接作用于我们的感官,是过去经验在头脑中的再现。

记忆包括识记、保持和再现(再认或回忆)三个基本过程。识记是记忆的开端,是个体获得知识和经验的过程,具有选择性特点。保持是已获得的知识经验在头脑中储存和巩固的过程,是记忆的第二个基本过程。再认或回忆是在不同情况下恢复过去经验的过程。具体来说,再认是指过去经历过的事物再度出现时能加以确认;回忆是指过去经历过的事物不在面前,能把它重新回想起来。既不能再认又不能回忆的现象称为遗忘,是保持的对立面。再认或回忆是记忆的第三个基本过程。记忆的三个基本过程之间是相互依存、密切联系的,识记和保持是再认或回忆的前提;再认或回忆又是识记和保持的结果,并能进一步巩固和加强识记和保持的内容。

从信息加工论的观点来看,记忆是人脑对外界输入的信息进行编码、存储和提取的过程。其中,对信息的编码相当于识记过程,对信息的存储相当于保持过程,对信息的提取相当于再认或回忆过程。若储存在人脑中的信息在应用时不能提取或提取发生错误则称之为遗忘。

二、记忆的作用

首先,记忆作为一种基本的心理过程,是和其他心理活动密切相关的。我们感知过的事物、思考过的问题、体验过的情绪、练习过的动作都需要记忆的参与。

其次,记忆对个体心理的发展也有重要作用,使心理发展、知识积累和个性形成得以实现。人通过感知从外界获得信息,如果不能将某一部分保留下来,就不会有知识、经验,就不能形成概念,进行判断和推理,也就无法适应复杂多变的环境。因此,记忆可以帮助我们形成和积累经验,促进心理由低级向高级发展,促进个性的形成。

再次,记忆将人的心理活动的过去、现在和未来联成一个整体。记忆是心理过程在时间上的持续,失去记忆,人将永远面临一个陌生的世界,人的心理会出现断层,且不能得到充分深入的发展。

三、记忆的分类

(一) 根据记忆的内容进行分类

1. 形象记忆

形象记忆是个体以感知过的事物的形象为内容的记忆。它保持的是事物的感性特性,具有鲜明的直观性,以表象形式储存。例如,我们所感知过的物体的形状、大小、体积、颜色、声音、气味、滋味、软硬、温冷以及人物的音容笑貌、自然景观等的记忆均属于形象记忆。因此,直观形象性是其显著特点。形象记忆按照主导分析器的不同,可分为视觉的、听觉的、触觉的、味觉的和嗅觉的,等等,一般以视觉和听觉的形象记忆为主。此外,人的形象记忆发展的水平受社会实践活动制约,如音乐家擅长听觉形象记忆,画家擅长视觉形象记忆,而大多数人的形象记忆属于混合型。人类的记忆都是先从形象记忆开始的,当婴儿能认知母亲或其他熟人的面孔,就表明他已具有了形象记忆。

2. 情景记忆

情景记忆是个体以亲身经历的、发生在一定时间和地点的事件(情景)为内容的记忆。情景记忆是由加拿大心理学家 E. 图尔文于 1972 年提出来的。在他看来,情景记忆接受和储存的信息和个人生活中的特定事件与某个特定的时间和地点相关,并以个人的经历为参照,是个人真实生活的记忆。例如,想起自己参加高考的画面,那严肃的场景和紧张的气氛历历在目。

3. 语义记忆

语义记忆又称语词逻辑记忆,是以语词所概括的对事物的关系以及事物本身的意义和性质为内容的记忆。这种记忆的组织是抽象的和概括的,它所包含的信息与特殊的地点、时间无关。例如,对概念、定律、法则、公式等的记忆,对"狗"的词义的记忆,对哥伦布发现美洲这一事实的记忆均是语义记忆。语义记忆是图尔文对应于情景记忆提出来的,受一般规则、知识、概念和词的制约,不易受各种因素的干扰,比较稳定,提取较为迅速。语义记忆是人类所特有的,与人的抽象思维密切联系。

4. 情绪记忆

情绪记忆是个体以体验过的情绪、情感为内容的记忆。当某情境或事件引起个人强烈或深刻的情绪、情感体验时,对情境、事件的感知,同由此而引发的情绪、情感结合在一起,都可保持在人的头脑中。在回忆过程中,只要有关的表象浮现,相应的情绪、情感就会出现。情绪记忆具有鲜明、生动、深刻、情境性等特点。情绪记忆既可能是积极愉快的体验,也可能是消极、不愉快的体验。积极愉快的情绪记忆对人的行为有激励作用,消极、不愉快的情绪记忆有降低人的活动效率的作用。

5. 动作记忆

动作记忆是个体以过去经历过的身体的运动状态或动作形象为内容的记忆。例如运动员对动作要领的记忆。动作记忆是以过去的运动或操作动作所形成的运动表象为前提,没有运动表象就没有动作记忆。因此,动作记忆具有易保持、易恢复且不易遗忘的特点。

（二）根据信息加工处理的方式不同进行分类

1. 陈述性记忆

陈述性记忆又叫事实记忆，是指个体对有关事件和事实性信息的记忆，主要回答"是什么"和"为什么"之类的问题。例如对人名、地名、概念、定律等的记忆。陈述性记忆的特点：① 具有明显的可以言传的特征；② 记得快忘得也快；③ 陈述性记忆偏重认知；④ 从个体发展来看，陈述性记忆出现较晚。

2. 程序性记忆

程序性记忆又叫技能记忆，是指个体对具有先后顺序的活动的记忆，主要回答"如何做"之类的问题。程序性记忆主要包括心智技能与动作技能两部分，是经过个体观察学习与实际操作练习而习得的记忆。在程序性记忆中主要包括认知与动作技能两部分，它是经过个体由观察学习与实际操作练习而习得的记忆。例如对打字、骑自行车、弹钢琴、心算等的记忆。程序性记忆的特点：① 具有难以言传的特征；② 开始习得时比较困难，但一旦掌握便很难遗忘；③ 程序性记忆是在认知的同时参与活动；④ 从个体发展来看，个体首先发展的是程序性记忆。

（三）根据再认或回忆时意识参与的程度进行分类

1. 内隐记忆

内隐记忆是指在无意识情况下，个体过去的经验自动对当前作业产生影响的记忆，有时又叫自动的无意识记忆。内隐记忆强调信息提取过程中的无意识，而并不关注识记信息的过程是否是无意识的。目前，内隐记忆是近年来形成的一个较新的记忆研究领域。20世纪70年代，有人（Warrington & Weiskrantz, 1974）在对遗忘症病人的研究中发现，这些病人虽然不能回忆刚学过的词，但利用一些特殊的测验任务发现，这些词仍对病人的测验成绩有影响。例如让患者学习一些常用的词，然后进行回忆或再认的测验，他们的作业成绩很差。但如果给出那些已学过的单词的头几个字母，要求患者把这些字母补全成为一个词，结果发现，患者倾向于把这些字母填写成刚学过的词，而不是其他的词。这表明，被试存在着一种自动的、不需要意识参与的记忆。内隐记忆的特点是人们没有意识到自己有这种记忆，也没有有意识地去提取它，但它却在特定的作业中表现了出来。

2. 外显记忆

外显记忆是指个体有意识地或主动地收集某些经验来完成当前作业的记忆。由于它对行为的影响是个体能够意识到的，因此又叫受意识控制的记忆。外显记忆的突出特点是强调信息提取过程的有意识性。例如考试过程中学生对考试题目的回答。

内隐记忆与外显记忆的相同点是两者在识记和保持阶段没有什么不同，既可以是无意识的，也可以是有意识的。两者的不同之处在于回忆或再认时，外显记忆是有意识的，内隐记忆是无意识的。

（四）根据记忆对信息的编码方式及信息保持时间进行分类

1. 感觉记忆

当客观刺激停止作用后,感觉信息在一个极短的时间内被保存下来,这种记忆叫感觉记忆,又叫感觉登记或瞬时记忆,它是记忆系统的开始阶段,通常存储时间大约为 0.25～2 秒。

2. 短时记忆

短时记忆也叫工作记忆,是感觉记忆和长时记忆的中间阶段,保持时间大约为 5 秒至 1 分钟。

3. 长时记忆

长时记忆是指信息经过充分的和有一定深度的加工后,在头脑中长时间保留下来,这是一种永久性的存储。它的保持时间长,从 1 分钟以上到许多年甚至终身。

四、记忆的生理机制

记忆的生理机制涉及记忆在脑的什么部位产生,信息以什么形式储存,储存的信息如何恢复活动等。围绕这些问题,神经心理学、神经生理学、生物化学、分子生物学以及神经外科学等进行了大量的实验研究,提出了各种假说。

（一）记忆机能定位说

记忆机能定位说认为,在大脑中存在着视觉记忆的视觉中枢、听觉记忆的听觉中枢、语言记忆的言语中枢和动作记忆的运动中枢。布洛卡认为脑的机能都是由大脑的一些特定区域负责的,记忆也不例外。鲁利亚(Luria,1972)研究发现,丘脑下部组织及部分边缘系统受损伤时,病人的短时记忆出现明显障碍,对材料的叙述凌乱而不连贯。麦克高夫等人(McGaugh & Herz,1972)进行的实验研究发现,人脑左半球言语运动区受损伤,将造成言语记忆的缺陷,能记住别人的面貌,但记不住单词。

（二）记忆机能整体说

记忆机能整体说认为记忆是一种整合的心理现象,在大脑中并不存在单纯的记忆中枢。美国心理学家拉希莱最早对记忆机能定位说提出挑战,他通过切除动物大脑皮层的一系列实验发现,动物学习记忆的成绩与破坏大脑皮层的特定部位关系不大,而与大脑皮层被损伤部位的大小有关,破坏的面积越大,对学习记忆的影响越大,记忆丧失越严重。基于此,拉希莱指出,记忆是整个大脑皮层活动的结果,它和脑的各个部分都有关系,而不是皮层上某个特殊部位的机能。大脑皮层破坏越大,记忆丧失越多。记忆的保持依赖于整个大脑皮层的机能。

（三）记忆分子学说

近年来,随着分子生物学的兴起,特别是发现了遗传信息的传递机制——脱氧核糖核酸(DNA)借助另一种核酸分子核糖核酸(RNA)来传递遗传密码,使得科学家相信,记忆经验是由神经元内的核糖核酸的分子结构来承担的。由学习引起的神经活动,可以改变与之有关的那些神经元内部的核糖核酸的细微的化学结构。

瑞典神经生物化学家海登(H. Hyden)通过训练白鼠走钢丝,然后对其进行解剖,发现白鼠脑内与平衡活动相关的神经细胞的 RNA 含量显著增加,组成成分也有相应变化,因此他认为生物大分子是记忆信息储存单元,RNA 和 DNA 是记忆信息的化学分子载体。

第二节 记忆过程

一、识记

记忆过程开始于识记,识记是保持、再认或回忆的前提。没有识记就不会有对信息的编码、储存和提取。因此,识记是一个人获得知识和经验的过程。

(一) 识记的种类

1. 根据识记时有无明确的目的以及是否需要意志努力

(1) 无意识记

无意识记又叫不随意识记,是指没有明确的识记目的,不需任何识记方法,无须付出意志努力的识记。人有许多知识是由无意识记积累起来的。如关于居住地点附近的情况,许多日常生活经验、谚语、传说、故事等,在接触时都没有意图记忆它们,却成为个人知识经验的组成部分,有不少是相当重要的组成部分。人所接受的教育活动中的许多内容,也是通过无意识记掌握的。所谓"潜移默化",就是指一些良好影响是通过无意识记而获取的。

无意识记的特点:① 无意识记带有明显的偶然性。人们对感知过的事物、体验过的情感、操作过的动作、阅读过的资料,当时并没有识记的意图,也没有考虑用什么方法去识记,但事后却能回忆或再认。② 无意识记带有很大的选择性。具有重大意义的事物,符合人的需要、兴趣、活动目的和任务并能激发人的情感的事物,才容易记住。例如高考、偶像的生日等。③ 无意识记是学前期儿童记忆的主导形式。对学前儿童获得许多科学概念、知识和技能具有重要意义。无意识记虽然对人的生活、工作和学习有重要的作用,但由于它缺乏意识性和目的性,是一种偶然而又被动的识记,所以它不能帮助人们积累起系统的科学知识和技能。

(2) 有意识记

有意识记又叫随意识记,是指个体有预定目的,需要意志努力的识记。它是个体有意识地或是主动地收集某些经验用以完成当前任务时所表现出来的记忆,这种记忆行为的影响是个体能够意识到的。

影响有意识记的因素:① 识记任务是否明确。由于任务明确,识记活动能集中于这个任务,就能引起人的复杂的智力活动并调动其完成任务的积极性。② 识记任务的远近。实验表明,有较长期的识记任务,保持的时间就长些;相反,只有短期的识记任务,保持的时间就短些。③ 不同的识记任务和要求会影响人的识记方法、进程和效果。

2. 根据识记材料有无意义或识记者是否了解其意义

（1）意义识记

意义识记是指通过理解材料的意义，把握材料内容的识记，是建立在更高智力水平上的记忆。意义识记的基本条件是对材料的理解和进行思维加工。有些材料，如科学概念、范畴、定理、法则和规律、历史事件、文艺作品等，都是有意义的。人们识记这类材料时，一般都不采取逐字逐句强记硬背的方式，而是首先理解其基本含义，即借助已有的知识经验，通过思维进行分析综合，把握材料各部分的特点和内在的逻辑联系，使之纳入认知结构，以便保持在记忆中。意义识记的全面性、牢固性、精确性及迅速有效性，依赖于主体对材料理解的程度。

（2）机械识记

机械识记是指根据材料的外部联系或表现形式，采取简单重复的方式进行的识记，俗称"死记硬背"。机械识记的特点，是对识记的材料很少进行加工，基本上是按照材料呈现的时空顺序进行逐字逐句的识记。在下述情况下，往往会出现机械识记：① 材料本身是有意义、有内在联系的，由于学习者知识经验水平的局限，对材料一时还不能充分理解；② 材料本身没有内在的必然联系，如外文生词、仪表数字、电话号码、人名、地名、年代、化学元素符号等，学习时要靠机械识记。

机械识记的效果不如意义识记，但机械识记在人们的生活、工作和学习中又是不可缺少的。有时可将需要机械识记的内容，人为地赋予其"意义"，以提高识记的效果。教学中应以意义识记为基础，机械识记为补充，将两种识记方式结合使用。

（二）影响识记的因素

1. 识记的目的

有无识记目的或识记目的是否明确会影响识记的效果。目的不同，识记者在识记时对材料的组织会有所不同，这样就会影响识记的效果。

2. 学习态度

如果识记者能够积极地参与识记活动，就能主动去建立事物之间的意义联系，理解材料的内在逻辑关系，并与自己的知识经验相联系，从而提高识记效果，反之亦然。

3. 材料的性质和数量

识记材料的性质、难易和其他属性也制约着识记的效果。按性质不同，识记的材料可分为直观材料（实物、模型、图片等）和描述事物及现象的文字材料。对直观材料和文字材料的识记效果因人而异。一般说来，成人对文字材料识记较好，儿童对直观材料的识记常优于文字材料。

难易不同的识记材料，其记忆进程是不同的。识记容易的材料常常开始时进展较快，后来逐步缓慢下来，成一减速的曲线；识记较难的材料，常常是开始时进展较慢，后来逐步加快，成一加速曲线。

材料的数量对于识记效果有很大的影响。一般说来，要达到同样的识记水平，材料越多，平均用的时间或诵读次数越多。

4. 对识记材料的理解程度

理解了的材料，其识记比较迅速和牢固，这是因为它与主体已经掌握的知识及人的过去经验发生了内容丰富的联系。为了理解识记的材料，个体应该先对材料进行分析综合，并用自己的语言加以表述，使材料获得明确的、有条理的逻辑关系，从而易于识记和保持。

5. 识记方法

识记一般有三种方法：整体识记法、部分识记法和综合识记法。整体识记法是将识记材料整篇阅读直至能够背诵为止。部分识记法是将识记材料一段一段阅读，到能够分段背诵后再合并整篇背诵。综合识记法是将整体和局部材料相结合，即先进行整体识记再进行部分识记，最后再进行整体识记直至能够背诵。

一般来说，材料较短且具有意义联系的可采用整体识记法；如果材料意义联系较少，可采用部分识记法；如果材料有意义联系但较长又较难，则采用综合识记法的效果较好。

二、保持和遗忘

保持是记忆过程的第二个基本环节，是人们通过实践所获得的知识经验在头脑中储存与巩固的过程，是以识记为前提的，保持的效果通过再认或回忆得到证明和体现。

（一）保持内容的变化

1. 保持内容的质的变化

保持内容的质的变化一般表现为：一方面，记忆内容中不甚重要的细节部分趋于消失，而主要内容及显著特征能较好地保持，从而使记忆内容简略、概括和合理；另一方面，记忆内容中的某些特点和线索有选择地被保留下来，同时增添某些特征，使记忆内容成为较易理解的"事物"。

记忆内容的质的变化常常受到个人的知识经验、心向、动机等因素的影响。例如，Allport（1958）让被试看一下图 A，一个月后就变成了 B，三个月后再要求他画，就画成了 C（见图 4-1）。

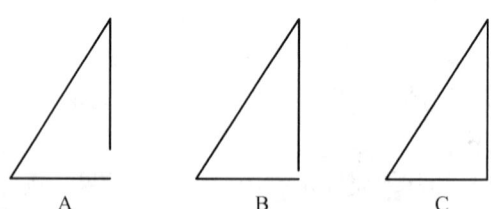

图 4-1 记忆内容质的变化

2. 保持内容的量的变化

保持内容的量的变化一般表现为记忆恢复现象和遗忘。

（1）保持内容的量的增加——记忆恢复现象

记忆恢复是指识记某种材料后经过若干时间（一般为数天）测得的保持量，大于识记后即时测得的保持量。它与保持量随时间推移而减少的遗忘曲线完全相反。

目前关于记忆恢复现象的解释有两种假说，分别是抑制解除说和整体联系说。抑制解除说认为,识记后即时测验的保持量,其再现效果会受到识记和保持时累积的抑制作用的损害;若干时间后测验,则累积的抑制作用解除,保持量上升。整体联系说认为,识记之初,被识记材料之间尚未建立充分的联系,未能形成一个整体,故再认或回忆效果差;随时间的推移,材料间的联系日益丰富,整体性加强便于再认或回忆,保持量随之上升。

研究表明,记忆材料难度的大小,材料内容意义联系的多少,对记忆恢复都有影响。儿童较成人更易出现记忆恢复。记忆恢复过程与遗忘过程并不互相矛盾,而是叠加在一起的,保持量取决于两者的综合作用。若是测验与识记间的间隔时间太长,记忆恢复现象会消失,被试会表现出明显的遗忘。

(2) 保持内容的量的减少——遗忘

保持量的变化最明显的是随着时间的推移,保持的量日趋减少,其中一部分会回忆不起来或回忆发生错误,这种现象就是遗忘。遗忘是指对识记的材料不能再认或回忆,或者错误地再认或回忆的现象。用信息加工的观点来说,遗忘就是信息提取不出来或提取出现错误。遗忘是保持的对立面,没有保持就无所谓遗忘,保持中的信息的丧失就意味着遗忘的出现。

遗忘可分为暂时性遗忘和永久性遗忘。暂时性遗忘是指已转入长时记忆中的内容一时不能被提取,但在适宜条件下还可恢复。例如,话到嘴边说不出来,一时写不出经常使用的字,被称为舌尖现象(tip-of-the-tongue phenomenon,简称 TOT),舌尖现象是一种典型的暂时性遗忘。永久性遗忘是指识记过的材料不经重新学习不能再行恢复的现象。

(二)艾宾浩斯的遗忘曲线(保持曲线)

德国心理学家艾宾浩斯(H. Ebbinghaus)最早用实验法对人类的记忆和遗忘现象进行了研究。艾宾浩斯采用的实验材料是自己创编的无意义音节字表,这种材料是由中间一个元音、两边各一个辅音构成的音节,如 XIQ、ZEH 和 GUB 等(见图 4-2)。

TAJ	YIC	HUZ	CEX	YAD	MEP
ZIN	QOM	GOK	MOQ	FEP	GAW
VEC	GEP	YIN	RUY	SUH	KOJ
YOX	DUZ	TEV	GAF	JIK	CIB
FUQ	RIJ	ZAD	LIQ	WOZ	ZUR
BIP	NAW	XUR	KOC	LEQ	TEY
DAK	XOL	QIG	QUZ	XAF	WOQ
XEW	HUQ	LOJ	DEJ	MUJ	XIG
CUG	TEF	DEH	TAH	RIY	NAH
JOF	ZIK	BUP	WOG	KEB	JEC
QID	VOB	WIX	FIK	QON	QUT
LEH	PAH	XAQ	VUS	GUW	YOF
20.7	27.3	27.3	20.2	24.5	27.7

图 4-2 无意义音节字表

实验方法采用重学法(节省法),其计算公式为保持量=(初学时间或次数-重学时间或次数)/初学时间或次数×100%,实验被试是艾宾浩斯本人,实验目的是探讨识记后保持量的变化规律。实验进程为每次识记 8 组,每组 13 个无意义音节字表,每次识记到连续两次无误地背诵为止,经过一定时间(7 种不同的时距)后进行回忆,当有些音节不能恢复时,再重学这些音节,达到和第一次识记后相同的恰能背诵的标准,以重学比初学节省诵读时间的百分数作为保持量的指标。实验结果如表 4-1 所示。

表 4-1 识记无意义音节字表的实验结果

时距(小时)	重学节省(%)	遗忘数量(%)
0.33	58.2	41.8
1	44.2	55.8
8.8	35.8	64.2
24	33.7	66.3
48	27.8	72.2
6×24	25.4	74.6
31×24	21.1	78.9

从表中我们可以看出,遗忘在学习之后立即开始,遗忘的过程在识记后的短时间内遗忘比较快、比较多,以后保持量渐趋稳定下降,到了相当时间几乎不再遗忘。也就是说,遗忘的进程是不均衡的,呈先快后慢的特点。例如,在学习 20 分钟之后遗忘就达到了 41.8%,而在 31 天后遗忘仅达到 78.9%。根据这一研究结果,艾宾浩斯认为"保持和遗忘是时间的函数",他还将实验的结果绘成曲线,这就是著名的艾宾浩斯遗忘曲线(如图 4-3 所示)。后来有人(陆志伟,1922)用有意义材料进行研究,证实了遗忘进程的这种趋势。

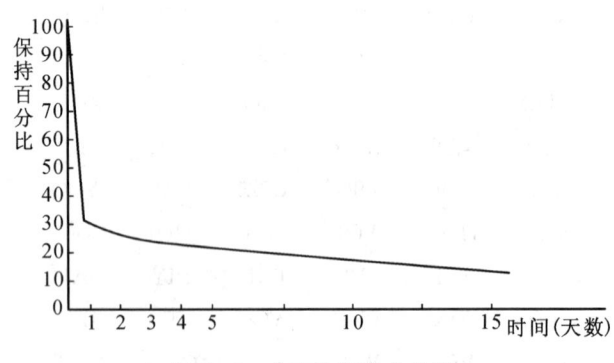

图 4-3 艾宾浩斯遗忘曲线

（三）影响遗忘的因素

1. 材料的意义与作用

识记材料的意义和作用对遗忘进程有很多影响，人对无重要意义、不感兴趣、不符合需要、在工作和学习中不占主要地位的识记材料最先遗忘，保持最差。

2. 材料的性质与数量

一般认为，对熟练的动作和形象材料遗忘得慢；对有意义的材料比无意义的材料遗忘要慢得多；在学习程度相等的情况下，识记材料越多，忘得越快，材料少，则遗忘较慢。因此，学习时要根据材料的性质来确定学习的数量，一般不要贪多求快。

3. 学习程度

一般认为，对材料的识记没有一次能达到无误背诵的标准，称为低度学习；如果达到恰能成诵之后还继续学习一段时间，称为过度学习。实验证明，低度学习的材料容易遗忘，而过度学习的材料比恰能背诵的材料记忆效果好一些。当然过度学习有一定限度，研究表明，过度学习达到150％时，记忆效果最好。

所谓过度学习是指学习一种材料达到一次完全正确背诵后仍继续学习。

4. 材料的序列位置

识记材料的序列位置不同，遗忘发生的情况也不一样。一般来说，系列性材料的开始部分最容易记住，其次是末尾部分，中间偏后一点的部分则很容易遗忘。这种在回忆系列材料时发生的现象叫作系列位置效应。最先呈现的材料容易回忆，遗忘较少，叫首因效应。最后呈现的材料容易回忆，遗忘较少，叫近因效应。

（四）遗忘的原因

对遗忘的原因有各种不同的看法，归纳起来有下述四种：

1. 衰退说

衰退说认为，遗忘是记忆痕迹得不到强化而逐渐减弱，以致最后消退的结果。这种说法易为人们所接受。因为一些物理的、化学的痕迹有随时间而衰退甚至消失的现象。在衰退说看来，遗忘是一种永久性遗忘。

在感觉记忆和短时记忆的情况下，未经注意或重述的学习材料，可能由于痕迹衰退而遗忘。但衰退说很难用实验证实，因为在一段时间内保持量的下降，可能是由于其他材料的干扰，而不是痕迹衰退的结果。有些实验已证明，干扰也是造成遗忘的重要原因。

2. 干扰说

干扰说是关于遗忘原因的假说之一，是与衰退理论相对立的。干扰理论认为，遗忘是由于在学习和回忆之间受到其他刺激干扰的结果，一旦排除了这些干扰，记忆就能够恢复，而记忆痕迹并未发生任何变化，即经识记的内容始终贮存在头脑中，遗忘只是由于刺激干扰的影响使得提取有关信息发生困难所致。因此，在干扰说看来，遗忘只是一种暂时性遗忘。

干扰说可用前摄抑制和倒摄抑制来说明。前摄抑制是指先学习的材料对记忆后学习的材料所发生的干扰作用。倒摄抑制是指后学习的材料对记忆先学习的材料所发生的干扰作用。两者一般是在学习两种不同的然而又彼此类似的材料时产生的。但是,在学习一种材料的过程中也会出现这两种抑制现象。例如,学习一个较长的字母表,一般总是首尾容易记住,不易遗忘;中间部分识记较难,容易遗忘。这是因为开始部分只受倒摄抑制的影响,末尾部分只受前摄抑制的影响,中间部分则受两种抑制的影响。

3. 压抑说

压抑说认为,遗忘是由于情绪和动机的压抑作用引起的,如果这种压抑被解除,记忆也就能恢复。这种现象首先是由弗洛伊德在临床实践中发现的。他在给精神病人施行催眠术时发现,许多人能回忆起早年生活中的许多事情,而这些事情平时是回忆不起来的。他认为,这些经验之所以不能回忆,是因为回忆它们时,会使人产生太可怕、太痛苦、太有损于自我的感受,于是便拒绝它们进入意识,而将其存储在无意识中。

压抑说考虑到个体的需要、欲望、动机、情绪等在记忆中的作用,这是前面两种理论所没有涉及的。因此,尽管它没有实验材料的支持,也仍然是值得重视的一种理论。

4. 提取失败说

提取失败理论是与衰退说相反的观点,从信息加工的观点来看,遗忘是在提取有关信息时未找到适当的提取线索,从而难以提取出欲求的信息。一旦有了正确的线索,经过搜寻,那么所要的信息就能被提取出来。这就是遗忘的提取失败理论。

近年来有关神经可塑性的研究,尤其是图尔文等人关于内隐记忆的研究,为提取失败理论提供了证据,许多研究者认为这是长时记忆产生遗忘的主要原因。

三、再认

(一)什么是再认

再认是记忆过程的第三个基本环节,是指过去感知过的事物再次出现时,能够加以确认。再认的速度和准确性主要取决于以下三个条件:一是对旧事物识记的巩固程度;二是当前呈现的事物同经验过的事物的相似程度;三是与再认的场合因素有关。

错误再认表现为以下两个方面:一种是不能再认,即对以前经验过的事物完全不能认出。一种是错误的再认,即把没有知觉过的事物错认为经验过的事物,造成了"张冠李戴",或者对经验过的事物未能精确分化而发生错认,如混淆"未""末"等。

(二)再认的分类

1. 根据再认时有无目的性和是否有意志努力划分

第一,无意再认。无意再认又称不随意再认,是指当再认的事物明确、清晰、完整或与经验中保持的内容一致,几乎是无意识的、自动化的、在极短时间内的确认。

第二,有意再认。有意再认又称随意再认,是指当再认的事物不够明确、清晰、完整或与经验中保持的内容不太相符,需要意志努力来进行识别或确认。

2. 根据再认内容的范围与程度划分

第一,完全再认。完全再认是指对重新出现在面前的事物的全面确认,包括其内容及其之间的内在关系。

第二,不完全再认。不完全再认是指不能达到前者的程度和范围。

四、回忆

(一) 什么是回忆

回忆是指经验过的事物不在面前时,能把它重新回想起来。回忆是由一定的外在条件引起的,受主体当前的动机、情绪和活动内容的制约,并指向一定的目标。它包括对过去经验的搜寻和对寻找到的事物的判定。例如考试中的问答题。

回忆的准确性有赖于对材料的识记是否充分,保持是否巩固。如果记忆材料与个体经验建立了丰富的联系网络,回忆就容易而准确。中介性联想、干扰因素和回忆的情境等,对回忆的准确性也有影响。

(二) 回忆的分类

1. 根据回忆时有无目的性及是否需要意志努力

无意回忆无预定的回忆任务,也不需要意志努力,是自发产生的。例如,一件往事偶然涌上心头,浮想联翩或触景生情。有意回忆往往是有特定的回忆任务,需要付出意志努力的回忆。例如考试时根据题目的要求答题。

2. 根据回忆是否需要中介

直接回忆是直接由回忆任务或当前某些情境因素所引起,它不需要以其他事物为中介即可提取信息。例如对十分熟悉的外语单词的回忆。

间接回忆是在不能直接回忆过去有关经验的情况下,需要以其他事物为中介,找出有关线索,经过思维分析,然后才能达到对有关经验的回忆,也叫追忆。例如,我们在找不到东西时,常常会借助于间接回忆。

回忆常常以联想的形式出现。由当前感知的事物回忆起有关的另一件事物,或由想起的一件事物又想起另一件事物,都是联想。客观事物是相互联系的,它们在反映中也相互联系着,形成神经中的暂时联系,联想是暂时联系的复活,它反映了事物的相互联系。

(三) 回忆的形式——联想

回忆常常是以联想的形式出现的。联想是指由一事物想到与之在空间和时间上接近,在外部特征或意义上相似或相反的事物的心理活动。按照所反映的事物间的关系不同,一般把联想分为以下几种:

1. 接近联想

在空间或时间上接近的事物,在经验中容易形成联系,因而容易由一事物想到另一事物。例如提到天安门就容易想到人民英雄纪念碑,因为两者在空间上接近,"桃花流水鳜鱼肥"则是在时间上接近。空间上的接近和时间上的接近也是相联系的,空间上接近的事物感知时间也必定相接近。感知时间相接近的,空间距离也常接近。

2. 相似联想

由对一件事物的感知或回忆引起对和它在性质上接近或相似的事物的回忆,称为相似联想。例如由春天想到繁荣,由劳动模范想到战斗英雄。相似联想反映事物间的相似性和共性。一般的比喻都是借助相似联想,如以风暴比拟革命形势,以苍松翠柏形容坚强的意志。作诗时用韵律,由一个字想到同音同韵的字,也是一种相似联想。相似联想是暂时联系的泛化或概括化的表现。泛化是对相似事物还未完全分辨清楚时所做的相同的反应,概括化则是对不同事物的共同性质所做的反应。

3. 对比联想

由对某一事物的感知或回忆引起对和它具有相反特点的事物的回忆,称为对比联想。如由黑暗想到光明,由冬天想到夏天等。对比联想既反映事物的共性,又反映事物的相对立的个性。有共性才能有对立的个性。如黑暗和光明都是"亮度"(共性),不过前者亮度小,后者亮度大;夏天和冬天都是季节,不过一个炎热,一个寒冷。如我国律诗中讲究对仗,对联的应用也非常广泛。我国心理学家的研究表明,我国儿童的对比联想比较丰富。对比联想使人容易看到事物的对立面,对于认识和分析事物有重要的作用。

4. 关系联想

由于事物的他种联系而形成的联想,可通称为关系联想。部分与整体或种属关系的联想,如由文具想到钢笔,或由钢笔想到文具;因果关系联想,如由寒冷想到冰雪,或由冰雪想到寒冷,等等。事物间的联系是多种多样的,反映事物种种联系的关系联想也是多种多样的。

一件事物总是和许多事物联系着,因而可能引起的联想是很多的,对一件事物的感知或回忆究竟首先引起什么联想,是受两方面的因素决定的:一方面是联系的强度;一方面是人的定向、兴趣等。

第三节 记忆系统

按照现代信息加工的观点,记忆是一个结构性的信息加工系统,是对信息进行输入、编码、储存和提取的过程。根据记忆过程中信息加工方式和存储时间及神经生理学关于记忆过程中生理活动特点的研究,可将记忆系统分为感觉记忆、短时记忆和长时记忆三个子系统。这些子系统虽然在信息的保持时间和容量方面存在差别,但它们处在记忆系统的不同加工阶段,因此相互之间有着十分密切的联系(如图4-4所示)。

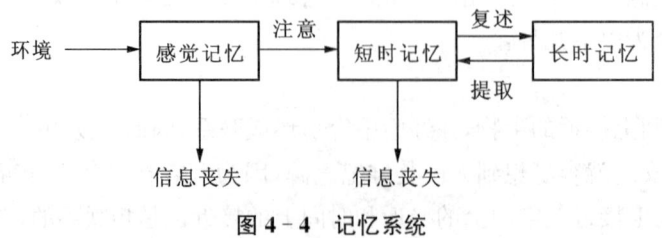

图4-4 记忆系统

一、感觉记忆

(一) 什么是感觉记忆

感觉记忆又叫感觉登记、瞬时记忆,是指感觉性刺激作用后仍在脑中继续短暂保持其映像的记忆,它是人类记忆信息加工的第一个阶段。各种感觉器官通道都存在着对相应适宜刺激的感觉记忆,它是一个对信息"自动"进行输入的过程。但并非所有感觉器官接收到的刺激都全部"登记"在感觉记忆中,而是具有某种选择性。在感觉记忆中的信息既依赖于客观事物本身的特点,也依赖于人的主观心理因素。

(二) 感觉记忆的特点

1. 保持时间

感觉记忆中的信息保持的时间极其短暂,大约有 0.25~2 秒,具体来说,图像记忆保持的时间在 1 秒左右,声像记忆虽超过 1 秒,但不长于 4 秒。因此,感觉记忆痕迹很容易消退,只有当被登记了的信息受到特别的注意,才能转入短时记忆,否则就会很快衰退直至消失。

2. 记忆容量

感觉记忆的记忆容量很大,是由感受器的生理解剖特点决定的,进入感官的信息几乎都能被登记。

3. 编码方式

进入感觉记忆的信息尚未经过任何心理加工,是以感觉痕迹的形式被登记下来的,因此感觉记忆中的信息完全依据自身所具有的物理特征编码,并以感知的顺序被登记,具有鲜明的形象性。

4. 信息储存方式

(1) 视觉登记

视觉登记又称图像记忆,是指视觉刺激停止后,视觉系统对信息的瞬间保持。美国心理学家斯波林(G. Sperling)创设部分报告法证明了图像记忆的存在。他按 4 个一排,一共 3 排的方式向被试呈现 12 个英文字母,呈现时间为 50 ms,其中每排字母都和一种声音相联系,如上排用高音、中排用中音、下排用低音(如表 4-2)。要求被试在字母呈现后,根据声音信号,对相应一排的字母做出报告。由于三种声音的出现完全是随机安排的,因此被试在声音信号出现之前不可能预见要报告的是哪一行。这样,研究者就可以根据被试对某一行的回忆成绩来推断他对全部项目的记忆情况。实验结果表明,当视觉刺激消失后,立即给予声音信号,被试能报告的项目数平均为 9 个,这比采用整体报告法几乎增加了一倍。

表 4-2 斯波林部分报告法实验程序

字母卡	字母呈现后立即发出的音调	被试根据音调信号报告字母
JQBL	高音调	第一行
MXRG	中音调	第二行
SYCT	低音调	第三行

(2) 听觉登记

听觉登记又称声像记忆,是指听觉系统对刺激信息的瞬间保持。听觉刺激的记忆痕迹可以持续几秒,是视觉刺激痕迹保持视觉的几倍。这种区别可能是由于耳朵和眼睛的生理机制不同所致。莫里(Moray)等模仿斯波林的部分报告法实验,设计了"四耳人实验"。在这个实验中把四个扬声器放在屋里的四个角上,让被试坐在当中,使他可以同时从四个不同声源听到声音并区分出声源。实验时可以从两个、三个或四个声源同时各呈现1~4个字母。刺激呈现完毕后,被试报告他听到的字母。实验采用部分报告法,即在被试面前的提示板上安装四个灯,各代表一个声源。声音刺激呈现后开亮一个灯,当某个灯亮了,被试就要报告它所代表的那个声源传出来的字母。结果表明,部分报告法的回忆成绩优于整体报告法,证实了听觉系统中也存在感觉记忆。

二、短时记忆

(一) 什么是短时记忆

短时记忆又称工作记忆,是感觉记忆和长时记忆的中间阶段,是指记忆信息保持时间在1分钟以内的记忆。它与感觉记忆在功能上的区别:感觉记忆中的信息是无意识的,也是未经加工的感觉痕迹;而短时记忆中的信息是来自于感觉记忆并对其进行操作、加工,因而具有明确的意识性。

(二) 短时记忆的特点

1. 保持时间

短时记忆中的信息保持时间在无复述的情况下一般只有5~20秒,最长也不超过1分钟。只有短时记忆中的信息经过复述,才会进入长时记忆。如果不加以复述则会很快消失。

2. 记忆容量

短时记忆容量有限,因此短时记忆的容量又称为记忆广度,即信息短暂出现后个体所能再现的最大量。研究表明,人类记忆广度为7±2组块,即5至9个项目。美国心理学家米勒(G. Miller,1956)发表的论文《神秘的数字七加减二》(*The magic number seven plus or minus two*)明确指出短时记忆容量为7±2个组块。所谓组块是短时记忆信息加工的单位,是指将若干单位联合成有意义的、较大单位的信息加工的记忆单元,是信息材料的意义单元。例如,排列6个英文字母memory,对于懂英语的人来说,就构成了一个组块(意义单元),而不懂英语的人则会视为6个组块。再如,请看下列字母5秒钟,

AEEEGGIIIILNNNNRRSSTT,然后请试图默写下这些字母(顺序不限)。尽管相同字母被排在一起,且按字母表的顺序排列,你仍然难以将它们全部记住,因为这21个字母大大地超过了短时记忆的容量。然而,同样是这些字母,如果以下列方式呈现:LEARNING IS INTERESTING(学习)(是)(有趣的)。这样,你想记住这些字母便没有任何困难,因为它们已被"组块",变成了三个有意义的词,并进一步结合成为一个有意义的句子。因此,人们可以运用知识与经验,把小意义单元组合成大意义单元,从而扩大和增加短时记忆的容量(记忆广度)。

关于记忆广度的测验,以数字材料为例,向被试朗读或视觉呈现一系列数字,呈现速度为每秒一个数字。呈现一次后,让被试立刻按原来呈现的顺序把数字写下来。被试所能正确写下来的最长系列叫作记忆广度。记忆广度的具体计算方法如下:同一长度的数字系列连续呈现,每种长度各呈现3个系列。正确再现1个系列得1/3分,3个系列全部正确再现者得1分。以得1分的最长系列的长度为基础,再加上从其他长度系列所得的分数就是所求的记忆广度。记忆广度测验还可以用字、词甚至句子来进行。但是,使用的材料不同,记忆广度也就会发生变化。如数字广度为7～10,单词广度是5～7,句子广度包含的单字可达20。

3. 编码方式

短时记忆中的信息主要以言语听觉编码为主,同时也存在着少量的视觉或语义编码。例如,呈现19141939或者UOYKEAHT系列数字或字母后,要求被试停留5秒钟后对先前呈现的数字或字母进行默写,结果发现,虽然数字或字母是以视觉方式呈现的,但人们看到的视觉形象必须转换成声音代码,才能在记忆中更好地保存下来。

4. 信息来源

短时记忆中的信息来源包含两个方面:一方面接受来自感觉记忆中加以注意的信息;一方面是对从长时记忆中提取的信息进行意识加工。

三、长时记忆

(一) 什么是长时记忆

长时记忆是记忆系统的第三个阶段,是指记忆信息的保持从1分钟以上直到许多年甚至保持终身的记忆。在长时记忆中,短时记忆中贮存的信息经过复述、编码,与个体经验建立了丰富而牢固的意义联系,就可以转入长时记忆系统中。这些信息在个体需要时可以被检索并提取,从而得到再现。

(二) 长时记忆的特点

1. 保存时间

长时记忆中的信息保持时间长久,它的保持时间能够按时、日、月、年乃至终身计算,在理论上被认为是永久存在的。一般认为,长时记忆中出现的遗忘现象主要是由于信息受到干扰使得提取信息的过程发生困难或遇到了内部与外部的障碍。

2. 记忆容量

长时记忆的容量无限,是一个庞大的信息库。长时记忆中的信息主要是短时记忆中的信息通过复述加工而来,但也有一些是感知中印象深刻而一次性直接进入长时记忆而被存储的。

3. 编码方式

长时记忆中的信息编码采用双重编码的形式,即表象编码和语义编码。

(1) 表象编码

表象编码是指以表象形式编码和存储关于具体事物或事件的信息,它主要用于加工处理非言语对象和事件的知觉信息。表象编码主要以空间平行的方式来表征信息,使输出的信息具有空间特点,反映对象的静态特征和动态特征。

(2) 语义编码

语义编码是指以语义形式对短时记忆输入的信息进行加工编码的过程,它是按言语发生的顺序以系统方式来表征信息,包括言语听觉和言语运动两方面的信息。语义编码以串行加工的方式来表征信息。

4. 信息储存方式

长时记忆中存储的信息原则上是经过分类加工处理的。在长时记忆中存储着两种不同的记忆信息,即陈述性记忆和程序性记忆。

四、三种记忆系统的关系

外界刺激进入人的各种感觉器官,它所留下的痕迹为感觉记忆。此时,没注意的信息便会迅速消失,加以注意的信息就会转入短时记忆中进行加工。短时记忆中的信息如果不及时复述便会遗忘,如加以复述并编码归类就会转入长时记忆中进行储存。长时记忆中的信息在一定条件下又可被提取出来,即信息从长时记忆中被提取到短时记忆,从而被意识到。长时记忆中的信息,如受干扰或其他因素的影响,也会产生遗忘。

五、记忆的组织

(一) 层次网络模型

该模型是由柯林斯和奎林(Collins & Quillian,1969)提出来的。他们认为,在人的头脑中,词的概念对应物是由一些独立的单位来表示的,这些单位以上位—下位关系的形式相互连接成为有逻辑联系的层次网络(如图4-5)。该图是这一假设记忆结构的一部分,其中,概念用节点表示,这些节点由一些连线联结起来。例如,"金丝雀"的上位类别是"鸟","鸟"的上位类别是"动物"。此外,该模型还假定,属性是储存在具有这种属性的最高的或最一般的节点上。例如,"会吃"这个属性只附在动物这个节点上,而没有附在比较低的节点(如鸟)上面。这种处理属性的方法被称为认知经济假设。

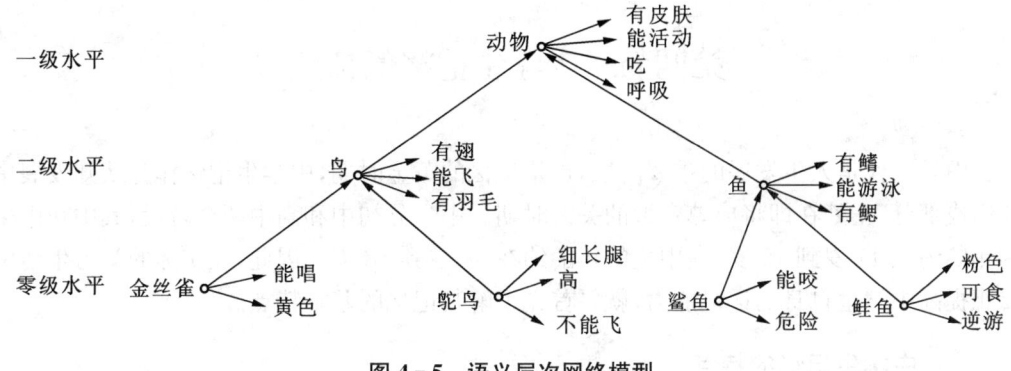

图4-5 语义层次网络模型

(二)激活扩散模型

激活扩散模型认为,记忆中的语义是由概念之间具有的关联性含义而并不是由概念在层级中的位置决定的。处于同一层级的概念,典型成员要比非典型成员更容易被激活,因此提取的速度更快。例如,判断"麻雀是鸟"就要比判断"鸡是鸟"快得多。如图4-6所示,椭圆形为网络中的节点,一个节点代表一个概念,概念之间的连线表示它们之间的联系,连线的长度表示概念之间联系的紧密程度,连线越短,联系越紧密,两节点之间的连线越多,相关概念之间的联系就越紧密。激活扩散模型假设:当一个人想到某个概念如救火车时,语义记忆中的相应节点就会被激活,如红、火、房屋,而激活了的节点会扩散到其他的概念,尤其是那些在语义上有密切联系的概念,如又由红想到玫瑰,激活扩散的概念能加速认知的过程。

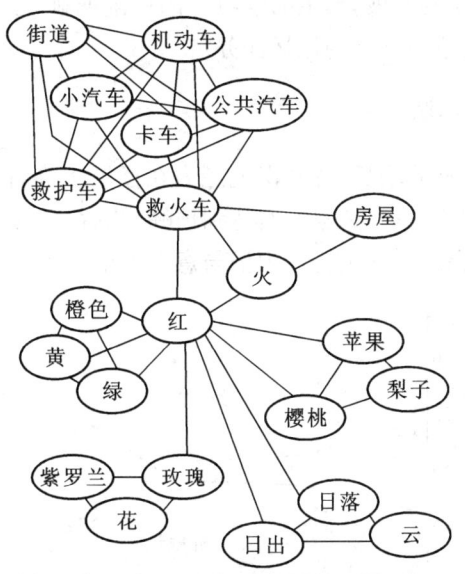

图4-6 激活扩散模型

第四节 中学生记忆的特点

中学时代是人生发展的重要阶段,也是记忆的黄金时期,中学生记忆作为认知发展中的组成部分,正处在即将成熟定型的关键时期。中学分初中和高中两个阶段,其中初中生的年龄约在11岁到15岁,高中生的年龄约在14岁到18岁。因此,在实际的学习生活中要想提高中学生自身的记忆能力,就要首先了解其记忆的基本特点。

一、中学生记忆的特点

(一)有意识记占据主导地位

与小学生相比,中学生有意识记开始占主导地位。尽管小学中年级以后,有意识记的儿童的成绩显著优于无意识记的儿童,但小学生的识记往往是被动的,需要教师常常提醒才能按时完成记忆任务。初中低年级学生的无意识记还比较明显,但有意识记已占优势地位,有意识记的主动性开始发展,他们不仅能根据课程和教材的不同提出不同的识记任务,还能主动地运用一定的记忆策略和方法。学生有意识记与无意识记的年级发展趋势如图4-7所示。

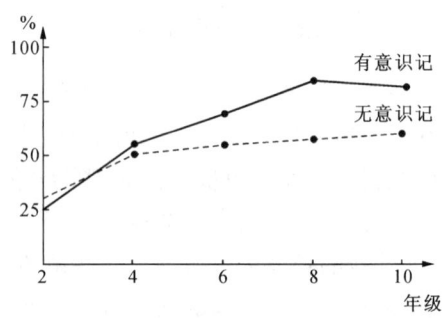

图4-7 学生有意识记和无意识记

中学生随着自我意识的发展,学生的学习目的逐渐明确,学生开始根据学习内容,自己提出记忆任务,而且是适当长远的记忆任务。

(二)意义识记能力逐渐提高

在中学阶段,随着年龄的增长,意义识记能力在逐渐提高,而机械识记能力反而有所下降。事实上,机械识记能力在12岁左右达到顶峰,此后就开始下降,而意义识记能力在整个中学阶段都在不断提高。学生机械识记与意义识记的年级发展趋势如图4-8所示。

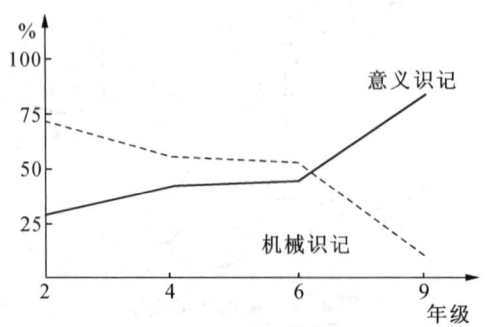

图4-8 学生机械识记和意义识记

此外，中学阶段学科内容日益抽象，要求学生在理解的基础上进行记忆，再加上他们的知识经验日益丰富，语言、思维进一步发展，意义识记逐渐成为主要的记忆形式。

（三）抽象记忆获得了更大的发展

与小学生偏重具体、形象的记忆相比，进入中学之后，学生需要学习记忆大量的概念、定理，进行逻辑判断和证明，在这样一个学习过程中，学生的抽象记忆能力获得了很大发展。

（四）情绪记忆水平提高

中学生随着自我意识的发展，对情绪和情感的理解也更加深刻，因而更易于激发对带有情绪体验的事物的学习兴趣。因此，中学生的智力活动会更加明显地伴随着情绪色彩，他们在积累知识经验的过程中，也就同时记忆着当时所体验到的情绪与情感，即使日后记忆内容忘掉了，它的情绪与情感体验依然被留下。调查表明，从小学高年级起，学生对带有情绪色彩的材料的记忆量增加得很快。所以从初中阶段开始学生情绪记忆的水平有很大的提高。

（五）记忆广度增大

记忆广度随年龄增长、知识经验的丰富而扩大。研究表明，中学生的记忆容量不仅明显高于小学高年级，也高于大学生，达到 11.4 ± 0.4，超出成人短时记忆容量。

二、中学生记忆力的培养

中学生记忆力的发展不是自然发展和提高的，需要教师在教学过程中，根据中学生的身心发展特点、学习内容以及记忆规律等加以培养而逐渐形成。

（一）加强目的性教育

培养学生记忆力的首要工作是进行目的性教育。学生只有明确为什么而学后，才能自觉学习，主动记忆，积极思考。因此，在教学的各个环节都要把学习目的教育放在首位。既要进行学习总目的教育，也要把当前的学习同学生日后参加社会建设的大目标联系起来，增强学生的社会责任感。只有进行学习目的的教育，才能使学生好学、乐学。可见，提出明确的记忆目的任务，调动学生记忆的积极性，对提高学生的记忆效率意义重大。

（二）注重对识记材料的理解

"若要记得，必先懂得"，这是众所周知的道理。所以，要提高记忆力，必须指导学生加深对材料的理解，"不求甚解、死记硬背"的学习方式在教育学生的过程中要克服，引导他们把意义识记与机械识记结合起来，使他们运用正确的方法进行识记。

（三）掌握记忆的规律——及时复习

艾宾浩斯的遗忘规律告诉我们遗忘进程是不均衡的,呈现出先快后慢的规律,因此复习必须及时。遗忘往往是在识记后不久就很快大量发生,因为此时新学习的材料在脑中建立的神经联系还未巩固,记忆痕迹容易衰退,及时复习可以阻止学习后立即发生的急速遗忘。复习具有强化联系的作用,使即将消失的、微弱的痕迹重新强化而变得清晰并在脑中巩固下来。复习还具有促进理解的作用,使学习的内容条理化、系统化,通过及时复习可以把它们纳入认知结构中长久保存。

（四）活动有助于记忆

一方面是记忆与自主积极活动的依存关系的规律。经过个体自主积极加工过的材料,记忆效果更好。例如进行摘录、列提纲、做笔记等。另一方面是记忆与多感官参与活动的依存关系的规律。动员多种感官进行多样化的记忆可使人感到新颖,容易激起进行智力活动的积极性,使复习材料与原有知识之间建立多种联系,以便牢固地保持,从而提高记忆效率。

（五）学会科学的记忆方法——记忆术

记忆术是记忆的窍门和方法,是指个体为了便于记忆而将信息加以组织的技巧,旨在促进个体的记忆效果。

1. PQ4R 法

PQ4R 法是目前最流行而又获得公认的记忆技术,主要包括 6 个步骤,分别是预习(prepare)、提问(question)、阅读(read)、复述(rehearsal)、回忆(recall)、复习(review)。

2. 定位记忆法

定位记忆法是将记忆项目与熟悉的地点位置相匹配,使地点位置作为恢复各个项目的线索。例如,在记忆"手表""书包""苹果""腰带""足球"等词语时,我们可以以身体位置作为线索加以记忆,即身上背着书包、左手戴着手表、嘴里吃着苹果、腰上系着腰带、脚上踢着足球。

3. 串联法

串联法是把单词或名称的第一个音节或字母串联起来组成一个单词。例如,我们在记忆 12 对脑神经时可以将其串联为"一嗅二视三动眼,四滑五叉六外旋,七颜八听九舌咽,十迷十一副十二舌下"。再如,《辛丑条约》的内容为:清政府赔款白银 4.5 亿两;清政府保证严禁人民的反抗斗争;允许帝国主义在中国驻兵;修建使馆,划分租界。用首字串联法,可将其记作"前(钱)进(禁)宾(兵)馆"。

4. 联想法

联想法是利用观念与形象的联系,将材料构成有意义联系的内容。例如,我们在记圆周率 3.141 59 时可以用"山巅一寺一壶酒"来加强记忆。

 扩展性阅读

内隐记忆的测量

内隐记忆是近二十几年来形成的一个较新的记忆研究领域,将内隐记忆从外显记忆中分离出来,是当代记忆心理学研究的一个重要突破。内隐记忆与一般记忆研究方法不仅在具体程序上不一样,而且在研究本质上也存在着不同特点。迄今为止,基于实验性分离范式的研究方法是内隐记忆研究的主要方法。实验性分离范式的程序是:比较两个测验,它们所包含的记忆加工过程相同,因此这两个测验结果不会出现实质性分离。如果这两个测验结果出现了差异,则说明两个测验所包含的加工过程可能不一样,是实质性分离。实验性分离范式在记忆研究中的具体形式有任务分离和功能分离,其记忆效果的测量方法分为直接测验和间接测验。在测验阶段,如果需要被试有意识地利用学习阶段所学材料来完成当前任务的测验是直接测验,如回忆或再认;那么控制条件使被试不能有意识地利用学习阶段所学材料来完成当前任务的测验则是间接测验。从测验程序层面看,直接测验和间接测验的不同在于测验指导语不同。满足以下条件的测验是间接测验:第一,测验任务包含学习材料中的项目,或者两者之间存在某种关系,例如语音、语义或形状相似等;第二,在测验时,控制条件使被试意识不到测验材料和学习材料之间存在着某些联系,并且不有意去运用学习材料中的信息来完成当前的测验。常见的间接测验有词汇辨认、词干补笔、残词补缺和偏好判断等。

在 John Lydon 教授等人的一个实验中,研究者首先让 150 名男性和女性分别幻想自己与一名有魅力的异性进行聊天的情境。接下来,研究者安排每个被试玩一个词干补笔的游戏来揭示被试的潜意识想法。研究结果发现,幻想自己和有魅力的异性进行聊天情境的男性和女性的答案之间有着显著差异。例如,当呈现"thr_at"时,幻想自己与有魅力的男性聊天的女性会倾向于填"threat"(威胁),而幻想自己与有魅力的女性聊天的男性更倾向于填"throat"(喉咙)。同样,在幻想自己与有魅力的异性聊天后,女性看到"lo_al"会倾向于填"loyal"(忠诚),而男性则更倾向于填"local"(当地)。而在实验的对照组中,即那些想象与同性沉闷地聊天的被试,在词干补笔游戏时所给出的答案是不同的。因此,研究者们把实验组中男性和女性答案的差异归结于在进行词干补笔前所幻想的情境。

在另外一项研究中,研究者让一组男性首先想象女朋友外出度周末,而自己在酒吧里又遇到了一个可爱的女生。随后,他们让男性做完成句子的练习,如"当那个女孩接近我时,我会_____来保护我的恋情",把这样一系列的句子补充完整。最后,让这些男性进入电脑的虚拟世界,他们就会有意避开那些忽隐忽现美女房间的照片了。然而,那些没有受过训练的男性,还是会成群地涌到那些闪现美女照片的房间里。由此可见,受过训练的男性在进入电脑世界时,内隐记忆中先前的完成句子练习无意识影响了他们对游戏界面的选择。

本章小结

记忆是个体对其经验的识记、保持和再现(再认或回忆)的过程。识记是记忆过程的第一个基本环节,是个体获得知识和经验的过程;保持作为记忆过程的第二个基本环节,是对已获取的知识经验在头脑中进行巩固的过程,保持的对立面是遗忘;再认或回忆是记忆过程的第三个基本环节。从信息加工的观点来看,记忆就是对输入的信息进行编码、储存和提取的过程。记忆是一个活跃的系统,包含三个阶段:首先,外部传入的信息在感觉记忆系统中保持1~2秒钟;然后由注意从中选择出信息送入短时记忆系统,如果这些临时存储的新信息没有马上被复述将被遗忘;短时记忆中被复述的信息送入长时记忆系统后,将相对长久地被保存,但是有些信息在被提取时可能会遇到困难。

复习思考题

一、选择题

1. 学生回答选择题时所使用的记忆过程主要是( )。
    A. 识记　　　B. 保持　　　C. 再认　　　D. 回忆
2. 后学习的材料对保持和回忆先学习材料的干扰作用叫( )。
    A. 前摄抑制　　B. 倒摄抑制　　C. 正迁移　　D. 负迁移

二、名词解释

记忆　陈述性记忆　程序性记忆　内隐记忆　外显记忆

三、简答题

1. 记忆过程的基本环节有哪些?
2. 影响识记的因素有哪些?
3. 简述艾宾浩斯的遗忘规律。
4. 影响保持的因素有哪些?
5. 中学生记忆的特点有哪些?

四、论述题

1. 从信息加工论的观点解释人类的记忆系统。
2. 联系实际谈谈如何培养中学生的记忆力。

第五章 思 维

内容提要

思维是人脑对客观事物的概括和间接的认识,是对事物的本质和规律的认识。人脑不仅能认识事物的外部现象和外部联系,如感觉认识的是事物的个别属性,知觉认识的是事物的整体属性,记忆是对输入信息的编码、储存、提取的过程,人脑也能够认识事物的内在联系和规律;人脑还可以对输入的信息进行更深层次的加工,如借助思维对事物进行分析与综合、比较与分类、抽象与概括和具体化与系统化。本章简要介绍了思维的定义、思维的种类、思维的过程、思维与语言的关系,在此基础上,阐述了中学生思维发展的特征和创造性思维及其培养。

思维导图

思维
- 思维的概述
  - 什么是思维
  - 思维的种类
- 思维的过程分析
  - 分析与综合
  - 比较与分类
  - 抽象与概括
  - 具体化与系统化
- 思维与语言
  - 思维的发生是人类语言形成的动机、基础和必然结果
  - 语言是思维工具
  - 语言的发展推动思维的发展
  - 思维的发展对语言的发展起着积极的作用
- 中学生思维发展的特点与规律
  - 青少年思维的基本特征
  - 青少年逻辑思维的发展
  - 青少年思维监控的发展
- 创造性思维及其培养
  - 什么是创造性思维
  - 创造性思维的特征
  - 创造性思维的过程
  - 创造性思维的几种形式
  - 创造性思维的培养

第一节 思维的概述

感觉和知觉是对客观事物的直观反映,它们只能把握事物的个别属性,以及事物的整体及其与外部的简单联系。显然,这样的能力许多动物也都或多或少地具备。人之所以为"人"是在于人能够对客观事物和主观世界进行抽象、概括、归纳、分析、综合等方面的加工,或看到某种规律,或推出某种结论,或得到某种启发,这就是我们本章所说的"思维"。

一、什么是思维

思维是人脑对客观事物间接的和概括的反映。它借助于语言,揭示事物本质特征及内部规律的理性认识过程。间接性和概括性是思维的两个根本属性。

(一)思维的间接性

所谓思维的间接性,就是以过去获得的知识、经验为中介进行推理、判断,来理解和把握那些没有感知过的或根本不能感知的事物的本质。比如,根据云层、气流的现在状态,通过思维可以预知两天以后的天气变化;依靠现代生命科学知识,通过思维就能推知生命起源的大致过程;一个医生依据病人的叙述和化验结果,并结合医学知识,通过思维便能对无法直接观察的机体病变做出正确的诊断,并给出适宜的治疗方案,等等。由此可见,思维的间接性能超越感知觉提供的信息,认识那些无法感知的事物的属性,把握事物的本质与规律,认识事物发展变化的进程。

(二)思维的概括性

所谓思维的概括性,就是指在分析、研究感性材料的基础上,把一类事物共有的本质特征抽取出来加以提炼,形成具有普遍意义的规律性认识。例如,感性经验使我们了解到,鸟有不同的大小、颜色、轻重等特征,但通过我们的提炼,发现它们均有羽毛、翅膀和卵生等共同特征,于是我们把这种具有共同特征的动物归于一个类别,并将其命名为"鸟"。今后我们通过对鸟的概括性认识,推知未知的鸟的基本属性。概括性可以使人们的认识活动摆脱具体事物的局限和对事物的直接依赖关系,从而扩大认识范围,揭示事物的本质和规律,加深对事物的理解。

思维的概括性包含两层意思:第一,把同一类事物的共同特征和本质特征抽取出来加以概括。第二,将多次感知到的事物之间的联系和关系加以概括,得出有关事物之间的内在联系的结论。例如,每次看到"月晕"就会"刮风",墙根"潮湿"就要"下雨",就能得出"月晕而风""墙湿而雨"的结论。这种概括促使人对客观事物内在关系和规律性的认识,也有助于人对客观环境的适应、控制与改造。

除了思维的间接性、概括性这两个根本属性之外,思维还具有逻辑性、目的性、问题性、层次性和生产性等其他特性。思维的逻辑性,就是指思维过程中有一定的形式、方法,是按照一定的规律进行的;思维的目的性与问题性,是指思维总是指向一定的问题,是为了解决某种问题而进行的判断、概括、推理等的活动;思维的层次性是指不同的人,或同一个人在不同状况下思维的能力水平是有差异的;思维的生产性是指人们能够制作思维产品,改变客观世界,这些产品包括认识性产品(调查报告)、表现性产品(文学作品)、指导性产品(计划、设计)和创造性产品(实验、发明)。

二、思维的种类

思维因其复杂性,至今仍是心理学、医学等科学探究的热点问题。由于人们对之认识的角度不同,对其分类亦有很大不同。

(一)动作思维、形象思维和抽象思维

根据思维过程中的凭借物,可将思维分为动作思维、形象思维和抽象思维。

1. 动作思维

动作思维是以实际动作为支柱的思维,也称操作思维或实践思维。其特点是:任务是直观的,以具体形式给予的,解决的方式是具体直接的动作。比如,武术家对武术套路的探究、体操运动员对于新动作的体会等都是动作思维。2至4岁幼儿的思维活动离不开触摸摆弄,这也是动作思维,但这与成人的动作思维不同。成人的动作思维是以丰富的知识经验为中介,并在整个动作思维过程中由内部语言进行调控,而幼儿还没有完全掌握语言,其动作思维则是以纯粹的动作为中介。

2. 形象思维

形象思维是用直观形象和表象解决问题的思维。其特点是具体形象性。按发展水平分三种形态:① 学龄前儿童(3至7岁)的思维,只反映同类事物中一般的东西,不是事物所有的本质特点。② 成人在接触大量事物的基础上,对表象进行加工的思维。③ 也称"艺术思维"。作家、艺术家在创作过程中对大量表象进行高度的分析、综合、抽象、概括,形成典型性形象的过程。形象思维是艺术家在创作活动中从发现和体验生活到进行艺术构思、形成艺术意象,并将其物化为艺术形象或艺术意境的整个过程中所采取的一种主要的思维方式。从信息加工角度来说,可以理解为主体运用表象、直感、想象等形式,对研究对象的有关形象信息,以及贮存在大脑里的形象信息进行加工,从而从形象上认识和把握研究对象的本质和规律。形象思维的基本特点是形象性、想象性、粗略性、非逻辑性。

3. 抽象思维

抽象思维,也叫逻辑思维,是人们在认识活动中运用概念、判断、推理等思维形式,对客观现实进行间接的、概括的反映的过程,它是人类特有的一种思维方式。抽象思维凭借科学的抽象概念对事物的本质和客观世界发展的深远过程进行反映,使人们通过认识活动获得远远超出靠感觉器官直接感知的知识。科学的抽象是在概念中反映自然界或社会物质过程的内在本质的思想,它是在对事物的本质属性进行分析、综合、比较的基础上,抽取出事物的本质属性,撇开其非本质属性,使认识从感性的具体进入抽象的规定,形成概念。空洞的、臆造的、不可捉摸的抽象是不科学的抽象。科学的、合乎逻辑的抽象思维是在社会实践的基础上形成的。抽象思维深刻地反映着外部世界,使人能在认识客观规律的基础上科学地预见事物和现象的发展趋势,预言"生动的直观"没有直接提供出来的但存在于意识之外的自然现象及其特征。抽象思维对科学研究具有重要意义。

(二) 聚合思维和发散思维

根据思维探索目标的方向,可将思维分为聚合思维和发散思维。

1. 聚合思维

聚合思维又叫求同思维、集中思维、辐合思维、会聚思维,是指把问题所提供的各种信息聚合起来,朝着同一个方向得出一个正确答案的思维,其主要特点是求同。这种思维是利用已有的知识经验或传统方法来解决问题的一种有方向、有范围、有组织、有条理的思维形式。例如,学生从书本的各种定论中筛选一种方法,或寻找问题的一种答案;理论工作者依据许多现成的资料归纳出一种结论。

2. 发散思维

发散思维又叫求异思维、分散思维、辐射思维,是指从一个目标出发,沿着不同途径去思考,探求多种答案的思维,其主要特点是求异与创新。如把与"海"有关的词组找出来,人们就要沿着不同的方向去思考,这种思维无一定方向和范围,不墨守成规,不囿于传统方法,是由已知探索未知的思维。思维的变通性、流畅性、独特性是发散思维的三个主要特点。

聚合思维和发散思维是统一的。其统一性特别表现在创造性活动上。由于创造性思维中创造性产物不可能在原有的经验和办法中产生,所以它既需要发散思维,又需要聚合思维。只有通过发散思维,才能开阔思路、拓宽视野,从而提出多种新设想、新办法。因此,创造性首先表现在发散性上。但是创造性活动并非只有发散思维才能完成。其目的是要从中找到正确的新答案、最佳的新方案、最后的新结论等,这必须用聚合思维才能达到。创造性的产物,往往是发散思维和聚合思维共同发挥作用的结果。从这个意义上讲,发散思维是聚合思维的基础,而聚合思维是发散思维的出发点和归宿,所以聚合思维是创造性思维的重要组成部分。

(三) 直觉思维和分析思维

根据思维的结果是否经过明确的思考步骤和对过程是否有清晰的意识,可将思维分为直觉思维和分析思维。

1. 直觉思维

直觉思维是一种非逻辑思维,它是人脑对于突然出现的新问题、新事物和新现象迅速理解并做出判断的思维方式。如小高斯神算求和、牛顿从苹果落地而得万有引力定律、阿基米德在浴缸中发现浮力定律、魏格纳在看地图时突然出现"大陆漂移"观念等。在一定程度上,直觉思维是逻辑思维的凝聚和简缩,具有敏捷性、直接性、简缩性、突然性、不可解释性等特点。

2. 分析思维

分析思维也称逻辑思维,它严格遵循规律、定理、原则等,做出判断分析与推导,最后得出合乎逻辑的结论或做出合理的解释和说明,是人们在认识过程中借助于概念、判断、推理等思维形式能动地反映客观现实的理性认识过程。只有经过分析思维,人们才能达到对具体对象本质规律的把握,进而认识客观世界。

(四) 常规思维和创新思维

根据思维的创新程度,可将思维分为常规思维和创新思维。

1. 常规思维

常规思维也称再造性思维,是指人们运用已获得的知识经验,按现成的方案和程序,用惯常的方法、固定的模式来解决问题的思维方式。如学生运用刚学会的公式来解决问题。这种思维只是对原有知识进行简单加工,无须进行明显的改组,也不产生新的思维成果。

2. 创新思维

创新思维是指以新颖独创的方式来解决问题的思维。创新思维是人类思维的高级过程,是多种思维的综合表现。通过这种思维不仅能揭露客观事物的本质及其内部联系,而且在此基础上产生新颖、独创、具有明显社会意义的思维成果。创新思维是人类创造力的核心和思维的最高级形式,是人类思维活动中最积极、最活跃和最富有成果的一种思维形式。人类社会的进步与发展离不开知识的增长与发展,而知识的增长与发展又是创新思维的结果。所以,创新思维比之上述思维的其他形式,更能体现人的主观能动性。

第二节 思维的过程分析

思维的过程包括分析、综合、比较、分类、抽象、概括、具体化、系统化等。

一、分析与综合

分析与综合是思维过程的基本环节,一切思维活动,从简单到复杂,从概念形成到创造性思维,都离不开头脑的分析与综合。

分析是在头脑中把事物的整体分解成各个部分、方面或个别特征的思维过程。例如,我们把植物分解为根、茎、叶、花、果实、种子,把动物分解为头、尾、足、躯体,把几何图形分解成点、线、面、角、体,分析一个句子由哪些语言成分构成等,都属于分析过程。

综合是在头脑里把事物的各个部分、方面、各种特征结合起来进行考虑的思维过程。例如,把单词组成句子,把文学作品的各个情节联成完整的场面,把一个学生的思想品德、智力水平、学业成绩、健康状况等方面联系起来加以评价、做出结论等都属于综合过程。

分析与综合在人的认识过程中有不同作用。通过分析,人可以进一步认识事物的基本结构、属性和特征;可以分出事物的表面特性和本质特性,使认识深化;可以分出问题的情境、条件、任务,便于解决思维问题。通过综合,人可以完整、全面地认识事物,认识事物间的联系和规律;整体地把握问题的情境、条件与任务的关系,提高解决问题的技巧。

分析与综合是同一思维过程中彼此相反而又紧密联系的过程,是相互依赖、互为条件的。分析是以事物综合体为前提的,没有事物综合体,就无从分析。综合是以对事物的分析为基础的,分析越细致,综合越全面;分析越准确,综合越完善。例如学生读一篇课文,既要分析,也要综合。经过分析,理解了词义和段落大意;经过综合,掌握了文章的中心思想,便获得了对文章的整体认识。对事物只有分析而没有综合,只能形成片面的、支离破碎的认识；只有综合而没有分析，只能形成表面的认识。分析与综合是辩证统一的，只有把分析与综合有机地结合在一起，才能发现事物的联系和关系，才能更好地认识事物。

分析与综合可以在不同的水平上进行。人可以在直接摆弄物体的情况下进行分析与综合，例如小学生用散装的零件自己组装成各种模型的过程；也可以在直观形象的水平上进行分析与综合，例如指挥员在军事图上分析敌情、服装师设计服装、建筑师设计建筑物等；还可以在思想上对抽象的事物进行分析与综合，例如公安人员分析案情、学生解题等，这是分析与综合的最高水平。

二、比较与分类

比较是在头脑中把各种事物或现象加以对比，确定它们之间的异同点的思维过程。人们认识事物，把握事物的属性、特征和相互关系，都是通过比较来进行的。只有经过比较，区分事物间的异同点，才能更好地识别事物。例如，教师要讲清"思维"这个概念，必须将"思维"与相近的"思想"这个概念相比较，找出它们的共同点和差异点。它们的共同点是，两者都是理性认识；它们的差异点在于，思想是理性认识的内容，思维是理性认识的形式。通过比较，对思维这一概念的认识就更加准确了。

比较与分析、综合是紧密联系的。比较总是对事物的各部分、各种属性或特性的鉴别与区分，因此没有分析就谈不上比较，分析是比较的前提。然而，比较的目的是确定事物间的异同，因此比较也离不开综合。要比较事物，既要对事物进行分析，又要对事物进行综合，离开分析与综合，比较难以进行。

比较既可以是同中求异，也可以是异中求同。例如，在教学中，教师为了帮助学生清楚地了解某个对象，就把这个对象与跟它十分相似的各种对象进行比较，找出它们的不同点；又把这个对象与跟它差异很大的对象进行比较，找出它们的相同点。这样，学生就较容易明确这个对象的本质特征。

分类是在头脑中根据事物或现象的共同点和差异点，把它们区分为不同种类的思维过程。分类是在比较的基础上，将有共同点的事物划为一类，再根据更小的差异将它们划分为同一类中不同的属，以揭示事物的一定从属关系和等级系统。例如，学生掌握数的概念时，把数分为实数和虚数；又把实数分为有理数和无理数；有理数又可分为整数、小数和分数等。

由于学生年龄的差异，思维发展水平不同，分类的水平也不同。小学生往往不是根据事物的本质特征，而是根据事物的外部特征和事物的功能进行分类；初中生容易把本质特征与非本质特征并列来进行分类；高中生则会按事物的本质特征进行分类。

三、抽象与概括

抽象是在头脑中把同类事物或现象的共同的、本质的特征抽取出来，并舍弃个别的、非本质特征的思维过程。例如，我们对人的认识，可以把人分为男性、女性；大人、小孩；工人、农民、军人、学生、教师、商人；高个、矮个；白种人、黄种人、黑种人；人能吃饭，能睡觉，能喝水，能活动，能知觉，能记忆，能说话，能思维，能制造工具，会使用工具等。通过分析、比较，抽出人类具有的共同的、本质的属性，即能说话、能思维、能制造工具等，舍弃能吃饭、能睡觉、能喝水、能活动等其他动物也有的非本质属性,这就是抽象过程。

概括是在头脑中把抽象出来的事物的共同的、本质的特征综合起来并推广到同类事物中去,使之普遍化的思维过程。例如,我们把"人"的本质属性——能言语、能思维、能制造工具综合起来,推广到古今中外一切人身上,指出:"凡是能言语、能思维、能制造和使用工具的动物都是人。"这就是概括。

抽象与概括的关系十分密切。如果不能抽出一类事物的本质属性,就无法对这类事物进行概括。而如果没有概括性的思维,就抽不出一类事物的本质属性。抽象与概括是相互依存、相辅相成的。抽象是高级的分析,概括是高级的综合。抽象、概括都是建立在比较的基础上的。任何概念、原理和理论都是抽象与概括的结果。

学生的概括可以分为两种水平:

(1) 初级形式的感性概括。这种概括形式是根据事物的外部特征,对不同事物进行比较,然后对它们的特征加以概括。如小学生根据鸟会飞这一外部特征得出"会飞的动物就是鸟类",从而错误地认为鸭、鹅不会飞,所以不是鸟类。这种概括是属于知觉和表象水平的概括。

(2) 高级形式的理性概括。这是根据事物的本质特征进行的概括。如学生通过学习有关动物学的知识,能准确地概括出鱼的本质特征,即"用鳃呼吸的脊椎动物是鱼类"。这种水平的概括属于思维水平的概括。

四、具体化与系统化

具体化是指在头脑里把抽象、概括出来的一般概念、原理与理论同具体事物联系起来的思维过程,也就是用一般原理去解决实际问题,用理论指导实际活动的过程。具体化是把理论与实践结合起来,把一般与个别结合起来,把抽象与具体结合起来,可以使人更好地理解知识、检验知识,使认识不断深化。

系统化是指在头脑里把学到的知识分门别类地按一定程序组成层次分明的整体系统的过程。例如,生物学家按界、门、纲、目、科、属、种的顺序,把世界上所有的生物分了类,并揭示了各类生物间的关系和联系,这就是人脑中对生物系统化的过程。又如,学生掌握数的概念,在掌握整数、分数、小数知识之后,可以概括归纳为有理数;当数的概念扩大,学习了无理数之后,又可把有理数和无理数概括为实数;掌握了虚数之后,又可把实数和虚数概括为数,从而掌握了系统的数的知识。

系统化是在分析、综合、比较和分类的基础上实现的。系统化的知识便于在大脑皮层上形成广泛的神经联系,使知识易于记忆。也只有掌握了系统的知识结构,才能真正理解知识,才能在不同条件下灵活运用知识。

第三节　思维与语言

人类语言能力的发展是人类最重要的能力之一,也是与动物有所区别的主要因素之一。语言的发展是一种社会现象,遵循着一定的发展阶段和规律,是人类发展的必然产物。思维同样是人类发展的重要标志之一,它之所以与动物的思维有根本的区别,是它借助语言作为主要的表达方式,可以对客观事物进行概括的间接的认识,是认识的高级形式。思维是心理活动,是一种心理过程,它的发展同样遵循着一定的发展阶段和规律。语言的发展促进了思维的发展,思维的发展同样对语言的发展产生重要的影响,两者是相互依存、相互促进的关系。

一、思维的发生是人类语言形成的动机、基础和必然结果

在人类早期的发展进程中,为了生存,为了相互间的交流与沟通,为了对外界事物的不断认识,对语言和文字的形成产生了需要,而这一需要本身就是人的思维过程。可以说思维是早于语言产生的,因为在人类还未创造文字符号前,实际上就已有思维,是与动物还未有很大区别的初级的、简单的思维。语言和文字的形成发展过程中,思维的作用可说是起重要作用的。

大家知道,明确的条件反射的出现被认为是心理发生的标志,那么,这种心理的产生也必然伴随着思维的产生,尽管是最初级的简单思维形式和内容。初级的思维主要是对直接刺激进行反射,人们对猎物的反应,对环境的反应,人们之间的神态的交流、呼声、手势、面目表情(喜怒哀乐)等,都在向他人传递着某种信息,这种信息就是初级思维的具体表现——初级语言的表现形式之一,但还未有文字及词的产生。所以,在语言还未产生之前,由初级思维内容和形式所代表的动作、神态等,也算得上是最初级的语言表达方式。初期的条件反射是由触觉、平衡觉复合刺激引起的,随后听觉、视觉等各种感知觉系统的刺激都能组成复合刺激,特别是以词为刺激信号的刺激引起的条件反射。条件反射不仅表现为感知觉的反应,也是初级思维的表现。

人类是逐步社会化的群体,在社会化的过程中,为了交流、传递各种信息,表达内心世界等,需要语言和文字的帮助,这为语言文字的产生奠定了需求基础,也是语言产生和发展的必然结果。文字的产生和发展是语言发展的重要基础,而文字的创造过程也是思维的过程,从最简单的符号型文字(如草结、划痕、图案等)到楔形字、象形字、音标字等,词义的解释、词类的组合、语句的形成和发展等,都是思维作用的结果之一。因此,人类是先有思维,然后再创造文字和语言的。

二、语言是思维的工具

(一)语言概念的形成是思维的内容和工具之一

人类首先创造出的是文字,然后经过词类、组词、简单句、复合句等复杂而又漫长的过程。随着人类的发展,对客观事物直观认识的丰富,就必须借助抽象的思维和认识方式扩大对客观世界的深入了解。

概念是人脑对客观事物的本质特征的认识,是借助语言词汇来表述的。概念在人脑中的形成过程,就是思维活动和发展的过程。随着人类对外界事物的认识的不断扩大和对知识欲求的发展,人们已不再满足于对事物的表面关系和形象联系的认识水平,开始追求对事物的内在关联和本质特征的认识。生活范围的扩大,生活经验的日益丰富,对事物

概念认识的不断发展,这些都促进着思维的具体形象性中萌发出抽象逻辑性,并使抽象逻辑思维得到初步的发展。

(二)动作是思维的表现工具之一

人类早期的思维内容,是通过动作作为媒介的,利用动作,人们可以操纵一些外界事物,可以通过动作进行交流,表达自己的意思,相互传递信息。人们的内心世界和情感,除了用语言表达外,还更多地使用身体动作,包括眼神、手势、形体变化等。动作本身也是语言的一种——体语。人们通过动作,在表达自己的情感和与他人进行沟通时,增加了表达的色彩,也使对方理解起来更加明确。

(三)思维的内容和方式是通过语言具体表现出来的

思维的过程和结果需要通过语言表现出来,只靠动作是远远不够的。而思维的内容如果不表达出来,他人是很难知道的。在人们的交往过程中,语言交流是最方便和有效的方式。没有语言的表达方式,思维就没有实际意义。正常人会通过语言进行交流,聋哑人会用哑语手势进行交流,盲人使用盲文和语言进行交流。另外,人们交流的内容,就是思维的内容。在两种语系互不相同时,人们的交流是很困难的,表达方式也是不尽相同的。

三、语言的发展推动思维的发展

语言的发展是一种社会现象,它遵循着一定的发展阶段和规律。人类首先具备发音的生理系统和组织、整合能力的大脑中枢系统;随后是口语的运用,文字符号的创造,词句的产生,语法结构的发展。我们可以通过婴幼儿的语言发展从侧面看到人类语言的发展阶段和发展规律与思维的关系。

(一)前言语活动的发音阶段

由于呼吸作用于发音器官,新生儿时期能自动发出"ei""ou""o"等元音声音,这些断续的、经常出现的发音代表着婴儿的某些机体状态、感觉状态、情绪状态,反映着婴儿的感受。这些发音是言语发展的前提和组织者,"咿呀学语"是在婴儿与成人之间日益频繁的交往和互相呼应中发生的,婴儿以发出语声的方式同成人在感情和行为上发生联系。这个阶段的发音除了生理因素外,也与婴儿的语音分辨有关。有研究表明:出生4天的婴儿已经能够分辨不同长度的语言音节,能区分母语和非母语;2月龄的婴儿能够区分音素;4月龄婴儿已经表现出对语言刺激的偏好;6月龄婴儿开始学会保留母语而放弃非母语的语音。发音阶段是语言发展的基础,对语言的正确感知是婴儿发展正常的口语理解与表达的重要基础。

(二)言语的早期发展——词汇的理解和掌握

人类的语言是以词为基本单位的,对词汇的理解和掌握的不断发展,有助于婴儿语言的具体发展。人们在进行思维活动、认识事物的内在联系时,总是以第二信号系统的某种语言的词作为其刺激物(声音、符号、体语或文字等),只有通过语言活动"说出"的词,才会有效地激活第二信号系统进行思维活动。一个人在与他人进行交际、沟通的过程中,时刻需要通过他人的语言来理解对方的思想、推测对方的意图等,理解和推测的过程就是思维的过程。

第一批词汇的产生是婴儿言语发生的标志。发音阶段的语音是自发式的,无具体意义的表达,而一旦词汇产生,婴儿的言语发展就进入了一个实质性的进程。人们在掌握语言的词的过程中,先是从单词开始的,然后发展到掌握复合词和句子。

词汇的内容在这个时期也不断扩大,随着年龄的增长,从掌握与日常生活直接相关的词汇到与日常生活距离稍远的词;从具体的词汇到抽象性概括性比较高的词。比如幼儿刚开始掌握的词中较多的是"人称类""动物类"以及"日常生活用品类",随着年龄的增长,他们掌握了关于社会现象、工农业生产、技术、工具等方面的词。这个阶段,幼儿对词义逐渐得到确切和深入的发展。随着年龄的增长,他们逐渐克服了词义扩张和词义缩小,能够正确理解并使用词。如"猫"与"狗"的区别、"老虎"与"豹"的区别等,基本上能用比较准确的词分别进行表述。

(三)词语组合成句的语言表达能力的发展阶段

15个月时,婴儿一般能说出20个以上的词语,2岁婴儿已学会使用100个甚至几百个词,经常出现两个字的组合,所以这个阶段也称为双字句阶段。双字句是婴儿语言表达的主要方式。能说出词是婴儿语言发展中的一个重要质变。到一岁半时,语言发展较早的婴儿能说出少量的简单句子。这个阶段的句子似乎是以主题和主题的作用组织的,基本上符合主谓宾语的基本语法结构,这表明幼儿已掌握了某些语法和某些语义。幼儿使用词语组合,一方面是模仿成人的语句,一方面是自觉的行为,是与成人进行沟通的直接有效的方式。这表明,幼儿基本上能够用他们自己所能说出的词句表达自己的意思,这是一个不小的进步,为他们的语言发展奠定了基础。

(四)口语的进一步发展阶段

人类语言包括口语语言、书面文字语言等形式,口语语言在人类语言发展进程中具有很重要的作用,也是人类进行交流和联系的重要手段之一。可以没有文字形式的语言,但不能没有口语形式的语言存在。

婴儿晚期和幼儿早期的语言是以口语为主的,并借以与成人进行沟通和交流。有研究表明:幼儿在3岁时已基本上掌握了本民族口语,但这只表现在语言的基础方面,即符合语法和语义的简单句子中。这个阶段,幼儿能说出完整的简单句,并逐步出现复合句,不但使用名词、动词、形容词,而且学着使用连接词、介词等。幼儿到6岁已掌握了基本的生活应用词汇、各种词类和句型,亦即掌握了语言的基础部分。但在幼儿阶段的语言水平基本上属于情境性语言,并与活动直接联系着。

在幼儿期,口头语言的表达能力,不管是顺序性、完整性,还是逻辑性的发展,都是随着年龄的增长而愈趋完善。幼儿具有独特的获得语法结构和自动应用组词成句的能力,并大致按照如下趋势发展:① 单句到复合句的发展;② 从陈述句到各种形式的句子;③ 从不完整句到完整句的发展;④ 从简单句到语句修饰和精确化的发展;⑤ 自言自语发展到能连贯地说话;⑥ 书面文字语言的萌芽阶段。

综上所述,可以看到人类语言发展的基本过程和规律,而在语言的发展过程中,人类的思维是与之相适应地发展的。如果语言不能发展,思维的内容也不会得到有效的呈现,思维的内容也会贫乏,缺少多样化。儿童的思维内容,只能用他们所掌握的语言进行表述,不可能用成年人的语言表述。因此,语言的发展推动着思维的发展。

四、思维的发展对语言的发展起着积极的作用

(一)思维影响语言表达

思维的内容是通过语言表达出来的,但表达出来的内容是由思维的内容和形式决定的。想不到的事情自然不会说出来,对同一件事情的表达也会有不同的形式,他人的理解也会多种多样。人们创造新词汇也是思维对语言的作用的表现。随着对客观事物的认识的不断深化,越来越多的新现象都要求用新的词汇来表述。另外,由于人的经历、文化层次、所处环境、使用的语种等的不同,其思维的内容和形式是有区别的,自然影响着人们的不同的语言表达形式。

(二)思维的发展推动语言的发展

人类的思维发展,经过了直接动作思维、具体形象思维、抽象逻辑思维等几个主要的阶段,而语言的发展正是这几个阶段的直接反映。词意表达、词语的形成、语法构造等,都不同程度地受思维形式发展的制约。任何人都不可能在婴儿时期就已会使用逻辑思维的形式,同样逻辑思维的内容也不可能使用婴儿时的未成语句的单词或体语来表现。任何人的思维程度或思维形式,都制约着其具体的语言表达方式和内容。

思维与语言是人类进化和发展的共同的必然结果,没有思维,不会有语言的产生和发展;没有语言,也就没有内涵的具体思维;思维借助语言进行表述,语言所表述的内容就是思维的内容。在人类自身的成长和发展过程中,思维和语言是极为重要的内容,同时,思维和语言的正常发展,促进着人类的正常发展。对思维和语言的研究,对人类的进一步发展是有积极作用的。

 链接

人工智能

从感觉到记忆再到思维这一过程,称为"智慧",智慧的结果就产生了行为和语言,对行为和语言的表达过程就是"能力",两者合称"智能"。人工智能(Artificial Intelligence,简称 AI),是通过设计计算机系统来模拟人类思维进行"智能"活动的一门科学。也就是用人为的方法模仿人类的智能。简单地说,人工智能就是让机器去"思维",去解决问题。人工智能是计算机科学的一个分支,它是研究、开发用于模拟、延伸和扩展人的智能的理论、方法、技术及

> 应用系统的一门新的技术科学。它企图了解智能的实质,并生产出一种新的能以与人类智能相似的方式做出反应的智能机器,该领域的研究包括机器人、语言识别、图像识别、自然语言处理和专家系统等。现在,人工智能专家面临的最大挑战就是如何构建一个庞大的系统,去模拟数以百亿计的神经元组成的人脑所具有的功能。
>
> 人工智能的真正开始是1943年计算机的发明。其理论先驱是心理学家郝伯特·西蒙(Herbert Simon)。该理论的研究内容就是通过对能够模仿或匹敌于人类思维过程的计算机系统的设计,在理论上弄清楚人是如何思维的。其目的就是建立一套能够处理信息、解决问题、学习经验和储存记忆的"认知的统一理论"(unified theory of cognition)。随着技术的快速进步,人类现在已经使得机器确实可以仿真人类的很多智能行为,而且这种模仿的进步速度越来越快。高性能的智能机器人已经深入各种领域,可以进行机器证明、机器翻译、机器管理、机器教学、语音识别,甚至可以对复杂的疾病进行诊断,我们的生活已经深深受到人工智能的影响。

第四节 中学生思维发展的特点与规律

人的思维发展经历了一条漫长的道路,从儿童到青少年,其总的发展趋势是:从具体到抽象,从不完善到完善,从低级到高级。青少年思维发展的基本模式是由形象思维、抽象思维过渡到辩证思维,主要特点是思维逐步符号化。与具体运算阶段的儿童相比,他们发展了抽象的、科学的思维能力。思维的概括能力增强;能使用假设检验和更加一般的逻辑规则进行思考,较少借助于具体事物和事件;思维活动中的自我意识成分增多,思维的反省性和监控性明显提高;辩证思维能力增强,思维的创造性也迅速发展。

一、青少年思维的基本特征

皮亚杰认为,青少年时期,其思维特点正处于形式运算思维阶段(11岁及以上)。其特点是,在头脑中可以把事物的形式和内容分开,可以离开具体事物,根据假设来进行逻辑推演,能运用形式运算来解决诸如组合、包含、比例、排除、概率及因素分析等逻辑课题。

青少年期的两个阶段——少年期和青年早期的个体又各有自己的思维特点。少年期个体的形象思维趋于成熟,抽象逻辑思维开始占优势。从初中二年级开始,学生的抽象逻辑思维开始由经验型水平向理论型水平转化。因此,初中生思维活动的基本特点是抽象逻辑思维已占优势地位,但有时思维中的具体形象成分还起作用。青年早期个体的形象思维已完全发展成熟,抽象逻辑思维的发展也进入了成熟期。到高中二年级时,经验型向理论型的转化初步完成,标志着他们的抽象逻辑思维趋向成熟。因此,逻辑思维的发展是青少年思维发展的重点。

按照思维中所遵循的逻辑规律与所用的逻辑方法的不同,逻辑思维可以分为形式逻辑思维和辩证逻辑思维两大类。形式逻辑思维和辩证逻辑思维也是抽象逻辑思维的两个不同的发展阶段,辩证逻辑思维以形式逻辑思维为基础,且高于形式逻辑思维。这两种思维形式的发展和成熟,是青少年思维发展和成熟的重要标志。高中生形式逻辑思维的发展较为稳定而匀速,而辩证逻辑思维的发展则比较迅速。在此阶段,其形式逻辑思维获得了相当完善的发展,在思维活动中占据主导地位。而辩证逻辑思维的发展水平低于形式逻辑思维,两者的发展相辅相成,使得青少年的思维水平更高、更成熟、更完善。

二、青少年逻辑思维的发展

(一)青少年抽象逻辑思维的发展特点

抽象逻辑思维是一种假设的、形式的、反省的思维。基本特征有:思维中通过假设;思维具有预计性;思维具有形式化;思维活动中自我意识和监控能力显性化。在整个中学阶段,青少年的抽象逻辑思维得到了迅速的发展。但少年期和青年早期的思维还是明显不同的。在少年期的思维中,抽象逻辑思维虽然开始占优势,但是在很大程度上还属于经验型,需要感性经验的直接支持。而青年早期的抽象逻辑思维则属于理论型,能在头脑中进行完全属于抽象符号的推导,能用理论做指导来分析综合各种事实材料,从而不断扩大自己的知识领域或解决各种问题。在青年早期的思维过程中,它既包括从特殊到一般的归纳过程,也包括从一般到特殊的演绎过程,也就是从具体提升到理论,又用理论指导去获得知识的过程。因此,青少年的思维是过渡型的,即处于由经验型向理论型的转化,在这个过程中,抽象逻辑思维获得了高度的发展。

初中生阶段,抽象逻辑思维的发展特点在其运用假设的能力上有所体现。皮亚杰认为,在形式运算阶段,"现实性"和"可能性"在个体思维中的主导地位发生了逆转。"可能性"已不像形式运算阶段之前那样,仅仅是个体行为或经验的延伸,它可能先于"现实性"出现。事实和实验均表明,初中生在面临智力问题时,并不是直接去抓结论,而总是通过首先挖掘出隐含在问题材料情境中的各种可能性,再用逻辑分析和实验证明的方法对每种可能性予以验证,最后确定哪种可能性是事实。因此,对于初中生来说,他们已认识到了现实只是包含于由事实和假定构成的总体中的一个子集,它通常并不直接出现在我们面前,而需要用逻辑方法去搜寻。正是由于初中生已具有了这种建立假设及检验假设的能力,才使得他们的思想相对于童年期更具有深度、广度、精确性和灵活性。虽然处于具体运算阶段(7~11岁)的儿童在解决问题时也能产生一些初步的、与实际经验密切联系的假设,但他们运用假设、检验假设的能力具有极大的局限性。最明显的表现是,一旦他们产生了一个对问题情境的可能性解释,就会立刻将它认定为事实。而初中生的情况恰恰相反,他们常用十分怀疑的态度认真地检验每个假设,甚至对那些看起来很怪异的假设也不放过,决不轻易地承认任何一种可能性。

从高中阶段开始,抽象逻辑思维就已具有充分的假设性、预计性及内省性。学生在思维中运用假设的能力在不断增强。抽象逻辑思维就是要求人们撇开具体事物,运用概念和假设进行思维活动,因此,它要求思维者按照提出问题、明确问题、提出假设、检验假设的途径,经过一系列抽象逻辑的过程,达到解决问题的目的。

思维假设性的发展,又使得高中生的思维更加具有预计性,也就是说,在解决问题之前,他们能事先形成打算、计划、方案以及策略等。

对思维活动的自我调节是思维顺利开展的重要条件。从高中阶段起,学生思维活动的自我意识或监控能力更加明显化,这就使其思维活动具有内省性,具体表现为,他们已经能够意识到自己智力活动的过程,并在一定程度上控制这一过程,使解决问题的思路更加清晰,判断更加明确。

整个青少年期,个体的抽象逻辑思维逐渐发展并进入成熟期。其标志为,从初中二年级到高中二年级的几年内,学生的抽象逻辑思维初步完成从经验型水平向理论型水平的转化。主要表现在下述三个方面:首先,各种思维成分基本趋于稳定状态,基本上达到了理论型抽象逻辑思维的水平;其次,个体的思维差异,包括在思维品质和思维类型上的差异已基本上趋于定型;最后,从整体来看,思维的可塑性已大大减少,与成年期的思维水平基本保持一致,甚至在某些方面的思维能力还高于成人。

(二)青少年形式逻辑思维的发展特点

形式逻辑思维是个体抽象逻辑思维发展的初级形式。在青少年阶段,其形式逻辑思维的发展主要表现在概念、推理和逻辑法则的运用能力这三方面的发展。

1. 青少年的"概念"发展

概念是人脑对客观事物本质特征的认识,是抽象思维的基础。研究表明,进入青少年期之后,个体日益掌握了更多的抽象概念和更复杂的概念系统。

初、高中学生理解字词概念的能力存在着明显的年龄特征。大多数初中一年级学生是从功用性的定义或具体的描述水平,向接近本质的定义或做具体的解释水平转化。大多数初中二、三年级学生达到接近本质的定义或做具体的解释水平,或者是由这两类水平向对概念做本质定义的水平转化。这说明,初中二年级是掌握字词概念的转折点。进入高中阶段后,达到接近本质定义和本质定义水平的人次要比初中阶段多,掌握字词概念的数量也比初中多;同时,高中生还能较正确地对社会概念、哲学概念和科学概念做出定义。这说明,在正常的教学条件下,高中生能够对他们所理解的概念做出比较全面的、反映事物本质特征和属性的、合乎逻辑的定义。

初、高中生的分类能力可以分为四级水平:一级水平——不能正确分类,也不能说明分类的依据;二级水平——能够正确分类,但不能确切地说清分类的依据;三级水平——能够正确分类,但不能从本质上说明分类的依据,仅能从事物的某些外部特征或功用特点来说明分类的依据;四级水平——能够正确分类,并能从本质上说明分类的依据。研究表明,初中生对有关概念的分类处于从第三级水平向第四级水平过渡的状态中;高中生的分类能揭露事物的本质、理论性较强,其分类水平达到第四级水平的居多。所以,高中生所掌握的概念逐步摆脱了零散、片段的现象,日益成为有系统的、完整的概念体系。

2. 推理能力的发展

从11岁开始,青少年就已经具备各种逻辑推理能力。研究表明,初、高中学生在形成推理能力的发展上存在着一定的年龄特征。从初中一年级起,学生已具备了各种推理能力,但是不同年级间在推理发展水平和推理运用水平上具有明显差异:初一学生虽然已经开始具备各种推理能力,但还属于初级水平,特别是在直言、选言、复合、连锁等演绎推理方面的能力还比较差;初三学生的推理有了明显的发展,演绎推理的正确率已有显著提高;从高中一年级开始,学生的推理能力则有了明显的进步,各种推理能力都得到了较好的发展;高中二年级以后,学生的推理能力已基本达到成熟,各种推理能力都达到了比较完善的水平。

初中生逻辑推理能力的发展是不平衡的,总体来讲,归纳推理的能力高于演绎推理的能力。初中生在对各种演绎推理的掌握上有一个发展顺序,最先掌握的是直言推理,其次是复合推理和选言推理,最后是连锁推理。初中生推理运用水平的发展顺序是,最先掌握的是排除推理中的干扰,其次是改正错误,最后是运用推理去解决问题。逻辑推理能力发展的不平衡性还表现在个体差异方面。

3. 运用逻辑法则能力的发展

初中生已经基本上掌握并能运用逻辑法则,他们对各类逻辑法则的掌握主要表现在对于矛盾律、排中律和同一律的认识上。我国的研究表明,在掌握以上三类逻辑法则的总平均得分的正确率上,初一学生为 68.26%,初三学生为 72.78%。而且,初中生掌握不同逻辑法则的能力也存在着不平衡性。在三类逻辑法则中,对矛盾律和同一律的得分明显高于在排中律上的得分;他们对逻辑法则运用的水平也不一样,在正误判断问题上的成绩最高,在多重选择问题上的成绩次之,最差的是回答问题的总成绩。到高中二年级,学生在掌握和运用逻辑法则方面已趋于成熟。同时,他们在掌握不同逻辑法则的能力上也存在着不平衡性,且其差异也表现在对逻辑法则的掌握以及应用水平上,与初中生的不平衡性相似。

(三) 青少年辩证逻辑思维的发展特点

辩证逻辑思维是个体抽象逻辑思维发展的高级形式。辩证逻辑思维是反映客观现实的辩证法,是主体自觉或不自觉地按照辩证法所进行的思维。处于青年初期的高中生,辩证逻辑思维的发展与其自身的实践活动有密切的关系。随其年龄的增长,在学习、生活、活动及人际关系等方面,都需要他们有新的思维形式和思想方法,需要他们用对立统一的观点去分析问题,需要他们发展辩证逻辑思维。

在高中生的思维过程中,抽象与具体获得了一定程度的统一。其理论型的抽象逻辑思维迅速发展,在这种思维过程中,既包括从特殊到一般的归纳过程,也包括从一般到特殊的演绎过程,也就是从具体上升到理论,又用理论指导去获得具体知识的过程,这是辩证逻辑思维发展的重要表现。而且,高中生在实践与学习中,逐渐认识到一般和特殊、归纳和演绎、理论和实践的对立统一的关系,并逐步发展以全面的、运动变化的、统一的观点认识问题、分析问题和解决问题的能力,这都是高中生辩证逻辑思维发展的标志。

研究表明,青少年辩证逻辑思维发展的趋势是:初中一年级学生已经开始掌握辩证逻辑的各种形式,但水平较低;初中三年级学生的辩证逻辑思维则处于迅速发展阶段,是一个重要的转折时期;高中学生的辩证逻辑思维已趋于占优势的地位。

三、青少年思维监控的发展

思维监控是指为了保证达到预期的目的,在思维过程中将思维个体作为意识的对象,不断地对其进行积极主动的定向、控制、调节的能力。较强的思维监控能力,能确定思维的目的,管理和控制非认知因素,搜索并选择恰当的思维材料与思维策略,实施并监督思维的过程,评估思维的结果,提出思维的修正方案。随着年龄的增长,青少年会对自己的思维过程进行不断的反思,即青少年思维活动中的自我意识和监控能力逐渐明显化。思维监控的发展是青少年思维发展的一个显著特点,也是其思维发展趋于成熟的一个标志。

一些认知发展研究者认为,随着年龄的增长,人们变得更加反思和自知,也就是自我意识和自我监控能力逐渐增强。在初一至高一期间,青少年自我监控能力的发展速度比小学生快得多,其计划性、准备性、方法性和反馈性得到了很好的发展。

因此,青少年对自己思维的反思和监控是不断发展的。思维监控在整个思维活动中具有举足轻重的地位,青少年能否全面地、有效地发挥思维的自我监控功能,决定着其思维的自我监控水平的高低;思维自我监控水平的高低,会影响他们思维过程的效率和思维结果的优劣,进而也影响到智力的个体差异。

第五节　创造性思维及其培养

人们运用已有知识、经验、方案、程序,使用惯常的方法,沿用固定的模式来解决问题的思维方式,能够解决一般性的、常规性的问题。这种思维方式无法产生新的知识、新的程序或方案、新的解决方法或模式,无法解决全新的问题,也不产生新的思维成果。显然,只具有这种常规性思维,是无法推动人类科技和文明发展的。

2005年7月29日上午,时任国务院总理的温家宝去看望"人民科学家"钱学森,向这位共和国航空航天科技事业的先驱表示慰问。病榻上的钱老向温总理建言:"现在中国之所以还没有完全发展起来,一个重要的原因是没有一所大学能够按照培养科学技术发明创造人才的模式去办学,没有自己独立、创新的东西,所以老是'冒'不出杰出的人才,这是很大的问题。"由此可见,对我们国家的发展来说,具有创造性思维人才的培养是多么的急迫和重要。

一、什么是创造性思维

创造性思维是指以新颖独创的方式来解决问题的思维形式。这种思维是重新运用已获的知识经验,提出新知识、新方法、新程序,创造出新成果的一种思维方式;是在常规思维基础上发展起来的高级思维形式,是人类思维高度发展的体现,是多种思维形式优化组合的结晶。

二、创造性思维的特征

创造性思维有新颖性、批判性、连贯性、灵活性、跨越性、综合性等特征。

（一）思维的新颖性

新颖性，是创造性思维最显著的特征。其"新"，表现在创造性思维的内容、观念或者其他产品于生产者而言是独创的或者是新颖的。因此，对于中小学生来说，虽然不是首创，但只要是利用了自己已有的知识经验，进行了创造性的组合，获得了自己以前没有的结果，都是创造性思维。

比如，一名中学生根据刚刚学过的光学原理，制造了一台照相机。对于人类来说，这台照相机显然不是创造性的产物。但是，对于这名中学生来说，产生制造这台照相机的想法，设计基本的结构，寻访并制作合适的配件，最后到组装，其整个过程，是全新的思维过程，是完全新颖的思维方式，这台照相机就是创造性思维的成果。

（二）思维的批判性

创新性思维的第二个重要特征就是思维的批判性。所有创新性思维都是对现有的方法、经验、模式的质疑、批评、改造，或者提出全新的思维，甚至全盘否定既有的模式。因为任何知识经验都是有限的，其"正确性"或"真理性"都是相对的，而世界上的事物是无限的，其发展又是无止境的。无论认识原有的事物还是未来的事物，原有的知识都是远远不够的。因此，思维的批判性就体现在敢于用科学的怀疑精神，对待自己和他人的原有知识，包括权威的论断；敢于独立地发现问题、分析问题，从而创造性地解决问题。

习惯思维是人们思维方式的一种惯性，致使人们不敢想、不敢改、不愿改，墨守成规，大大阻碍了新事物的产生和发展。因此思维的批判性还体现在敢于冲破习惯思维的束缚，敢于打破常规去思维，敢于另辟蹊径、独立思考，运用丰富的知识和经验，充分展开想象的翅膀，这样才能迸射出创造性的火花，发现前所未有的东西。法国作家莫泊桑说："应时时刻刻躲避那走熟了的路，去另寻一条新的路。"

（三）思维的连贯性

创造性思维的连贯性表明，创造性思维是对某种事物相对长久，有时甚至长达数年的思索，是一系列思维的结果。创造性思维的产生不是你想进入创造性思维，或者想得到创造性思维的成果，你就能马上得到。有时候创造性思维的结果好像是瞬间产生的灵感火花，但显然这种灵感火花不是凭空出现的，而是你对这种事物或者现象有了思考，在偶然因素的激发下，才可能产生这种所谓的"火花"。一个日常勤于思考的人，就易于进入创造思维的状态，就易激活潜意识，从而产生灵感。创新者在平时就要善于从小事做起，经常进行思维训练，不断提出新的构想，使思维具有连贯性，保持活跃的态势。每一次的创新看似偶然而绝非偶然，偶然是必然的结果。如果没有思维的连贯性，没有良好的思维态势，是不会有灵敏的反应的。只有勤于思维才能善于思维，才能及时捕捉住具有突破性思维的灵感。

托马斯·爱迪生一生拥有1 039项专利,这个记录迄今仍无人打破。他就是给自己和助手确立了创新的定额,每10天有一项小发明,每半年有一项大发明。有一次他无意将一根绳子在手上绕来绕去,便由此想起可否用这种方法缠绕碳丝。就是这样长期的连贯的思维,才使爱迪生保持这样旺盛的杰出的创造力。

(四) 思维的灵活性

创造性思维思路开阔,能够角度多样、方式多样地去思考,去解决问题。思路若受阻,不会拘泥于一种模式,能灵活变换某种因素,从新角度去思考,调整思路,从一个意境到另一个意境,善于巧妙地转变思维方向,随机应变,产生适合时宜的办法,从而选择最佳方案,富有成效地解决问题。这种灵活性,一般表现在以下几种方式:

1. 辐射思维

以一个问题为中心,思维路线向四面八方扩散,形成辐射状,找出尽可能多的答案,扩大优化选择的余地。

2. 多向思维

从不同的方向对一个事物进行思考,更注意从他人没有注意到的角度去思考。数学中的"三点找圆心法",就是从三个角度去探试。古人看庐山"横看成岭侧成峰,远近高低各不同",角度就更多一些。这样才能对事物有更全面、更透彻的了解,才能抓住事物的本质。

3. 换元思维

根据事物多种构成因素的特点,变换其中某一要素,以打开新思路与新途径。在自然科学领域,一项科学实验常常需要变换不同的材料和数据反复进行。在社会科学领域,这种方式的应用也是很普遍的。

4. 转向思维

思维在一个方向停滞时,及时转换到另一个方向,也许别有洞天,别开生面。大画家达·芬奇在绘画创作过程中观察人物、景物和事物时,就善于从一个角度不停地转向另一个角度,对创作对象、题材的理解随着视角的每一次转换而逐渐加深,从而最终抓住了创作对象的本质,创作出了一幅幅传世之作。当今的学科发展日益呈现出既高度综合又高度分化的趋势,各种交叉学科、边缘学科和横断性学科层出不穷,跨学科研究已成为一种趋势。

5. 对立思维

从对立的方向去思维,从而将两者有机地统一起来。邓小平同志就是将社会主义制度和资本主义制度两种不同的社会制度结合起来进行思考,提出了香港回归后的祖国统一的"一国两制"的构想。我党又以此为例,顺利地解决了澳门回归的问题。

6. 反向思维

从相反的方向去思维,寻找突破的新途径。吸尘器的发明者,就是从"吹"灰尘的反向角度"吸"灰尘去思考,从而运用真空负压原理,制成了电动吸尘器。

7. 原点思维

许多时候，我们会被一些因素干扰，偏离了要解决问题的根本，从而使问题的解决受阻。此时，不妨从事物的原点出发，从而找出问题的答案。我国古语"解铃还需系铃人"，讲的就是这个道理。

8. 联动思维

由此及彼、举一反三的思维。联动方式有三：一是纵向思维，看到一种现象就向纵深思考，探究其产生的原因；二是逆向思维，发现一种现象，则想到它的反面；三是横向思维，发现一种现象，能联想到与其相似或相关的事物。因此，所谓联动，即由浅入深，由小及大，推己及人，触类旁通，举一反三，从而获得新的认识和发现。如"一叶落知天下秋""窥一斑而知全豹"。

（五）思维的跨越性

创造性思维的进程常常具有较大的跨越性，其思维步骤、思维跨度较大，具有明显的省略性、跳跃性，在逻辑性方面好像不甚合乎常规。例如，苏联十月革命时，有一名敌军军官发生了动摇，但还没有下定决心投诚。列宁没有再按部就班地去做那位军官的动员工作，而是让电台向全国广播这名军官已经起义，迫使这名军官下定了最后的决心，旋即宣布武装起义。

创造性思维的跨越性表现为跨越事物"可见度"的限制，能迅速完成"虚体"与"实体"之间的转化，加大思维前进的"转化跨度"。例如，毛泽东在1953年接见团代会的代表时说："要选青年干部当团中央委员。三国时代，曹操带领大军南下，攻打东吴。那时，周瑜是个'青年委员'，当东吴的统帅，程普等老将不服，后来说服了，还是由他当，结果打了胜仗。现在要周瑜当团中央委员，大家就不赞成！团中央委员尽选年龄大的，年轻的太少，这行吗？"这里毛泽东的思维跨越古今，虚实转换，富有创造性。

在文学创作中，创造性思维的跨越性更是明显。例如毛泽东诗词《蝶恋花·答李淑一》："我失骄杨君失柳，杨柳轻飏直上重霄九。问讯吴刚何所有，吴刚捧出桂花酒。寂寞嫦娥舒广袖，万里长空且为忠魂舞。忽报人间曾缚虎，泪飞顿作倾盆雨。"作者的思维跨越古今、天地、人神，不受事物"可见度"的限制，灵活巧妙地转换于虚实之间，表达了对革命先烈的缅怀和思念之情，抒发了革命的浪漫主义情怀。

（六）思维的综合性

任何事物都是作为系统而存在的，都是由相互联系、相互依存、相互制约的多层次、多方面的因素，按照一定结构组成的有机整体。这就要求创新者在思维时，将事物放在系统中进行思考，进行全方位、多层次、多方面的分析与综合，找出与事物相关的、相互作用、相互制约、相互影响的内在联系。这种"由综合而创造"的思维方式，体现了对已有智慧、知识的杂交和升华，不是简单的相加、拼凑。综合后的整体大于原来部分之和。火灾中，"瞎子背瘸子"就是综合思维的形象事例，综合的结果是两人都发挥了自己的优势。

美国阿波罗登月计划是人类伟大的工程。其总指挥韦伯说过："当今世界，没有什么东西不是通过综合而创造的。"阿波罗庞大计划中就没有一项是新发现的自然科学理论和技术,都是现有技术的综合巧妙的运用。

摩托车的诞生也是如此,它是将自行车的灵活性、轻便性和汽车的机动性、高速度合二而一的结果。后来,日本的本田会社又综合了世界上90多种各具特色的发动机之优点,研制出世界上综合性能最佳的发动机,用以装配出世界一流的摩托车,成为世界摩托车行业的领头羊。可见,能将众多的优点集中起来,这绝非简单的凑合、堆积,而是协调、兼容和创造。

三、创造性思维的过程

创新思维是以发现问题为中心,以解决问题为目标的高级心理活动。对这种心理活动的阶段和过程的研究理论有多种,其中最有影响的是四个阶段理论,即准备阶段、酝酿阶段、顿悟阶段和验证阶段,这一理论较为科学地描绘了创新思维的过程。

1. 准备阶段

创新思维是从发现问题、提出问题开始的。"问题意识"是创新思维的关键,提出问题后必须着手为解决问题做充分的准备。这种准备包括必要的事实和资料的收集,必需的知识和经验的储备,技术和设备的筹集以及其他条件的提供等。同时,必须对前人在同一问题上所积累的经验有所了解、对前人在该问题尚未解决的方面做深入的分析。这样既可以避免重复前人的劳动,又可以让自己站在新的起点从事创造工作,还可以帮助自己从旧问题中发现新问题,从前人的经验中获得有益的启示。准备阶段常常要经历相当长的时间。

2. 酝酿阶段

酝酿阶段要对前一阶段所获得的各种资料和事实进行消化吸收,从而明确问题的关键所在,并提出解决问题的各种假设和方案。此时,有些问题虽然经过反复思考、酝酿,仍未获得完美的解决,思维常常出现"中断"、想不下去的现象。这些问题仍会不时地出现在人们的头脑中,甚至转化为潜意识,这样就为第三阶段(顿悟阶段)打下了基础。许多人在这一阶段常常表现为狂热和如痴如醉,令常人难以理解。如我们非常熟悉的牛顿把手表当鸡蛋煮、安培不认识家门、陈景润在马路上与电线杆相撞。这个阶段可能是短暂的,也可能是漫长的,有时甚至延续好多年。创新者的观念仿佛是在"冬眠"的人等待着"复苏""醒悟"。

3. 顿悟阶段

顿悟阶段也叫作豁朗阶段,经过酝酿阶段对问题的长期思考,创新观念可能突然出现,思考者大有豁然开朗的感觉,真是"山重水复疑无路,柳暗花明又一村"。这一心理现象就是灵感或灵感思维。灵感的来临,往往是突然的、不期而至的。如德国数学家高斯,为证明某个定理,被折磨了两年仍一无所得,可是有一天,正如他自己后来所说:"像闪电一样,谜一下解开了。"

4. 验证阶段

思路豁然贯通以后,所得到的解决问题的构想和方案还必须在理论上和实践上进行反复论证和试验,验证其可行性。经验证后,有时方案得到确认,有时方案得到改进,有时方案甚至完全被否定,再回到酝酿期。总之,灵感所获得的构想必须经过检验。

四、创造性思维的几种形式

（一）横向思维

英国剑桥大学教授邦诺认为，横向思维与创造性紧密联系，但是创造性往往只是对结果的描述，而横向思维却是对过程的描述。横向思维与新观念的生成相联系，横向思维也与打破旧观念的思想束缚相联系。

邦诺将传统思维称为纵向思维。横向思维与纵向思维之间的区别与联系是：

区别：纵向思维是分析性的，横向思维是启发性的；纵向思维按部就班，横向思维可以跳跃，即一个人在进行纵向思维时，他一次挪一步，下一步总是直接产生于上一步，两步之间紧密联系，一旦做出结论，结论的合理性由导出这一结论各步骤的合理性证实，而横向思维不必按部就班，可以向前跳跃，由此产生的空白以后再填补；在纵向思维中，使用否定来产生某些途径，在横向思维中没有否定，横向思维为了最终的正确，有时错误是必需的；一个人在进行纵向思维时，他集中于一点并排除一切不相干的东西，而在进行横向思维时，他欢迎偶然闯入的东西；对于纵向思维，范围、类别及名称都是固定的，对于横向思维则不是；纵向思维遵循最有希望的途径，横向思维探测最无希望的途径。

联系：横向思维不能代替纵向思维，横向思维是生成性的，而纵向思维是选择性的，两者相辅相成；横向思维可以提高纵向思维的效率，纵向思维能发展由横向思维生成的思想。

（二）逆向思维

逆向思维又称反向思维。人们思考问题时，通常只注重已有的联系，习惯于沿着合乎习俗的传统方向推导，而忽视了事物之间常常是互为因果关系，具有双向性和可逆性。因此换个角度看问题，运用逆向思维方式，对解决问题往往会产生突破性的效果。

日本科学家江崎玲于态在研制索尼二极管的过程中遇到了杂质问题。对于杂质过多，他不是设法"去掉"杂质，相反，他采用增加杂质的办法解决了杂质问题。中田腾三朗解决圆珠笔笔头漏油问题也是逆向思维的一个典型例子。他对笔头漏油问题不是想尽办法从笔珠、油性上进行考虑，而是干脆将笔芯做得短一些，以致笔珠磨损到漏油时油已用完，从而解决了问题。某些食品严格密封能有效保质，但保质期依然很短，后来，人们有意在包装袋上打洞，却大大延长了食品的保质期。

（三）多路思维

这是一种发散思维的方法。思考者沿着不同的方向思考，即一路一路地想问题。而不是钻"牛角尖""一条胡同走到底"。多向观察、多路思维往往能另辟蹊径，从而"柳暗花明"。例如，如何使9减去1变成10？对于这个问题，如果个体的思维固着于只能9加上1才能得到10，那么问题就变得很棘手。但如果跳出原来的思维框框，从多方面考虑和思维，那么答案也就随着一条条思路的拓展而得到，如：$9-(-1)=9+1=10$；将所有9个角的东西切除1个角可得10个角,等等。

(四) 直觉思维

直觉思维是个体在已有知识经验的基础上,对客观事物之间的关系进行快速识别、直接地理解和整体地判断的过程,具有直接性、具体性和非分析性。直觉思维是跳跃式的,没有经过明显的中间推理过程就得出结论,因而主体不能用言语将该过程和得出结论的原因清楚地表达出来,往往"知其然,不知其所以然"。

尽管直觉思维没有明显的中间推理过程,但实质上这种过程还是存在的,只是推理过程高度压缩到了最低限度,中间思维过程几乎完全自动化,已经进入了深层潜意识中,往往不被意识到。因为日常生活经验、丰富的科学知识以及各种思维技能被主体多次感知和运用后,主体就将对事物的本质特征和内在联系的科学认识看作理所当然的东西,以结论形式保存于头脑中,而对论证结论的事实与过程则慢慢遗忘了。此外,多种思维技能的掌握及其在日常生活、科学创造中的运用,也使得个体能随机应变,自然而然地采用适宜的方法而无须再做有意识的选择。

由此可见,尽管直觉思维是迅速地做出结论,具有非分析性,带有"只可意会,不可言传"的色彩,然而,直觉思维能力与分析能力一样,也是在个体知识经验的基础上逐渐形成和发展起来的,是可以自觉培养的。

(五) 灵感思维

灵感思维是大脑经过紧张思考和专心探索之后产生的思维质变,即思维活动渐进过程中的中断和升华。由于灵感思维是由现象和创造物之间多种原先没有意识到的信息作用下的潜意识接通,因而是大脑潜意识的反映形式。灵感思维通常表现为长期思考着的问题得不到解决而突然获得解决的一种心理过程。如科学家对一个问题百思不得其解时,会突然地获得新的发现;文学家会突然思考出绝妙的情节、动人的语句等。

灵感产生的条件和过程大致有:

(1) 头脑中要有一个待解决的中心问题。它是产生灵感的前提,是由灵感的专一性决定的。很明显,一个在头脑中无问题解决的人,绝不会产生有关问题的灵感。因此,灵感与要解决的问题有直接关系。

(2) 要有足够的知识储备或观察资料(信息资料)的积累。例如,一个不懂文学的人绝不会出现写诗的灵感。究其原因,主要在于他们不具备有关知识和资料。所以,灵感思维是以一定的知识积累或经验为先决条件的。

(3) 对于渴望解决的中心问题要反复地、艰苦地、长时间地思考,即要进行超出常规的过量思考。这种过量思考是有意识的,在这种有意识的思考中也包含许多无意识(潜意识)的成分,因此,过量思考就是促使灵感到来的必经阶段。

(4) 搁置。人们在进行过量思考、思路进入僵局状态后,可以把要解决的问题暂时放一放,也可以从事一些其他性质的工作,使大脑不再受抑制,以促使头脑中的潜意识积极活动。在搁置阶段,头脑中已形成的潜意识信息一旦遇到相关的刺激,常会自然地产生"一闪念"(或顿悟)。

（5）灵感的产生。人脑的"一闪念"（或顿悟）一旦形成，即表示灵感已经到来。这时的关键是要及时地抓住灵感，并通过自觉的思维活动对这一突然的"一闪念"进行鉴别，只有对有用的灵感进行有意识的强化并使之清晰以后，灵感才能在创造中起重要作用。

五、创造性思维的培养

（一）要重视个性的培养

大凡创造型人才，都具有一种鲜明的个性。个性虽不属于智力和思维，但它与一个人思维品质的形成有着密切的关系。我们很难想象一个平时没有事业心、思想保守、唯唯诺诺、缺乏主见的人，能够在事业上有什么新的发明和创造。从创造心理学和人才学的研究看，创造型人才的个性培养主要应包括以下几个方面：远大的理想和强烈的事业心；个性的独立性；意志的坚定性；一丝不苟的态度；对未知世界的好奇心。

由于受封建伦理道德和旧的教育观念的影响，在师生关系上、教学方法上以及各项规章制度上，目前在一些学校和教师身上仍旧存在着许多不利于或压抑学生个性发展的问题。于漪、钱梦龙、魏书生等优秀教师的一个共同经验，就是把学生真正看成是学习的主人，充分发扬教学民主，创设轻松和谐的教学气氛，充分调动学生的参与意识，鼓励他们发问和争辩，这才有利于学生个性独立性的发展和创造性思维的培养。

（二）为学生创设有利于创造的环境

学生创造性思维的发展，总是与创造性活动相联系，因而为学生创设有利于创造的客观环境是十分重要的。从课堂环境来说，应该结合听说读写以及动手实践的机会，尽量为学生提供创造性思维的机会。从课外环境来说，像组织文学社，办班级日报和文学刊物，开展小记者活动，举办校园文学广播，开展科技知识竞赛，创建科学实验室，鼓励进入工厂、车间、田地等方式，也都是有利于学生创造性思维发展的好形式。从课堂到课外，如果能形成一个良好的创造环境，就会时时处处激起学生创造的兴趣，在丰富多样的创造活动中使学生的创造性思维得到发展。

（三）重点抓好发散—辐合思维

由于发散—辐合思维和非逻辑思维在创造性思维过程中起着特殊的作用，因而这两类思维我们应该作为重点加以培养。

培养学生的发散思维，在引导学生吃透问题、把握问题实质的前提下，关键是要让学生能够打破思维的定势，改变单一的思维方式，运用联想、想象、猜想、推想等尽量地拓展思路，从问题的各个角度、各个方面、各个层次进行或顺向、或逆向、或纵向、或横向的灵活而敏捷的思考，从而获得众多的方案或假设。例如学生作文，从审题、立意到选材、结构，从一个词的选用到一个句子的修饰，无不需要发散思维。思维发散得好，可供选择的东西就多，所选取的结果就新颖而富有创造性，所写的文章也就会在各个方面给人以新意。

培养学生的辐合思维，主要是培养学生对发散思维所提供的众多答案或假设的分析、比较、综合、选择的能力。这些能力的培养在前面已经讲过，这里从略。学生有了这些能力,就会通过思维的辐合,从中选择出一个最佳的答案,获得创造性的结果。这里还应该提及的是,在辐合思维的培养上还应该加强对直觉思维的训练,它对于加快辐合的速度、提高思维的效率起着十分重要的作用。

(四)有意培养直觉思维和灵感思维

直觉思维是对于突然出现在面前的新事物或新问题及其关系的一种迅速识别和直接的判断,认识问题的直接性、快速性是它的最大特点。灵感思维则是在无意识的情况下对原先想要解决的问题突然得到领悟,灵感出现的突发性和偶然性是它的最大特点。正因为直觉和灵感不需要经过分析、推理而使问题迅速得到领悟和解决,所以它在创造、发明活动中起着非常重要的作用。

直觉思维和灵感思维的培养,一是要重视学生对知识经验的积累。从现象上看,直觉和灵感是快速的、突然的,似乎靠的是偶然降临的一种灵机,实际上直觉和灵感的产生必须有丰富的知识经验为基础。我们很难想象一个对于逻辑推理一无所知的人能够对一篇文章的推理错误做出直觉的判断,也很难想象一个对诗词常识一无所知的人能够出现诗词创作的灵感。所以我们应该尽可能地扩大学生的知识面,使他们具有丰厚的知识基础,为他们日后直觉和灵感的创造构建广阔的知识背景。二是要教学生平时多思善想。直觉和灵感,乍看起来是发生在瞬息之间的事,实际上它来自平时对问题的勤奋思索。多思甚至沉思是灵感产生的一个必要条件,所以要让学生养成勤于思考的好习惯。三是要尽量给学生创造产生直觉和灵感的条件。比如在课堂教学中,我们应该多为学生创设某种特定的问题情境,要让学生能够对问题做出直接的理解和领悟。像设置悬念要学生做出各种猜想和推想,提出问题要学生即时作答或抢答,组织即席演讲要学生能够在限定的时间内对所规定的题目急速思考并言之有理,等等,都是训练学生直觉思维和灵感思维的好方法。

总之,知识是可以传授的,创造也是可以学会的。我们都可能成为创造性的人才!

扩展性阅读

创造发明有技巧
——12个聪明的方法

每个人都是有创造能力的,虽然并非人人都能够成为伟大的发明家,但人们可以尝试着学习创造发明的方法,对身边的事情做出一些改善或提高,还是很有帮助的。下面就是一些有趣的开发创造性思维的小方法,你不妨一试!

1. 加一加　在一物品上,是否可以通过补充一些东西,或增加运行时间,或增加动作次数,或增加尺寸与部件,或增加色彩与浓度(密度、比例……),以达到创新之目的?

2. 减一减　在一物品上,是否可以通过删减一些部件,或减小尺寸与重量,或省略/取消一些过程与环节,以达到创新之目的?

3. 扩一扩 把一物品的尺度/质量参数,或使用功能放大/拓展一下,以达到创新之目的。

4. 缩一缩 把一物品的尺寸、重量、机构环节、运行过程能耗、成本压缩一下,以达到创新之目的。

5. 变一变 改变一物品的形状、尺寸、重量、色彩、音响、气味,甚至是结构方案/运行模式与功能,以达到创新之目的。

6. 改一改 从外观、尺寸、重量、结构、运作程序乃至原理、功能等方面着手改进,以达到创新之目的。

7. 联一联 从一事物之结果联系其起因,或从某一事物A与另一事物B的联系,寻求创新的途径。

8. 学一学 通过借鉴/模仿某一事物的外形、结构、原理、特征、技巧、功能,走出创新之路。

9. 代一代 通过用一种更好、更廉价、更有效的材料、零件/部件、结构、原理、程序、途径取代原来的材料、零件/部件、结构、原理、程序、途径,进行创新活动。

10. 搬一搬 把处于某一时空坐标(x_1,y_1,z_1,t_1)的一件物品、一种想法、一种结构、一种原理、一种技术、一种途径、一种概念搬到另一个时空坐标(x_2,y_2,z_2,t_2)上去,探索其创新的可能性。

11. 反一反 把一件事物、一种现象、一种运作程序沿其逆向进行推演(正向—反向,向上—向下,向左—向右,向前—向后,横向—竖直,向内—向外,大—小,热—冷,膨胀—压缩,化合—分解,敞开—关闭,连续—中断,弄尖—变钝,软—硬,光滑—粗糙,圆—扁……),探索创新的可能性。

12. 定一定 要确保一个机构高效运转,一件事物正常发展,一套程序顺利执行……需要制定什么样的安全保障措施?沿着这样的思路进行创新活动。

本章小结

本章共包括五小节,第一节首先介绍了思维的定义,即思维是人脑对客观事物的概括和间接的认识,是对事物的本质和规律的认识;其次简要介绍了思维的种类,即根据思维过程的凭借物,可将思维分为动作思维、形象思维和抽象思维;根据思维探索目标的方向,将思维分为聚合思维和发散思维;根据思维的结果是否经过明确的思考步骤和对过程是否有清晰的意识,可将思维分为直觉思维和分析思维。第二节介绍了思维的过程,即分析、综合、比较、分类、抽象、概括、具体化和系统化。第三节交代了思维与语言的关系,具体表现为四个方面,即思维的发生是人类语言形成的动机、基础和必然结果,而语言是思维的工具,语言的发展推动思维的发展,思维的发展对语言的发展起着积极的作用。第四节从青少年思维的基本特征、青少年逻辑思维的发展、青少年思维监控的发展三个方面简要介绍了中学生思维发展的特点与规律。最后一节介绍了创造性思维的含义、特征、过程和特殊形式,在此基础上提出了创造性思维培养的途径。

复习思考题

一、选择题

1. 天空出现朝霞,就会下雨;天空出现晚霞,就会放晴。人们由此得出"朝霞不出门,晚霞行千里"的结论。这主要体现的思维特征是(　　)。

　　A. 间接性　　　　B. 抽象性　　　　C. 概括性　　　　D. 理解性

2. 创造性思维的核心是(　　)。

　　A. 发散思维　　　B. 集中思维　　　C. 辐合思维　　　D. 形象思维

二、名词解释

思维　动作思维　形象思维　抽象思维　聚合思维　发散思维　直觉思维　分析思维　常规思维　创新思维　直觉思维　灵感思维

三、简答题

1. 简要说明思维的特征。
2. 简要说明思维的种类。
3. 请阐明思维的过程是怎样的。
4. 青少年的思维特点有哪些?
5. 简要说明创造性思维的过程。
6. 创造性思维的形式有哪些?
7. 简要说明创造性思维的特征。

四、论述题

1. 请详细阐述思维与语言的关系。
2. 青少年思维发展是人一生当中发展的重要阶段,请说明青少年思维发展的规律,我们在教学中如何体现这些规律?
3. 创造立国、创造强国是我国几代领导人一直努力追求的,新一代领导人将创造作为一项基本国策提出,请你谈谈对这方面的认识。

第六章 想 象

内容提要

想象是人在脑中凭借记忆所提供的材料进行加工,从而产生新的形象的心理过程。也就是人们将过去经验中已形成的一些暂时联系进行新的结合,是人类特有的对客观世界的一种反映形式,能突破时间和空间的束缚,达到"思接千载""神通万里"的境域。本章在介绍想象概念、过程及与客观现实关系的基础上,着重分析了想象的种类和功能,最后根据中学生想象发展的特点,重点诠释了想象力培养的措施。

思维导图

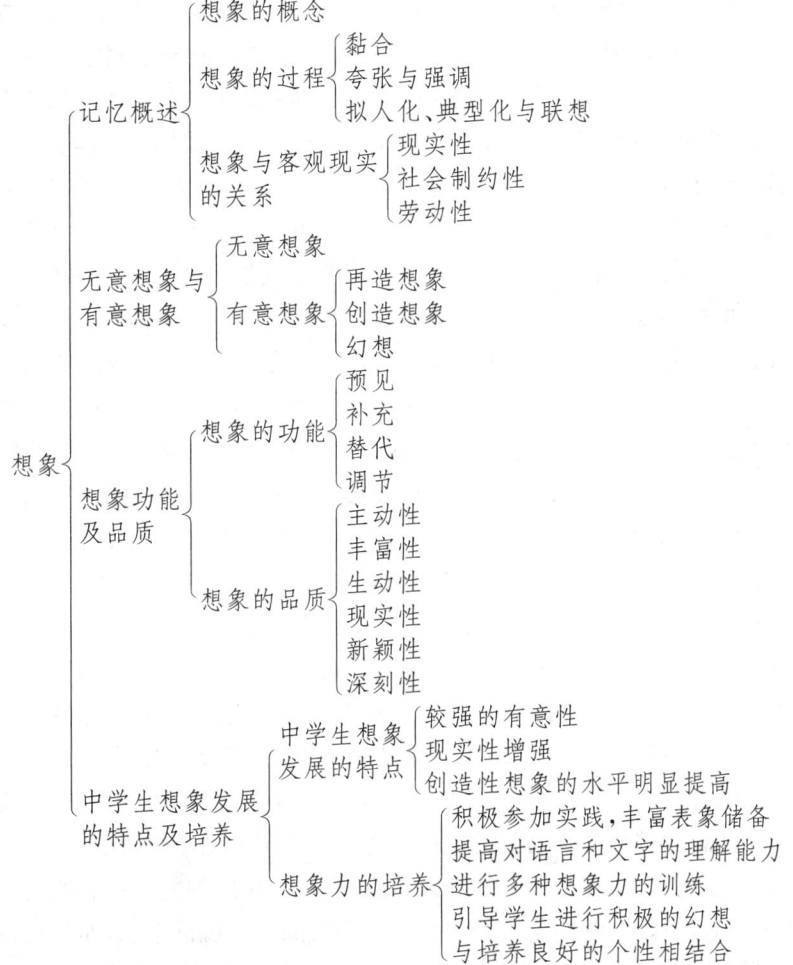

第一节 想象的概述

一、想象的概念

想象是人对头脑中已储存的表象进行加工改造而形成新形象的心理过程，这是一种复杂的高级的认知活动。

想象是在记忆表象的基础上进行的，它是以直观形式呈现在人们头脑中的形象性特征，而不是语言符号。在此过程中，记忆中的表象会得到进一步的加工和组合，创造出既可以是主体没有感知过的事物的形象，也可以是世界上根本不存在或还未出现过的新形象。例如人们听广播、看小说时，在头脑中所呈现的各种各样的情景和人物形象；作家根据生活体验，创造出作品中的人物形象；发明家设计出新机器前头脑中构思的新机器的形象。这些根据别人的口头言语或文字描述，或者根据自己已有的知识经验，在头脑中形成的有关事物的新形象都是想象的产物。

形象性和新颖性是想象活动的基本特点。形象性是指想象处理的对象主要是直观生动的图像信息，而不是词和符号。新颖性是指想象产生的新形象不同于个体亲身感知过的、简单再现于人脑中的记忆表象，而是在已有表象的基础上通过加工改造而产生的有关事物的新形象。例如，当我们读马致远的《天净沙·秋思》时，我们会根据头脑中已储存的枯藤、老树、昏鸦、小桥、流水、夕阳、瘦马等表象，加工组合而形成一幅凄凉凝重的"秋暮羁旅图"。宋代画院的考题"踏花归来马蹄香""深山藏古寺""野渡无人舟自横"等，使我们想起的又是另外一些画面。所有这些"图景""画面"都是我们的头脑中过去所没有的，完全是新的形象，它们都是通过想象来实现的。

想象不仅可以创造出人们未曾知觉过的事物的形象，还可以创造出现实中根本不可能存在的形象。例如，吴承恩在写《西游记》时，他头脑中出现的孙悟空、猪八戒等形象并不是他所感知过的；读者在读《西游记》时头脑中出现的孙悟空、猪八戒等形象也是读者未曾感知过的；法国科幻小说家凡尔纳在小说《神秘岛》中出现的霓虹灯、潜水艇、水下呼吸器、坦克、电视机等也是他当时未曾感知过的；还有音乐家谱写一首新曲子时头脑中出现的音乐形象，建筑设计师设计一座新的建筑物时头脑中出现的新建筑物的形象，等等，这些他们没有感知过的但又出现在头脑中的新形象也都是想象的结果。

想象是以组织起来的形象系统对客观现实的超前的反映。想象在某种意义上说，应该是"有中生无"，而不是"无中生有"。想象是新形象的建立，乍看起来这些形象似乎是离奇古怪、荒诞无稽的"超现实"，但不论离奇到什么程度，构成新形象的原始材料都来自生活，取自于过去的经验，都是对客观实践的感知，产生的基础都是记忆表象。离开了旧有表象做基础，任何想象都将是无源之水、无本之木。中国神话中的龙是由马头、鹿角、鱼鳞、蛇身、鸡爪等组成的；外国童话中的美人鱼则是人身、鱼尾的复合体。所有的材料无一不是取自现实生活，但是这些形象又都不是旧有表象的简单机械累加，而是经过了作者大脑对原表象的分析与综合、加工、改造而重新建立起来的。鲁迅先生曾记录过一位盲人诗人的谈话:"在缅甸遍地都是音乐。房里、草地、树上都有昆虫的吟叫,各种音乐组成合奏,很神奇,其间时时夹着蛇鸣'嘶嘶'。"字里行间充满了听觉形象,视觉形象则十分匮乏。这是由于诗人生而盲,没有对颜色的感觉,所以他的谈话中不会有颜色的旧有表象做素材的想象内容。

梦也是一种想象,梦中的形象有的荒唐,有的隐秘,但诚如人们熟知的"日有所思,夜有所梦",组成梦境的"素材"仍然是感知过的客观事物。

 链接

想象的生理机制

想象亦是人脑的机能。人在感知客观事物的过程中,大脑皮层上留下许多痕迹以及痕迹之间的联系(即暂时神经联系系统),暂时神经联系系统是动力的,它经常不断地在变化、补充和改造着。想象是对已有表象进行加工改造而创造新形象的过程,其生理机制是大脑皮层上已经形成的暂时神经联系进行新的结合,亦即旧的暂时神经联系经过重新配合构成新的联系的过程。为了形成新的联系,必须分解已形成的联系,被分解开的联系作为环节包括到新的联系系统中去。

巴甫洛夫学派认为,想象形象的创造是两种信号系统协同活动的结果,虽然表象从形式上看是属于第一信号系统的,其实很多想象的形象,特别是创造性想象的形象具有概括性,想象的形象是在皮层言语机能的一定区域上形成的,是通过词而形成的。人在清醒状态下,词对暂时神经联系的重新结合起着重要的调节和支配作用,通过词才使形象清楚而富有内容。

现代科学表明,下丘脑——边缘系统与大脑皮层共同参与想象的形成。如果人的下丘脑——边缘系统损伤,可能产生特殊的心理错乱,他们的行为不受一定程序的支配,不能拟定简单的行动计划,不能预见行动的后果,想象的主要作用也就受到破坏。

二、想象的过程

想象是依据现实生活中的形象以及头脑中的表象经过思维加工,按照新的构思,从而创造出新的形象的过程。这是一个对头脑中已有表象或现实生活中的形象分析、综合的过程。想象的分析过程,是从旧形象中区分出必要的元素或创造的素材;想象的综合过程是将分析出来的元素或素材按照新的构思重新组合,创造出新的形象。一般认为想象的分析、综合过程有以下几种形式:

(一)黏合

黏合是把两种或两种以上客观事物的属性、元素、特征全部或部分结合在一起而形成新形象的过程。通过黏合这种想象活动,人们创作出了许多新事物、新形象,如孙悟空、猪八戒、美人鱼、飞马等都是通过把几个客观事物中的某些特征分析出来,再加以重新组合、配置,而形成的新形象。黏合方式是想象过程中最简单的一种方式,多用于艺术创作和科技发明。据说鲁班就是把荷叶的特征与凉亭的特征结合起来,创造出了世界上的第一把伞。而水陆两用坦克,则是坦克与船的某些特征相结合的结果。

(二) 夸张与强调

夸张与强调是通过改变客观事物的正常特征,突出事物的某些特性,使事物的某一部分或一种特性增大、缩小、数量加多、色彩加浓等在头脑中形成新形象的过程,例如,人们创造的千手观音、九头龙、千里眼、顺风耳、《格列佛游记》中的大人国、小人国等形象,以及我们常看到的一些人物的漫画,就是艺术家根据人物特点进行夸张或强调而形成的。

(三) 拟人化

拟人化是把人类的形象和特征加在外界客观对象上,使之人格化的过程。例如,《封神演义》《西游记》《聊斋》等古典名著中的许多形象,都采用了拟人化想象的创作手法。雷公、风婆、花仙、狐精、白蛇与青蛇等均是拟人的产物。拟人化也是文学和其他艺术创作的一种重要手段。

(四) 典型化

典型化就是根据一类事物所具有的共同的、典型的特征创造新形象的过程。这是一种在文学艺术创作中普遍采用的方式。例如,鲁迅笔下的阿Q、祥林嫂等形象就不是哪一个具体人物的真实写照,而是综合了中国的几百个、几千个甚至几万个劳动人民所具有的典型的、共同的特征之后创造出来的。

(五) 联想

联想是指人们由当前感知的事物回忆起有关的另一事物,或由想起的一个事物又想起另一事物。联想具有相似联想、对比联想、接近联想、因果关系联想等多种形式。联想在想象活动中起着很重要的作用。比如,相似联想是指由一件事物的感知或回忆,而想起了和它在性质上接近或相似的事物。相似联想在武器的发明中做出了很大贡献。现代步枪的发明者科尔纳发现,尾部装有三根鸡毛的箭离弦之后,就沿着一条有规则的线快速地旋转飞行,比不装鸡毛的箭要射得远、射得准。由此他想到使子弹也能像箭那样旋转,根据这一联想,他在1510年发明了枪管中刻上螺旋线的来复枪,一度成为神乎其神的最先进的武器。"一战"期间,英国工兵上校斯温顿由农用拖拉机的载重、越野等功能想到造一种移动式堡垒,就这样发明了坦克。20世纪50年代,导弹专家博格纳受眼睛已经退化的响尾蛇利用热敏感器官扑食小动物的启示,在导弹的头部装一个类似响尾蛇"颊窝"的红外线装置,发明了空对空"响尾蛇"导弹。

在运用联想进行想象时,要想更好地发挥你的想象力,要注意以下几个问题:首先,要善于对事物进行分析比较。对所接触的事物进行细致分析、相互比较,找出事物之间有哪些相同之处,有哪些不同之处。其次,善于归纳总结。如事物的优点、缺点、功能如何,事物的特性如何，等等，通过这些简单归纳，就会既便于记忆，又便于联想。再次，要将清单印入大脑。善于把经过分析比较、归纳总结的事物，根据其不同特性、功能有机地形成一个思维清单，并且能用对比的方式把清单内容记住，为联想建立一个存储器，这样在思维活动中，才能使联想力活跃，得心应手。

三、想象与客观现实的关系

想象所产生的新形象是想象者本人没有感知过的或现实生活中还不存在的事物形象，这是不是就意味着想象是超现实的，凭空产生的呢？其实，想象和其他心理过程一样，仍然是对客观现实的反映。

（一）想象的现实性

想象的现实性是指想象与现实的相关程度。一方面，想象中的新形象无论多么离奇、新颖，我们终究会在客观现实中找到它的组成部分。例如，《西游记》中孙悟空的形象，是作者把头脑中人和猴的表象经过加工构思之后，重新组合创造出来的新的具有反叛精神的典型形象。神话中讲的"妖魔鬼怪"的形象，无非是动物的头加上人的身体变成牛头马面、巨齿獠牙之类，也就是现实中面目可憎、形象可怕的东西。对梦而言，虽然有时十分荒唐怪诞，很离奇，但梦境仍然是以感知过的事物为"素材"的无次序结合的结果。另一方面，没有记忆表象，或者说没有相应的感性材料，就不会有相应的想象。先天的聋人，绝不会想象出优美动听的音乐；先天的盲人，绝不会想象出自然界的美景。因为他们没有相应的记忆表象，所以也就没有相应的想象表象。可见，想象来自客观现实。正如费尔巴哈所言："如果牛有宗教的话，那么它的上帝的形象就是头牛。"

（二）想象的社会制约性

想象总是受需要和动机的推动，受思想、意图和目的的调节，而个人的需要、动机、思想、意图则受社会生活条件的制约，是社会生活要求的反映。因此，人的想象的内容和水平也总要受社会历史条件、社会生产力和科学技术发展水平的制约。例如，古代社会关于雷公、河神、风婆、龙王的种种想象，是人们在大自然面前无能为力的表现；《水浒传》《红楼梦》等作品中的人物形象和故事情节的想象，是人们对社会制度不满与反抗的表现；而"嫦娥奔月"也仅是借助自我飞行，但绝不会有飞行器、星际旅行车站的设想；猪八戒用的武器是九齿钯，唐僧西天取经是步行或骑马，却想象不到现代化的武器和交通工具。可见，想象不能脱离现实。

（三）想象的劳动性

想象是在实践活动中发展起来的，同时也是人类实践活动的必要条件。人在实践活动中会遇到一些困难，产生新的需要，这促使人们去改变客观现实，创造新的事物。想象就是在这种实践活动中发展起来的，又通过劳动认识世界、改造世界以满足个人或社会的需要。人类劳动与动物本能行为的根本区别在于人能够借助想象力产生他所预期的劳动结果的表象。马克思在《资本论》中写道："蜘蛛的活动与织工的活动相似，蜜蜂建筑蜂房的本领使人间的许多建筑师感到惭愧。但是,最蹩脚的建筑师从一开始就比最灵巧的蜜蜂高明的地方,是他在用蜂蜡建筑蜂房以前,已经在自己的头脑中把它建成了。劳动过程结束时得到的结果,在这个过程开始时就已经在劳动者的表象中存在着,即已经观念地存在着。"

想象不仅能够预先产生劳动最终结果的表象,而且能够产生中间产品和制作产品的动作的表象。人借助于这些表象产生"做什么"和"怎么做"的表象,指导着自己劳动活动的过程。可见,想象是人的劳动活动和创造活动的一个必要因素,因此,它也是随着人类劳动的发展而发展起来的。

所以,世界上没有原因和现实基础的想象是不存在的,把想象看成"超现实的自由精神的创造"的观点是错误的。想象始终是对客观现实的反映。

第二节 无意想象与有意想象

根据想象有无目的和意识,可以把想象分为无意想象和有意想象。

一、无意想象

无意想象也称不随意想象,是没有预定目的,在一定的刺激影响下,自然而然产生的想象。例如,当我们抬头仰望天空变化莫测的浮云时,脑中可能会不由自主地呈现起伏的山峦、可爱的羔羊、嘶鸣的奔马、柔软的棉花;当我们看到窗上的冰霜,会不自觉地把它想象成美丽的树林、陡峭的山峰等事物形象,这些都属于无意想象。

无意想象的极端情况是梦。梦是人们熟悉而又感兴趣的一种现象。自古以来,人们就对梦有着种种猜测、种种解释。现代科学研究证明:梦在睡眠中发生,是人的一种漫无目的的、不由自主的正常心理活动,梦与睡眠都是人必要的生理过程和心理现象,没有梦的睡眠是不存在的,从未做梦和整夜都在做梦的说法都是不对的。梦具有离奇性和逼真性的特征。在梦中,有时见到已故的亲人、昔日的朋友,体验到童年时代的激情,经历一些稀奇古怪的事情。从梦境的内容看,不管梦境多么新奇,甚至荒诞不经,但仍然是客观现实的反映。梦的形成原因可能是身体内部的某些生理变化,也可能是外部的客观刺激。按照巴甫洛夫的解释,梦是人在睡眠时大脑皮层产生的一种弥漫性抑制,由于抑制发展不平衡,皮层的某些部位出现活跃状态,暂时神经联系以意想不到的方式重新组合而产生各种形象,就出现了梦。

现代科学研究认为,做梦对人体无害,而且有益,做梦有恢复大脑细胞的功能,有助于调节人的心理平衡,做梦有时也有助于问题的解决。研究梦的心理学家指出,人的梦表现为三种不同的水平:第一,最低层次的无意识活动,使人在梦的需要满足上执行"愿望达成"的功能。例如,在饥饿和性的冲动下,梦可能完成本能的虚假满足。第二,中间层的无意识活动,使人在梦中实现联想与追忆。如在梦中完成白天未曾完成的思维任务。第三,属于最高层次的无意识活动,又称为超意识活动,它显示出高度的理性与智慧,可以给予人以灵感,完成文学与艺术的创作,进行科学发明。

英国剑桥大学曾经对有发明创造的学者做过一次调查,结果有70%的人都说曾经从梦中得到过启示。瑞士日内瓦大学也对69位数学家做过类似的调查,结果有51人说,有的数学难题是在梦中找到了窍门。德国化学家凯库勒从梦中得到启发而提出苯的结构被人们传为美谈;作曲家詹·塔基尼更富神秘色彩,他在梦中把小提琴交给魔鬼,魔鬼演奏出美丽动听的音乐,他醒来立刻记下梦中的旋律,创作出了音乐史上的不朽篇章《魔鬼之作》。

除了梦之外,由意识的病理紊乱引起的幻觉也是无意想象。如患有精神分离病的病人,大脑颞叶损伤而引起的癫痫病人,都有由于疾病而引起的无意想象。

还有一种是由药物引起的无意想象。人在服用大麻烟或迷幻药(LSD)后,会产生各种奇怪的幻觉。这种无意想象对青少年的身心健康是极为有害的。

 扩展性阅读

睡眠和梦

梦是在睡眠状态下出现的一种想象活动。睡眠与梦是古往今来人们十分感兴趣的宇宙奥秘之一。生理心理学家为了探究梦的奥秘,采用记录脑电、眼动的仪器测量睡眠的深度,描述睡眠状态与梦的联系。

一、睡眠

睡眠是与觉醒周期交替出现的生理状态,是最重要和最突出的生物节律之一。睡眠状态时,大脑皮层产生一种弥散性抑制,使人的感知能力、运动能力、意识等逐渐减退或处于休止状态,但这种抑制往往是不平衡的,有些神经细胞还处于兴奋状态并导致梦境的出现。

根据睡眠过程中脑电图(EEG)、眼动电流图(EOG)和肌电图(EMG)的表现特点,睡眠可分快速眼动睡眠(REM)和无快速眼动睡眠(NREM)两种时相。依据脑电活动特点,可将睡眠分为五个阶段:零阶段为觉醒期,脑电以 α 波为主;第一阶段为入睡期,α 波减少,频率变化不规则,振幅降低;第二阶段为浅睡期,脑电呈13~16次/秒短节律反应,有纺锤波形出现;第三阶段为中度睡眠期,脑电出现K-复合波和少量 δ 波;第四阶段为深度睡眠期,脑电全为高振幅的 δ 波。快速眼动睡眠发生在第四阶段里,无快速眼动睡眠则是第一到第三阶段的共同特征。

快速眼动睡眠和无快速眼动睡眠是交替出现的。入睡时先出现无快速眼动睡眠,大约过了90分钟以后快速眼动睡眠才开始出现,维持几分钟后又进入无快速眼动睡眠状态,如此交替往复直至觉醒。从入睡到清醒,两种时相通常交替出现3~5次,只是在睡眠后期,快速眼动睡眠的持续时间相应延长了。

除快速眼动睡眠和无快速眼动睡眠两种时相交替出现外,无快速眼动睡眠与觉醒状态也可相互交替,只是快速眼动睡眠与觉醒状态不能双向交替。由快速眼动睡眠可进入觉醒状态,而觉醒状态不能直接进入快速眼动睡眠。人的一生大约有1/3的时间是在睡眠中度过的,随着年龄增长,每天的睡眠时间缩短,睡眠周期减少,快速眼动睡眠的比例也相应减少。成人平均睡眠时间为 7.5 小时/天,新生儿高达 15 小时/天。有些成人每天只需 3 个多小时的睡眠就够了。

睡眠对于维持正常的生理活动和心理活动都十分重要。在睡眠状态中,虽然大脑皮层的活动处于相对抑制状态,但植物神经系统却在紧张地调节着各种代谢活动。这对于消除疲劳、补充体能、排除体内毒素和代谢物是十分必要的。被剥夺睡眠的人当其恢复时睡眠时间会相应延长;剥夺睡眠暂时不会对人体各项生理指标产生明显影响,但对注意力的集中、情绪的稳定以及学习与记忆会产生明显的影响。

科学家对睡眠产生的生理机制提出了许多观点,但分歧很大,目前尚无统一的解释。被动过程学说认为,睡眠是网状结构上行激活系统活动减弱的结果。在感觉剥夺状态下人们昏睡不醒的实验结果支持这种假设。主动过程学说认为,睡眠是由于中枢神经系统主动引起睡眠,调节睡眠与觉醒的转化。现代研究表明:睡眠是一种复杂的过程,是由中枢神经系统和神经递质协同活动来实现的,是机体主动的休息过程和机能调节过程。

二、梦

梦是在睡眠状态下出现的一种想象活动,是不随意想象的一种特殊形式。

在睡眠状态下,大脑皮层处于不平衡的抑制状态,少数神经细胞的兴奋使一些表象被激活。由于缺乏意识的控制与调节,被激活的表象形成了离奇的组合,这些稀奇古怪的组合使得梦境与现实生活大相径庭。所以,古代人们将梦看成是神灵的启示。由于许多梦同现实一样生动、丰富,不少人乐于接受梦中不可思议、自相矛盾的情节而不能自拔。

梦是在睡眠中发生的,但整个睡眠过程并不都是在梦中度过的。梦境多半在快速眼动睡眠时相中出现,内容生动离奇,但一些概念较强的、与现实联系密切的梦也会在无快速眼动睡眠时相中出现。大量的梦呓、梦游和梦惊多发生在无快速眼动睡眠中,它们在生理学上被看成是睡眠障碍反应。人们在这种状态下被唤醒时往往忘记了梦的内容。但是,人们往往能记住在快速眼动睡眠被唤醒时梦的内容。所以,快速眼动睡眠被视为梦的一种活动标志。

快速眼动睡眠是神经细胞活动频繁的时相。在这个时相中,个体心率加快,呼吸加快而不规则,脑内蛋白合成加快,等等,有利于机体的休息、能量储蓄。快速眼动睡眠与儿童神经系统的发育和成人突触联系的维持密切相关,对储存认知信息有重要作用。

由于大脑皮质的弥漫性抑制,梦一般不受意识支配。也有人将梦视为意识变异状态。梦的内容源自生活,多数组合为不合逻辑的、荒诞离奇的虚幻情境。但是,人们在梦中的体验接近于真实,他们担心、害怕、紧张、高兴、愤怒……主体的同一性在梦中时常发生变化,有时是自己,有时是自我的变形,有时甚至没有同一性而像个"局外人"。弗洛伊德解释说,这是因为梦的具体内容实际上是下意识的和由情绪决定的,而且尚有足够的心理能量可以促使"继发过程"即智力机能来观察梦的内容。

梦的内容与个体的想象力关系密切。想象力丰富的人,梦境里充满了奇异的景象,而想象力贫乏的人,他的梦境也往往平淡无奇。梦有时会帮助人们突破传统思维方式的定势而产生顿悟,它是灵感得以闪现的一个窗口。德国化学家凯库勒(F. A. Kekule)在梦中悟出了苯环的结构,波尔受梦境的启示而发现原子结构模型,这些都是梦启迪创造思维的例证。所以也有人认为,正如植物神经系统在睡眠中调节人体机能代谢一样,梦也是人脑的一种工作程序,是积极的过程,是对白天接受的信息进行筛选和贮存。

关于梦的心理学解释,虽然众说纷纭,但尚无公认的解释。这方面的研究一直是心理学中的薄弱环节。梦的理论是近年来才发展起来的,具有代表性的有弗洛伊德的理论、荣格的理论以及解决问题的理论,这些理论引起了世人的广泛关注。

弗洛伊德(S. Freud)认为,潜意识中的本能冲动在人睡眠时以伪装的形式骗过所有松懈的心理检查机制而得到表现,就构成了梦境。梦是愿望的一种表现形式,在一定程度上满足了本能,缓释积聚的心理能量,又不唤起检查机制的警觉,保护了睡眠。由于梦所代表的大多是我们的意识所不能接受的,为了不直接引起良心的不安,只能采用曲折隐晦的手法来求得自我表现。手法之一是重新组合,将各种形象特征组合在一起而更具象征意义。手法之二是情感重点的转换,梦境中最不突出的部分常常最能反映潜在的意义。手法之三是象征化,某些梦的反复出现,对于同一个人甚至不同的人具有相同的意义。手法之四是继发作用,梦中的情节,甚至几个相关联的梦的情节按一定的线索串联在一起,组合成整体。弗洛伊德还将梦境分为显梦和隐梦两个层次。显梦是梦的表面情节,可以回忆起来;隐梦则通过显梦表现本能,通过精神分析人们可以了解这些。

荣格(C. G. Jung)认为梦是自然现象,是潜意识与自我的交谈。他将潜意识进一步分为个人潜意识和集体潜意识。在梦中,个人潜意识的内容得到表现,集体潜意识中的各种原始意象也可以原始的象征方式显现出来。梦是个人潜意识和集体潜意识的交织,而后者更占主导地位。

许多心理学家通过分析梦的内容,发现梦里的隐喻和联想能帮助做梦者处理不断发展的个人问题(Fromm,1963;Hall,1966)。梦基本上是清醒时人的思想、忧虑和需要的继续。所谓"日有所思,夜有所梦"正是这个意思。苯环结构的发现是这样,缝纫机的发明也得之于梦的相助。当时,美国发明家赫威在设计缝纫针时遇到障碍,百思不得其解。一天夜里他梦见"国王"强令他在24小时内必须造出缝纫机,否则将他用长矛处死。突然,他惊奇地看到长矛的尖上有眼睛一样的小洞。这个梦启示他顿悟出针眼靠近针尖能克服设计障碍。解决问题的理论得到了许多研究的支持。

二、有意想象

有意想象是指有预定目的,在意识的控制下自觉进行的想象,又称为随意想象。例如,学生作文训练中的看图作文、建筑设计师的设计构思等,都属于有意想象。在有意想象中,根据想象内容的新颖性、独特性和创造性的不同,可分为再造想象和创造想象两种。

(一)再造想象

1. 什么是再造想象

再造想象是根据词语的描述或非语言(图样、图解、符号等)的描绘,在大脑中形成相应事物形象的过程。这种想象在人的各种活动中应用很广,在教学中应用也很普遍。例如,在阅读过程中,再造想象占据突出的地位,读者正是根据作者所提供的语言信息,唤起头脑中的有关表现,并根据作者提供的信息进行新的组合,从而再造出作者所描述的景物、场景或人物。当我们读到《敕勒歌》中的诗句"天苍苍,野茫茫,风吹草低见牛羊"时,头脑中就会浮现出:蓝蓝的天空,一望无际的大草原,微风吹动着茂密的牧草,不时露出牧草深处牛羊的一幅草原牧区美丽景象。"两弯似蹙非蹙罥烟眉,一双似喜非喜含情目。态生两靥之愁,娇袭一身之病。泪光点点,娇喘微微。闲静时如姣花照水,行动处似弱柳扶风。心较比干多一窍,病如西子胜一分。"读了这段文字,一个娇柔、忧郁的女孩子形象就会在读者的头脑中浮现出来。

再造想象是再造别人想象过的事物,其"再造"出来的是新形象。

所谓"再造性",一方面指这些形象不是自己创造出来的,而是根据别人的语言描述或图样示意再造出来的。例如,读者根据文学作品的描述再造出其中的人物形象,工人根据机器的图纸想象出机器的立体和运转时的形象,这些想象都是再造想象。另一方面,又是通过自己的大脑,根据当前的任务,运用个人已有的知识经验,再造出来的。所以,再造想象的新颖性、独立性、创造性成分比较小,形成的新形象差异也较大,因为人们的经验、兴趣、爱好和能力不同,再造的形象也就不会相同。例如,某美术学院举行考试,题目是"野水无人渡,孤舟尽日横",要求考生把这两句诗中的意境在画上确切地表现出来。结果,三名考生分别画了如下三幅画(见图6-1)。

图6-1 三名考生所画的三幅画

可见,每个考生都是根据自己的理解和经验、能力,按自己的方式再造出新形象,他们的差异说明再造想象也有一定的创造性,但创造成分较低。

2. 再造想象产生的条件

(1) 丰富的表象储备

表象是想象的基本材料,一个人的知识经验越丰富,表象储备越多,再造想象的内容也就越丰富。再造想象不仅依赖于已有表象的数量,而且也依赖于已有表象的质量,正确反映客观现实的材料越丰富,再造出来的想象内容就越正确。如果缺乏必要的表象材料,在想象时就有可能歪曲事物形象,或者无法产生所要求的形象。例如,在读诗句"忆昔时,丝鬓婆娑。自归郎手,青少黄多,受尽了多少折磨,历尽无数风波。莫提起,提起来珠泪满江河"时,占有表象数量和质量不一样的人,会产生不同的再造想象。

(2) 为再造想象提供的词语及实物标志要准确、鲜明、生动、形象

准确、鲜明、生动、形象的语言及实物标志便于人们理解并正确地再造想象,而含糊不清、模棱两可的东西,人们就很难正确、逼真地进行想象。例如,古代描写女子用"樱桃口""杏核眼""柳叶眉"等做比喻来描述,显得十分形象、逼真,想象起来也比较容易。一个建筑设计师设计的建筑图纸使用的有关符号、标志必须准确清楚,才能在建筑工人头脑中形成相应的建筑物的形象,否则别人会看不懂或出现曲解。

(3) 正确理解词语与实物标志的意义

再造想象是依赖语言的描述和图样的示意而进行的,如果言语不能引发表象,想象活动将难以进行。一个人读小说,如果读不懂文字,他头脑中就不可能有小说中主人公的形象出现;一个建筑工人,如果不懂建筑符号的表现法,他也无法看懂建筑图,头脑中也不会出现相应的建筑物的形象;一个刚入学的儿童,在他识字和掌握词汇不多的情况下,让其阅读古诗文,是很难形成丰富的再造想象的。只有理解曹子健的《七步诗》,才能对1941年皖南事变发生后周恩来给《新华日报》的题词"千古奇冤,江南一叶;同室操戈,相煎何急"产生正确的再造想象。可见,正确理解有关事物的描述,了解图样、图解的表现法和各种符号的含义是形成再造想象的重要条件。

(二) 创造想象

1. 什么是创造想象

创造想象是指不依据现成描述而独立地创造出事物新形象的过程。创造想象依据创造活动的预定目的,在原有的表象中选择必要的材料,进行加工改造,从而创造出新形象。文学家文学作品中所创造的新形象,设计师所设计的新产品以及科学家的新发明,都是创造想象的产物。这些事物的形象也许是在生活中根本就不存在的,或是创造者没有见过、没有尝试过的,具有首创性、独特性、新颖性的特点。

创造想象在人的实际创造活动中是非常重要的,是一切创造性活动的必要组成部分,是创造活动顺利开展的关键。科学领域里的一切发明,艺术领域里的一切典型形象,都必须首先在头脑中形成活动的最终或中间产品的模型,即进行创造想象。没有创造想象,技术方面、科学研究、艺术创作等一切创造活动都将难以完成。

创造想象需要对已有的材料表象进行深入的分析和综合,是比再造想象更复杂、更困难的智力活动。再造想象和创造想象既有异同,又有联系(见表6-1)。

表 6-1 再造想象与创造想象的异同与联系

	再造想象	创造想象
不同点	(1) 具有再造性,构造出的形象与原物相符合 (2) 再造的形象所代表的事物是已被他人创造出来的 (3) 在一般性活动中的作用较大	(1) 具有创造性,构造出的形象是崭新的 (2) 创造的形象所代表的事物是前所未有的 (3) 在创造性活动中的作用较大
共同点	(1) 都是根据已有表象构造出新形象 (2) 想象中的事物都是以前没有直接感知过的	
联系	(1) 再造想象是创造想象的基础,创造想象是再造想象的发展 (2) 创造想象中有再造性的成分,再造想象中有创造性的成分	

2. 创造想象产生的条件

(1) 积极的创造动机

社会生活实践不断向人们提出创新的要求,当这些要求反映在人的脑海中并与个性因素相结合时,就会成为创造新事物的动机,获得创造想象的动力,并付诸行动进行创造。马克思曾这样评价16世纪意大利的文艺复兴:"那是一个需要巨人而且产生了巨人的时代。"以画家达·芬奇等人为代表的艺术家们将社会的需求与个人的创造欲望相结合,给人类创造了辉煌的文化。

(2) 丰富的表象储备

进行创造想象,首先要对有关事物进行细致观察,储备丰富的表象材料,因为想象决定于已有表象材料的数量和质量。表象材料越丰富、质量越高,人的想象也就会越广、越深,其形象也会越逼真;表象材料越贫乏,其想象越狭窄、肤浅,有时甚至完全失真。鲁迅曾说过:"如要创作,第一须观察,第二是要看别人的作品……必须博采众家,取其所长,这才后来能够独立。"托尔斯泰为了写《战争与和平》,首先搜集了大量的素材,他说:"在我的脑子里构成了一个完整的图书馆。"而书中创造的娜塔莎的形象是基于观察和分析他的妻子和妹妹这两个熟悉的人的性格和特点塑造成的。

(3) 积累必要的知识经验

表象的储备为创造想象提供了丰富的感性认识,但是仅有丰富的表象并不能完成有效的创造,因为要进行创造想象还必须对有关领域进行深入研究,掌握必要的知识。例如,一个没有建筑学知识的人,即使头脑中储存着世界各地各种各样建筑的表象,也设计不出一座实用、新颖的建筑。每一个发明创造也都是发明者对相应领域深入研究的结果。假如牛顿没有一定的物理学知识,就不会发现三定律;达尔文没有充足的生物学知识,也写不出《物种起源》。可见,只有就某一领域深入研究,掌握必要的知识,才能在相应的领域展开想象的翅膀,进行创造想象。

(4) 原型启发

所谓启发,就是从其他事物中找到解决问题的方法、途径。起了启发作用的事物就叫原型。原型启发,是指人们在创造发明开始前,总是受到一种类似事物或模型的启发,并以此为基础进行联想和积极的思维活动,创造出新事物来。任何一个人对某一项目的发明创造或革新,都不是凭空想象出来的,在开始时总要受到某种类似的事物或模型的启发。例如,鲁班从茅草割破手得到启发,发明了锯子;阿基米德原理是阿基米德在洗澡时看见水溢出盆外得到启发而发现的;现代仿生学则是在生物的某些结构和机能的启发下,进行科学想象,研制出许多精巧的仪器。原型之所以有启发作用,是因为事物本身的特点与所创造的事物之间有相似之处,存在某些共同点,可以成为创造新事物的起点。某一事物能否起到原型启发的作用,还取决于创造者的心理状态,特别是创造者当时的思维状态。当人的思维积极而又不过于紧张时,往往能激发人的灵感,从而导致人的创造活动。例如,在一段紧张的工作之后的适当休息或转换活动内容,会使思路开阔,有利于创造想象。

(5) 积极的思维活动

创造想象不是一般的想象,而是一种严格的构思过程,必须在思维的调节支配下进行。完成任何一种新形象的创造,都是复杂的积极思维活动的结果,没有积极的思维活动,要进行严格的新形象的构建是困难的。积极的思维活动就是在创造想象过程中,要把以表象为基础的形象思维与以概念、判断、推理为手段的逻辑思维结合起来。一方面,有理性、意识的支配调节;另一方面,积极捕捉生活经历中各种有利于主体目标形象产生的表象,并迅速地把它们组合配置,完成新形象的创造思维活动。如鞋子,我们每天都与它们打交道,很少有人用独特新颖的语言来赞美它,主要原因便是没有进行积极的思维,而有一位诗人写道,鞋子是"两只小船颠簸在人生的大海",一种全新的感觉呈现在人们面前。

(6) 灵感的作用

灵感也叫"顿悟",是在注意力完全集中、意识极度敏锐的情况下,长期思考着的问题受到某些偶然因素的触发,忽然得解的心理过程。例如,某人长时间考虑某一问题,冥思苦想,不得其解。突然有一天,一句话、一篇文章或一个场景,使他受到启发,豁然开朗,正是"心有灵犀一点通",找到了解决问题的方法和途径。灵感出现时注意力高度集中于创造的对象上,意识活动十分清晰、敏锐,思维活跃。"思如泉涌"指众多新事物、新形象、新观念不知不觉涌入脑中,它们相互结合、聚集或强调、突出,很多旧有的记忆被唤起,新形象似乎由天而降,使人茅塞顿开。灵感并不是什么神秘物,它是想象者个人在长期生活实践中勤于积累经验的结果,是艰苦劳动的产物,"是对艰苦劳动的奖赏"。由于注意力高度集中于要解决的问题,过去积累的大量表象被唤起,并且迅速结合,构成了新的形象。柴可夫斯基认为灵感是一位不喜欢拜访懒惰者的客人。正如爱迪生所说,天才,就是百分之一的灵感加百分之九十九的汗水。

此外,创造思维能力、高水平的表象改造能力、丰富的情绪生活、正确的理想和世界观也是创造想象的条件。

(三) 幻想

1. 什么是幻想

幻想是一种与人的生活愿望相结合并指向于未来的想象。它是一种特殊的创造想象。幻想在人们当前的实际生活中无法立即得以实现,而只是体现了人们对未来的一种向往,寄托着人们的希望,是科学预见的一部分。如少年儿童幻想将来成为一名宇航员、航海家、医生、科学家等。有时人们的幻想会随着社会的发展和科技的进步在实际生活中变为现实。如神话故事里的嫦娥奔月,在以前会被人们讥笑为痴人说梦,但社会发展到今天,这已经成为现实。

幻想也是独立创造新形象的过程,但它又不同于创造想象。幻想与创造想象既有异同,又有联系(见表6-2)。

表6-2 幻想与创造想象的异同与联系

	幻想	创造想象
不同点	(1)是个人所向往的、追求的愿望 (2)指向于遥远的未来,不与创造活动直接相关联	(1)不一定是个人所祈求的、向往的 (2)与创造性活动直接相关,有想象的结果和产物
共同点	(1)都必须以一定的表象材料为依据 (2)都富有创造性、新奇性	
联系	(1)创造想象是幻想的基础,幻想是创造想象的特殊形式 (2)创造想象中有一定的幻想成分,幻想中也有一定的创造想象的成分	

2. 幻想的分类

根据幻想和客观现实的关系可以把幻想分为宗教幻想、童话与神话幻想、科学幻想。宗教幻想脱离现实,逃避现实,对人们具有欺骗性和麻醉性。童话与神话幻想以现实为基础,反映人们的美好愿望,如端午节纪念屈原、天仙配、精卫填海等。科学幻想以现实为基础,指向未来,是科学预见的组成部分,如过去人们做出的到天空和海洋遨游等科学幻想在今天已经变成了现实。

根据幻想的社会价值和有无实现的可能性,可以把幻想分为积极的幻想和消极的幻想。积极的幻想是符合事物发展规律,并具有一定的社会价值和实现可能的幻想,一般称为理想。例如,青少年将来想当科学家、艺术家,为人类和国家的繁荣富强做贡献,这是符合社会发展规律的,经个人努力能够实现的。理想是人前进的灯塔,能使人展望到未来美好的前景,激发人的信心和斗志,因而能成为鼓舞人们学习、生活和工作的巨大动力。列宁在《怎么办?》中以赞赏的态度认可皮萨列夫关于"有益的想象是工作的推动力"的见解:"如果一个人完全没有这样幻想的能力,那我就真是不能设想,有什么刺激力量会驱使人们在艺术、科学和实际生活中从事广泛而艰苦的工作,并把它坚持到底。"

消极的幻想是完全脱离客观现实的发展规律、毫无实现可能的幻想,一般称为空想。例如,有人幻想长生不老,到处寻找灵丹妙药;有极个别青少年设想在有生之年毁灭地球等,这些都是不切实际的、永远不能实现的空想。空想是一种非常有害的、无益的幻想,往往使人想入非非、盲目乐观,不但不能引导人们前进,反而使人逃避现实生活,误入歧途,走向倒退和失败。

因此,不会"异想天开"要僵化,只会"异想天开"要退化,"异想天开"和脚踏实地相结合才能进化。

第三节 想象的功能及品质

一、想象的功能

（一）预见功能

"未雨绸缪""居安思危"等都是想象预见功能的表现，指的是想象对客观现实进行超前的反映。心理学的研究表明，人从事任何活动（包括学习活动）之前，都必须首先在头脑中确立定向目标，即能够想象出活动过程及其结果，就像把整个活动过程在头脑中提前预演了一下一样，并根据想象来制订行动计划、步骤，指导调节活动，从而开展某项工作。一旦活动过程结束，头脑中的预定观念将会实现。如做一张桌子，要先设计出桌子的形状、长、宽和高等。想象使人的活动具有了主动性、预见性和计划性，这有助于活动的顺利完成。尤其在创造性活动过程中更是如此，科学家的发明、工程师的革新、作家的人物塑造、艺术家的艺术造型等活动都离不开人的想象，都是想象预见性的体现。学生的学习也是一样，一个想象力匮乏的学生，他考虑问题的思路必然只限于个人狭窄的直接认识的范围，也不可能有很强的分析问题和解决问题的能力，其智力发展也是不充分的。

可以说，想象是智慧的翅膀，是思维的特殊形式。想象不像知觉那样只反映事物外部的和表面的联系，也不像记忆那样只再现过去的认识，而是人脑对已有的感知材料经过加工改造后进一步深化的认识，是对已有表象的丰富和深化。借助想象，人们可以驰骋于无限的现实世界和神奇的幻想世界之中，可以追溯上至几万年的过去，也可以展望几万年以后的未来。想象可以使人"思接千载，视通万里"，打破时空的界限，使人的心理更为丰富充实。

（二）补充功能

想象具有补充知识经验的作用，能弥补认知活动的局限性。在现实生活中，由于时间、空间的限制以及人的认识活动的局限性，以致许多事物是人们不可能直接感知到的。如光 30 万公里/秒的速度、原始人生活的情景、千百万年前发生的地壳变动和历史变迁、远方的风云变幻、各种宏观世界与微观世界的结构与运动状况等，我们要直接感知是很困难的，有的甚至是不可能的。在这种情况下，我们可以借助想象，弥补人类认识活动的时空局限和不足，超越个体狭隘的经验范围，扩大人的视野，对客观世界产生更充分、更全面、更深刻的认识。

（三）替代功能

想象具有替代功能。在现实生活中，当人们的某种需要不能实际得到满足时，可以利用想象从心理上得到一定的补偿和满足。例如，儿童想当一名医生，但由于他的能力所限而不能实现，于是就在游戏中通过扮演医生的角色，给布娃娃看病、打针、吃药，从而满足了自己当一名医生的愿望。在哑剧的表演中，许多布景和实物是通过演员形象化的动作来唤起观众的想象而获得良好效果的。在日常生活中的"望梅止渴""画饼充饥"等,都是人们通过想象的替代功能得到某种寄托和满足,缓解心理压力的。为此,生活因梦想而升华,因梦想而完美。

(四) 调节功能

想象对机体的生理活动过程有调节控制作用,能改变人体外周部分的机能活动过程。近年来的生物反馈研究证明了想象的调节功能。例如,我们想象自己的右手靠在燃烧的火炉旁,左手在握冰,过一段时间两手温差最大可达到4℃;想象令自己激动和兴奋的事情,会使自己的血压升高、心跳加快等。这些都是想象对机体调节作用的体现。

想象也会通过引起人的情感体验,从而调节人的情绪。如人们阅读文学作品时,借助想象与故事里的人物一起欢笑、流泪,一起紧张、悲愤;借助想象还可以从书中的英雄人物身上获得精神的陶冶,发展具有积极倾向性的情感;同时,想象也是构成人的意志行动的内部推动力的不可缺少的因素之一。苏联学者鲁宾斯坦认为,每一种思想,每一种情感,哪怕是在某种程度上的改变世界的意志行动,都有一些想象的成分。事实也是如此,如果没有想象的作用,人就不可能预瞻活动的结果,不可能确定清楚的目标,不可能预定具体的计划,因而就不可能进行意志活动。

总之,想象是人类创造活动的一个必要因素,是科学发明和艺术创作的重要条件。在人类的生活、学习、工作中都有重要作用。它不仅丰富了我们的生活,让我们认识不可能亲自感知的世界,而且对于激发人们的创造热情,特别对于创造性思维能力的培养更是起着重要的作用。凡是人类的创造性劳动,无一不是想象的结果。就像爱因斯坦所说的:"想象力比知识更重要,因为知识是有限的,而想象力概括世界上的一切,推动着进步,并且是知识进化的源泉,严格地说,想象力是科学研究中的实在因素。"

二、想象的品质

(一) 想象的主动性

想象的主动性是指想象指向目的的程度,使人的想象有方向、有中心。主动性主要体现在有意想象之中。有意想象占优势的人,他们能够有目的、有计划地唤起自己的想象,使其沿着一定的方向前进,能当行则行,当止则止;无意想象占优势的人,他们不能按照预定目的和计划来展开自己的想象,而是无目的、无意识得像一匹脱缰的野马任其驰骋,莫知所之,莫知所止,头脑中的新形象虽然形形色色,但是七零八落、杂乱无章,不能实现创造目的。一般说来,想象的主动性强的人,他们都善于再造性想象和创造性想象,会在创造性活动中有所成就。

(二) 想象的丰富性

想象的丰富性是指想象内容的充实程度。首先,取决于头脑中已有表象的储备,感知的事物越多,经验越丰富,表象储备就越多,想象的内容也就越丰富;其次,取决于对当前的事物的理解程度;最后,取决于思维的广度和灵活性,思维广度愈宽,思路愈灵活,则想象愈具有丰富性。例如,有音乐知识的人与不懂音乐的人,想象的丰富性是不同的。音乐的知识越多,对乐曲的理解越深刻,想象的形象就越丰富。随着乐曲的变化,想象的形象也在不断变化,在悠扬的乐曲声中他仿佛看见了广阔的草原,听见了潺潺的流水声;而低沉、雄壮的乐曲则把他带到了庄严的会场;激昂高亢的管弦乐又使他见到了战火纷飞的战场。但对音乐匮乏的人来说,听到同样的乐曲,却什么形象也不会在头脑中出现。想象贫乏的人,在任何方面都是抱残守缺,难以展开想象;即使开展了,也常常是空乏无物,平淡无奇。

(三)想象的生动性

想象的生动性是指想象表现的清晰程度。想象表现清晰,形象鲜明,其生动性好;想象表现模糊,映象浅薄,其生动性差。想象的生动性是以表象的生动性为转移的。一般说来,表象越富有直观性,则由之而形成的想象也就越富有生动性。如果一个人的视觉表象、听觉表象、味觉表象、嗅觉表象、触觉表象等就像直接看到、听到、尝到、嗅到、触到时那样鲜明、完整和稳定,则由这些表象所构成的想象自然也就生动、鲜明。例如,通过视觉表象,可以"如见其人";通过听觉表象,可以"如闻其声";通过触觉表象,可以"如芒在背";通过嗅觉表象,可以"如入芝兰之室"。他们头脑中的形象如同是他们所见所闻,有身临其境之感。法国作家福楼拜就说过,当他描写包法利自杀时,他生动地感到了自己口中有砒霜的味道。而想象死板呆滞、色彩暗淡的人,他们在头脑中构成某一形象时,既不能"看到""听到"什么,也不能"尝到""嗅到""触到"什么。

(四)想象的现实性

想象的现实性是指想象与客观现实相符合的程度。任何想象总是超越现实,但又不能绝对摆脱现实。想象是否正确,能否实现,都要从想象的现实性标准来加以评价。消极的幻想(空想)与现实完全脱节,可望而不可即,这就是缺乏想象的现实性。

想象的现实性使人的想象可望即,超前而又科学、可靠。再造想象、创造想象、积极的幻想(理想)都是如此。一个富于积极幻想的人,他的想象虽然走在现实的前面,却是符合事物发展规律的,以实践来调整想象的方向和修正其内容,最终使想象变成了现实。这样的幻想对人类的发展具有积极的作用,常常是人们事业的巨大推动力。而一个空想的人则不然,他的想象远远跑在现实的前面,并且不符合现实发展规律,根本无法实现。这样的幻想只是一串漂亮的肥皂泡而已,只能给事业带来巨大的危害,把人引向歧途,使人碌碌无为地度过一生。

(五)想象的新颖性

想象的新颖性是指想象所构成的形象的新异程度。想象的基础是表象,如果在想象的过程中对原有表象进行脱胎换骨的加工,产生的是独具匠心的新形象,这种想象活动就表现出了良好的新颖性品质。如有的人想象新颖、独特,能够把已有表象有机地结合起来,能打破常规、别出心裁地进行创造。有的人的想象则缺乏新颖性,只能把已有的表象简单地、机械地拼接起来,这种人很难进行创造活动。艺术创作就特别需要"标新立异""与众不同",而想象缺乏新颖性的人,往往是"依葫芦画瓢",很难有吸引人的作品产生。

（六）想象的深刻性

想象的深刻性是指通过想象所构成的形象是否能正确地反映客观事物的本质。想象的形象是否深刻，一方面取决于是否能从典型的高度出发，对已有的表象进行深刻的改造；另一方面还必须具备有关的高水平的技能，这两方面的有机结合，方可创造出高水平的产品。如有的漫画，仅寥寥几笔，形象并不复杂，却寓意很深。想象的深刻性的差异更多地表现在创造想象中。具有想象深刻性品质的人，能通过生动的形象把事物的主要特征揭露出来，使形象具有典型性。如鲁迅笔下的"祥林嫂""阿Q""狂人"等的形象都是他想象深刻性的表现。而有些作家，他们作品中所描写的主人公的形象不典型、一般化，缺乏深刻性，所以也就缺乏感染力。

想象的几种品质是相互联系、相辅相成和相互制约的。了解它，对于培养学生优良的想象力具有重要的意义。学生如果具备想象的主动性，想象就有了目的、有了方向，也能锲而不舍地坚持下去。丰富的想象力对学习是很有帮助的，它有助于在学习过程中举一反三、触类旁通，以及帮助对知识尤其是抽象知识的理解。具备生动想象品质的人无论学习何种材料都能形成清晰鲜明的形象，而将知识形象化对记忆知识特别有效。在学习中，应鼓励学生展开想象的翅膀，这是培养创造性思维最为重要的一个方面。

第四节　中学生想象发展的特点及想象力的培养

一、中学生想象发展的特点

（一）中学生的想象具有较强的有意性

中学生想象的有意性主要表现在能自觉地确定想象的目的和任务，并能围绕目的展开想象。初中生虽能围绕预定的目的去进行想象，却不能自觉地确立想象的目的和任务，想象还具有一定的被动性。高中生不仅能围绕预定的目的去进行想象，而且能自主地确立想象的目的任务，他们还能根据现实生活的需要，进行一些具有社会意义的小发明、小制作。高中生的理想有了进一步的发展，尤其是职业理想的发展水平较高，并且还具有现实性。他们能有计划地创造条件，争取实现自己的理想。

（二）中学生想象的现实性有所增强

在中学时期，由于个体的表象有了很大发展，特别是知识经验的积累，辩证逻辑思维、思维的深刻性与批判性的不断发展，为他们的想象现实性的发展奠定了基础。中学生的想象由抽象、虚构，日益变得具体和现实，他们的想象更接近现实，但不切实际的想象仍时有发生。

（三）中学生创造性想象的水平明显提高

中学时期的课外活动十分丰富，他们的操作技能不断提高，他们中不少人的自然科学发明创造和文艺创作的才能已初露锋芒。在中学生想象的创造性普遍提高的同时,其创造水平也出现较大的分化趋势,少部分中学生想象的创造性发展较慢,水平较低。

二、想象力的培养

培养学生丰富的想象力是教育的重要任务之一,也是发展学生智力的一项重要内容。没有想象就没有创造,文学家、艺术家、自然科学家等,都要通过想象进而完成创造,而且在完成一项创造活动中又推动了创造想象能力向更高层次的发展。任何一种想象力都是服务于实践而又发展于实践的,离开了实践,想象力便失去了发展的目标和发展的条件。陶行知先生在他的《创造宣言》中提到:"人人是创造之人,天天是创造之天,处处是创造之地。"教学是一种创造活动,而且是一种最高级的创造活动。它创造了人,创造了未来,所以就更加需要创造想象的参与。

科学研究表明,在轻松气氛中学习比在紧张气氛中学习效果要好得多,而想象能够帮助学生放松思想,在想象过程中人变得舒适、灵活。G.卡斯蒂罗运用想象进行了为期8个月的教学实验,实验证明儿童的注意范围扩大了,人也变得更活泼了。因此,想象力的培养,需要做到:

(一) 积极参加实践,扩大知识经验,丰富表象储备

想象不是凭空产生的,它是人脑对客观现实的反映,是以表象为基础进行的,想象的水平主要是由表象的数量和质量决定的。俗话说"巧妇难为无米之炊",世界上本来没有"巧妇"与"拙妇"之分,"巧妇"是经过长期的实践形成的,而"巧妇"的手再巧、心再灵,倘若没有基本的原材料也只有束手无策。想象的基本原料——表象,直接源于现实生活,来源于实践。表象贫乏,想象也会枯竭。积极地参加实践,在实践中丰富自己的表象,并在头脑中对表象进行整理、归类、加工、储存,形成自己的表象体系。唯有如此,进行想象时才能左右逢源,纵横驰骋,得心应手。

教育实践经验也证明了,知识经验越丰富、广博的学生,头脑越充实,想象越广阔。因此,教师在教育和教学活动中要创造各种条件,采取各种手段来不断丰富学生的表象储备,改进其质量,充实其数量,以提高他们的想象力。例如,鼓励学生广泛涉猎多学科、多领域的知识,引导学生积极参加科技、文艺、体育等活动,组织学生参观、游览名胜古迹,"读万卷书、行万里路",充分接触大自然以及社会生活,拓展学生的视野,增加头脑中的表象储备,为想象提供取之不尽、用之不竭的素材。

(二) 提高对语言和文字的理解能力

想象是在语言的调解下进行,并通过语言来表达的,因此,语言的发展与想象的发展关系密切。如果对于语言和文字的理解能力不高,产生了错误,在想象过程中,也就会产生错误的形象。只有语言的发展达到一定的水平,学生的想象才能从形象的水平提高到符号水平,使想象变得更加广阔、深刻,更加概括且富有逻辑性。同时,教师在教学中要重视用丰富、优美、清晰、生动、形象化的语言描绘事物,这不仅可以唤起学生的想象力,更为他们表现想象力做出榜样,促进学生充分运用语言和文字来组织和调节自己的想象,把想

象从直观形象的水平提高到抽象词语的水平,使想象力具有更大的概括性、深刻性和逻辑性,起到潜移默化的作用。

(三)进行多种想象力的训练

结合各科教学活动,训练学生的想象力。语文课上,要求学生富有感情地朗读课文,并鼓励他们通过想象体会作品的内容,想象作品中所叙述的一切。教师要指导学生多阅读健康有益的文艺作品,文艺作品是培养学生想象力最好的材料,能发展他们的再造想象,也能发展他们的创造想象。音乐课上,根据歌词和乐曲,引导他们想象出一幅幅有声有色的画面。课外活动中,通过绘画、手工雕刻、科技制作等来训练学生的想象力。此外,还可通过形式训练,提高学生的想象力。如可对静物做动态想象,变无声为有声想象,对抽象词做具体形象想象,对物做拟人想象,对无色彩食物做有色彩的想象,对个别事物做概况的想象等。通过训练,可以逐渐打开学生想象力的大门,使想象力得到充分的发展。

(四)引导学生进行积极的幻想

喜欢幻想无可非议,关键是怎样幻想和幻想什么。积极的幻想是符合事物发展规律的,富于现实性的,对学生的学习生活具有直接的推动作用。空想令人颓废,令人沉迷,只会碌碌无为,一事无成,有百害而无一利。例如,有的学生的幻想往往容易脱离现实,容易陷入虚无缥缈的空想世界;有的学生面对学习中的困难产生畏难情绪,于是想入非非,以无益的空想来逃避困难。中学生的幻想正处在由远离现实的幻想向现实的幻想过渡的阶段,因此,教师要引导学生在认识事物发展规律的基础上,学会幻想,敢于幻想,善于幻想,既要知道应该怎样幻想,又要知道应该幻想什么内容,把幻想与现实结合起来,摆正现实与幻想的关系,消除那些不符合实际、不能实现的空想,引导幻想向着理想升华。

(五)发展想象力与培养良好的个性相结合

一个人的个性心理特点,对想象的发展,尤其是创造想象的发展,具有明显的影响。有成就的人大都有坚定的信念和积极的进取心,思路开阔,想象丰富,敢于坚持真理和捍卫真理。"千磨万击还坚劲,任尔东西南北风""宁可枝头抱香死,何曾吹落北风中",哥白尼为了坚持自己的"日心说"而奋斗一生并献出了生命,却始终不改自己的信念。

想象力的培养是发展中学生认知能力的一个重要组成部分,无论是教师还是中学生自己都应注意认真培养丰富的想象力。

本章小结

想象是一种特殊的思维形式,是人在头脑里对已储存的表象进行加工改造形成新形象的心理过程,具有黏合、拟人化、典型化、联想、夸张与强调等形式。根据想象有无目的和意识,可以把想象分为无意想象和有意想象,其中有意想象中,根据观察内容的新颖性、独立性和创造程度,又可分为再造想象、创造想象、幻想。想象的主动性、丰富性、现实性、新颖性和深刻性等品质能突破时间和空间的束缚,对机体有调节、补充、替代及预见未来的作用。中学生的想象具有较强的有意性、现实性和创造性等特点,可以通过参加实践,扩大知识经验,丰富表象储备,提高对语言和文字的理解能力,以及进行多种想象力的训练,引导积极的幻想,实现想象力与培养良好个性的结合等方式来培养学生的想象力。

复习思考题

一、选择题

1. 学生学习《望庐山瀑布》这首古诗时,头脑中呈现诗句所描绘的相关景象。这种心理活动属于(　　)。
   A. 无意记忆　　　B. 有意记忆　　　C. 再造想象　　　D. 创造想象
2. 在人脑中不依据现成的描述而独立地创造出来新形象的过程称之为(　　)。
   A. 创造性思维　　B. 想象　　　　　C. 独创性　　　　D. 创造性想象
3. 在人脑中重现过去所感知过的事物的形象叫(　　)。
   A. 想象　　　　　B. 表象　　　　　C. 印象　　　　　D. 迹象
4. 根据言语的描述或图样的示意,在人脑中产生相应的新形象的过程称为(　　)。
   A. 想象　　　　　B. 表象　　　　　C. 再造想象　　　D. 创造想象
5. 在创造性活动中,新形象的出现常常带有突然性,这种心理状态称为(　　)。
   A. 思维敏捷性　　B. 再造想象　　　C. 幻想　　　　　D. 灵感
6. 一种与生活愿望相结合并指向于未来的想象叫(　　),它是创造想象的特殊形式。
   A. 表象　　　　　B. 再造想象　　　C. 梦　　　　　　D. 幻想
7. 再造想象和创造想象都是有意想象,它们主要是在想象的(　　)上存在着差异。
   A. 表象储备　　　　　　　　　　　B. 知识经验
   C. 实践要求　　　　　　　　　　　D. 独创性和新颖性
8. 俄国画家列宾说:"灵感是对艰苦劳动的奖赏";门捷列夫在获得灵感而发现元素周期律后,曾就一位记者的好奇询问回答说:"这个问题我大约考虑了近二十年。"这说明(　　)。
   A. 灵感状态的出现是以长期的辛苦劳动为前提和基础的
   B. 灵感的发生是突然而来,倏然而逝,不可把握的
   C. 灵感具有特殊性
   D. 灵感出现的机遇对每个人都是公平的

二、名词解释

想象　再造想象　创造想象　幻想

三、简答题

1. 为什么说想象也是人脑反映客观现实的一种形式?
2. 根据想象的品质,分析和衡量自己想象活动的质量,提出改进措施。

四、论述题

1. 结合实际谈谈如何培养学生的想象力。
2. 查阅资料,分析并探讨睡眠和梦的实质。

第七章 情绪和情感

内容提要

　　情绪和情感是人类重要的心理过程之一。中国古人早已认识到这个道理，"情"字的"心"旁，表明了情绪属于心理活动的范畴。我们的日常工作、学习生活也充满着情绪，如有时欣喜若狂，有时焦虑不安，有时孤独惶恐，有时怒火中烧，有时悲痛欲绝，有时愉快恬静，等等。在人的一生当中，情绪出现较早，多与人的生理性需要相联系；情感出现相对较晚，多与人的社会性需要相联系。当一个人达到了追求的目标时，会感到成功的喜悦；而失去了已有的东西或权利时，会感到失败的痛苦。从心理学的角度分析，情绪情感既是心理活动的重要动力组成部分，又是个性形成的重要方面。本章首先介绍情绪和情感的概念、机体变化及其基本功能。之后以地域为依据，着重论述了情绪情感的分类。再者，阐释了早期及当代的情绪理论。最后，分析了中学生情绪与情感的发展及情绪情感在教育中的作用。

思维导图

情绪和情感
- 情绪和情感的概述
  - 情绪和情感的概念
  - 情绪和情感的机体变化
  - 情绪和情感的基本功能
- 情绪与情感的分类
  - 我国传统的情绪情感分类
  - 西方对情绪的分类
  - 苏联对情绪和情感的分类
    - 情绪的分类
    - 情感的分类
- 基本的情绪学说
  - 情绪的早期理论
  - 当代流行的情绪理论
- 中学生情绪与情感的发展
  - 影响中学生情绪情感发展的身心因素
  - 中学生情绪和情感的发展特征
- 情绪情感在教育中的作用
  - 教师的感染力及其作用
  - 促进学生情绪健康发展，教会学生调节情绪

第一节 情绪和情感的概述

一、情绪和情感的概念

（一）什么是情绪和情感

情绪和情感是人对客观世界是否符合自己需要的态度体验。而对外部世界的各种现象和事物，人们总会产生诸如喜爱、愉快、愤怒、恐惧等心理反应，并表现出相应的不同态度。

情绪和情感在许多西方心理学著作中常常被概称为 emotion。emotion 从词根意义上来说，与"活动"和"动作"有关，它指的是动物包括人类的强烈感受会导致外在反应和行为，我们一般将其翻译为"情绪"。而 affect 和 affection 则强调了情绪的深沉性和感染性，作为心理学的术语，被我们翻译为情感或感情。在英文中还有 feeling 一词，它强调的是体验和感受，所以也常被译成感情或情感。事实上，要将情绪和情感做出严格的区分是比较困难的。人们在日常生活中也常常不会做出严格的区分。

客观事物是情绪和情感产生的源泉。和人们对客观事物的认识过程一样，情绪和情感同样属于对客观世界的一种反映。离开了具体的客观事物，人的情绪、情感就无从产生。哪怕有些情绪与情感并不是由当前的客观事物的刺激所激起的，但也往往是由过去客观事物的作用而触发主体内部某种因素而引起的。比如，人们在谈论过去的事情时所产生的喜悦或愤怒，就是由过去的客观刺激经验引起的，借助个体的联想、共鸣或移情等因素而形成的情绪体验。

（二）情绪和情感与需要的关系

情绪和情感是人对客观现实的一种特殊反映形式。尽管情绪和情感与认识过程同属于人对客观世界的反映，但认识过程反映的是客观世界本身，也就是客观事物的自身结构或特性；而情绪与情感反映的是客观事物与人的需要之间的关系。当我们有吃的需要时，食物才会引起我们积极的或愉快的情绪，反之则不会，甚至引起我们消极的或厌恶的情绪。同时，情绪与情感对这种客观事物和需要之间的反映是一种"全身心的体验和感受"。当情绪与情感产生的时候，其感受不仅反映在人脑中，而且在身体的其他部位都可能有所反映。如人们高兴时会手舞足蹈、生气时会面色铁青、恐惧时会脚跟发软等，都说明了这种现象。情绪与情感产生的性质、程度和力量，只有通过个体全身心的体验和感受才能体现出来。

需要是情绪和情感产生的基础。人的情绪和情感的性质，是以需要是否得到满足为前提的。当客观事物满足了人的需要的时候，人们一般产生积极的体验和感受。比如，良好的衣食住行条件、风光绮丽的景色、高尚美好的行为等对象或现象，一般都符合或满足人的需要,从而使人产生满意、愉快、赞叹等情绪与情感。当客观事物不能满足人的需要时,人们一般产生消极的体验。如学习落后、环境肮脏、行为卑鄙等现象,一般都不符合也不能满足人们的需要,从而使人们产生烦恼、厌恶、憎恨等情绪与情感。但是,由于客观事物的复杂性和人的需要的多样性,人的情绪和情感有时也表现得极为复杂。如人们所说的"百感交集""哭笑不得",正是对这种复杂情绪和情感状态的生动写照。

当然,主体的态度也会对情绪和情感产生重要影响。即使是同一事物,由于主体所持的态度不同,也会导致人们产生不同的情绪和情感。符合自己态度的客观事物,容易使人产生积极的体验;而那些不符合自己态度的客观事物,则容易使人产生消极的体验。需要和态度在情绪和情感产生的过程中是相互联系、相互制约的。虽然需要是态度形成的基础,但态度的理智成分常常指导个体的需要状态,用其行为成分控制需要的满足。当需要与态度相抵触时,态度则是主体产生情绪与情感的一种修正因素。

(三) 情绪和情感的区别

情绪和情感是两种难以分割而又有区别的主观体验,无论是在生活中还是在心理学中,我们对这两个概念的使用上还是有一定区别的。比如,我们说"闹情绪"而不说"闹情感",或者我们说"情感纠纷"而不说"情绪纠纷"。我国心理学界常延续苏联的心理学传统,将情绪与情感予以一定程度的区别。

1. 从情绪和情感的产生基础来看其间的区别

需要是情绪和情感产生的基础,不同的需要就产生了不同的情绪或情感。一般认为,情绪是指那些与某种生理性需要是否得到满足相联系的体验;而情感是指人类发展进程中产生的与社会性需要相联系的体验。

情绪是较低级的、简单的,是人与其他高等动物所共有的。尽管人的情绪已经由于需要的社会化而不同于动物的情绪,但在其表现形式上仍带有许多原始的动力特征。因此,处于不同社会及社会地位的人会有共同的情绪。情感则是高级的、复杂的,其内容是社会关系的反映,为人类所独有。情感带有显著的社会历史制约性,因此,处于不同社会及社会地位的人就可能会有不同的情感。

2. 从情绪和情感的表现形式来看其间的区别

情绪较之情感具有明显的情境性和表浅性。由于情绪是与感知觉相联系的内心体验,因此容易随情境改变而迅速减弱或消逝。而情感是与社会认知、理性观念相联系的内心体验,更多地表现出情境性与稳定性、深刻性相结合的特点。例如,我们会因为学习中的某种困难而感到沮丧或恼怒,但不会因此放弃我们对知识的追求,对知识的好奇感和满足感会引导我们克服困难继续前进。孩子的某次调皮甚至恶劣行为可以引起父母的一时生气或愤怒,但这种生气或愤怒绝不至于改变自己对孩子的稳定的热爱情感。

情感较之情绪具有较强的内隐性和深沉性。情绪一旦发生,常常容易为人们所察觉,具有更多的冲动性。如怒发冲冠、暴跳如雷、咬牙切齿、悲恸欲绝等。而情感则显得更为深沉隐蔽,一般不以强烈、明显的方式流露出来。当然,在现实生活中,情绪与情感在强度上的区别具有一定的相对性。

二、情绪和情感的机体变化

人的情绪、情感活动,尤其是情绪活动,总是与机体内部和外部一系列可观察或可测量的变化相联系着的。情绪的机体变化一般表现为内外两个大的方面。

(一) 机体的内部变化

血液循环系统:情绪发生时,会伴有血液循环系统的活动变化。一般表现为血压、心率和血管容积的改变。如惊恐或暴怒时,心跳加快、血压升高、血液中血糖和含氧量有所增加等。

呼吸系统:呼吸的频率和深度与人的基本需要有着直接和密切的关系。在情绪发生时,呼吸系统的变化一般表现为加速或减慢、加深或变浅。人在平静时,每分钟呼吸一般为20次左右,而愤怒时可达40~50次;突然惊惧时,人的呼吸会临时中断;狂喜或悲痛时,会有呼吸痉挛等现象发生。

消化系统:积极的情绪体验通常促使胃液、唾液、胆汁等消化液的分泌;而消极的情绪体验常常抑制消化腺的活动,从而使食欲减退,导致消化功能失调,甚至消化系统溃疡等。

皮肤电反应:任何外来的或新鲜的刺激都能引起皮肤的电阻变化。这种变化是由情绪状态中皮肤血管收缩的变化和汗腺分泌的变化引起的。如在情绪松弛或平静时,皮肤电阻增大,而在情绪紧张或激动时,皮肤的电阻会降低。皮肤电的波动直接反映了人的情绪变化。

内、外分泌腺:情绪状态中,肾上腺素、胰岛素、肾上腺皮质激素、抗利尿激素等的分泌都会有所波动。如在紧张、激烈的情绪状态下,肾上腺素会大量分泌,使机体处于一种应激状态。在焦虑不安的情绪状态下,抗利尿激素分泌抑制,使人的尿感频繁。外分泌腺在情绪状态下,也会出现明显的变化。如大喜大悲时,泪腺分泌大量增加;极度恐惧时,会出一身"冷汗"等。

(二) 机体的外部变化

情绪状态下人的机体的外部变化主要体现在表情动作方面。西方心理学称之为情绪表达或表情(emotional expression)。人们的情绪表达主要有以下三个方面:

1. 面部表情

面部表情是人类表达情绪的最主要的一种表情。它是情绪在面部的表现。例如喜悦时,双眉舒展,二目有神,嘴角上翘,一副眉开眼笑的模样;愤怒时,横眉立目,龇牙咧嘴,一副凶神恶煞的模样;忧愁时,眉头紧锁,二目无光,嘴角下挂,一副愁容满面的模样;等等。如图7-1至7-3所示:

图 7-1 喜悦　　　　　图 7-2 愤怒　　　　　图 7-3 忧愁

2. 身段表情

身段表情是情绪在身体的姿态和动作方面的表现。例如欢乐或激动时，手舞足蹈；生气或愤怒时，顿足捶胸；羞怯时，缩肩扭手等。头部、手和脚是表达情绪的主要身体动作部位。如图 7-4 至 7-6 所示：

图 7-4 欢乐和激动　　　图 7-5 生气和愤怒　　　图 7-6 羞怯

3. 言语表情

言语表情是指情绪发生时在言语的声调、节奏和速度等方面的表现。人的言语不仅是交流思想的工具，而且也是表达情绪的手段。例如激动时语调高昂，语速较快；悲哀时，语调低沉，语言缓慢、间断；愤怒时，语音高尖，甚至出现颤抖音；等等。

面部表情、身段表情与言语表情所传递出的信息分别被称为面部信息、身段信息和言语信息，面部信息和身段信息又被统称为非言语信息。当个体的言语信息和非言语信息相冲突时，其非言语信息更可信。当非言语信息中的面部信息和身段信息相冲突时，面部信息更可信。因为面部信息的产生机制为混合神经，而身段信息的产生机制为外周神经。

三、情绪和情感的基本功能

情绪和情感是人的心理活动的重要组成部分，对个体的身心状态和社会生活具有重要影响。一般认为，情绪和情感的功能主要体现在以下几个方面：

（一）信号功能

情绪、情感的信号功能包含以下几层含义：第一，人们用各种情绪和情感表达自己对客观事物的态度或内心感受，传递出对事物或感受的信号。第二，人的情绪、情感一旦和有关事物结合起来，就会在头脑中形成该事物的、具有情感色彩的记忆映象。第三，人一旦有了情绪、情感的记忆经验，不仅见到某类事物会引起相应的体验，还会对它做出积极或消极的反应。比如"一朝被蛇咬，十年怕井绳"。第四，个体因为有了自己的情绪体验，就能识别他人情绪以及言语表达的意义，接受别人传递出的信号。听到别人恐惧的声音，自己就会产生类似的恐惧或知道别人处于危险之中。学生学习过程中流露出的情绪表现,也给教师传递出学习是否顺利的信号。

(二) 适应功能

从生物进化的角度而言,情绪具有明显的适应功能。这主要是由于情绪和情感的信号功能而产生的。比如,婴儿出生后第一个月就有至少三种表情——一般的痛苦、舒适、对环境感兴趣,即使是聋儿和盲儿,也有同样的表现。婴儿在学会说话之前,就是通过笑和哭等表情所具有的信号意义对成人施加影响,满足其个体需要的。而成人在生活中,遇到危险时发出的大声呼救和恐惧的表情,就是进化而来的适应性行为和求生手段。实际上,情绪的适应功能就是通过其信号功能而实现的。

(三) 感染功能

我们可以得知,人类的情绪和情感可以互相传递和感受,具有感染性。人们之间的感情沟通正是通过情绪和情感的易感性功能才得以实现的。这种易感性,具体体现为"共鸣"和"移情"作用。共鸣是指某人已经发生的情绪与情感引起他人相同或相似的情绪与情感,是指情绪与情感的互通共生现象,如"座中泣下谁最多?江州司马青衫湿"。移情则是个人将自己的内心感受赋予他人或物,如"感时花溅泪,恨别鸟惊心"。个体对各种情绪或言语传达出的信息意义的鉴别与认定,通常通过共鸣和移情来进行。

艺术作品的教育价值,正是通过情绪和情感的感染功能来实现的。情节内容越生动感人的作品,其教育价值就越大。在教师的教育和教学工作中,也要注意运用情绪和情感的感染功能,去帮助和教育学生。

(四) 动机功能

情绪、情感是动机的源泉之一,是动机的基本成分。西方的心理学著作,常常把情绪归在动机的范畴,就是基于情绪和情感作为动机成分的原因。情绪对内驱力有放大信号的作用,成为驱使人们行为的强大动力。如在缺氧环境下,想到自己心脏不好,感到害怕,于是就产生了强大的驱动力量,使自己赶紧脱离现场。或者,对于某人某事而产生的喜悦之情,使得我们产生和他们或它们接近的动机并引发相应的行为。另外,适度的情绪兴奋,可以使身心处于最佳的活动状态,进而推动人们有效地完成工作或学习。比如,适度紧张和焦虑可以成为行为动力,使人积极思考,解决问题。

(五) 组织或调节功能

情绪和情感在人们的行为活动中,发挥着巨大的组织或调节作用。这种作用体现在两个方面。一是对主体行为或活动的组织和调节;二是人的情绪与情感内部的自我组织和调节。

西方心理学家斯若夫曾经提出,情绪作为脑内的检测系统,对其他心理活动具有组织作用。具体表现为:① 积极情绪的协调作用,如中等强度的愉快情绪可以提高认知成绩。积极情绪使行为开放,容易看到事物美好的一面,愿意接纳事物。② 消极情绪的破坏作用,如恐惧、痛苦等消极情绪水平越高,认知活动成绩越差。消极情绪使个体感到悲观、失望,接纳程度下降,攻击性增强。

情绪和情感在一定程度上决定着人们的行为活动,对行为活动具有支配、指引和维持方向的作用。积极的情绪与情感体验,能对行为活动起到维持、增强的效能;而消极的情绪和情感体验,则对行为活动具有阻止或削弱的作用。另外,情绪和情感对人的机体活动也具有调节作用。健康、良好的情绪与情感状态,可以改善机体的活动机能,有助于人们适应环境,有效地从事正常的工作、学习和生活。

情绪与情感内部的自我调节功能,指的是情绪与情感内部具有相互影响的现象。微弱、短暂的情绪与情感常可被强烈、持久的情绪与情感感染、掩盖、改造或支配。强烈的或持久的积极情绪与情感,可以改变主体当时其他的内心体验,改变主体的情绪与情感状态。如"人逢喜事精神爽",对一些平时会引起不快的事也会表现得宽容大度了。情绪与情感内部的自我调节,是我们日常生活中经常发生的事。这种自我调节现象,有时需要认识过程的参与,有时可由内部自发产生。

第二节 情绪与情感的分类

人类的情绪和情感是极为丰富和复杂的心理活动,很难做出确切的分类。古往今来国内外都有不同的分类标准和分类结果。心理学界对其类型的划分当然也难以达到统一。

一、我国传统的情绪情感分类

中国古代的《礼记·礼运》说:"何谓人情?喜、怒、哀、惧、爱、恶、欲七者弗学而能。"此即所谓我国古人的"七情说"。而《礼记·中庸》则将情绪分为喜、怒、哀、乐四种。我国传统医学则提倡另外一种"七情说",它是指喜、怒、忧、思、悲、恐、惊。春秋时期思想家荀子在《荀子·正名》中说"性之好恶喜怒哀乐谓之情",显然又倡导的是"六情说",即好、恶、喜、怒、哀、乐六大类。

我国心理学家林传鼎于1944年从《说文》中找出9 353个正篆,发现其中有354个字是描述人的情绪表现的,按释义可分为18类,即安静、喜悦、恨怒、哀冷、悲痛、忧愁、愤急、烦闷、恐惧、惊骇、恭敬、抚爱、憎恶、贪欲、嫉妒、傲慢、惭愧、耻辱。

二、西方对情绪的分类

(一)西方早期的情绪分类

西方对情绪的探讨可以追溯到古希腊柏拉图和亚里士多德时代。近代法国哲学家笛卡尔认为情绪是人的内在经验。他将人的原始情绪分为六种,即惊奇、悲哀、快乐、喜爱、憎恶、欲望。这些原始的情绪均和一定的对象相联系。其他的情绪则是这六种情绪的不同组合或者分支。行为主义的创始人华生在20世纪前叶，根据对医院500多名婴儿的观察提出人的原始情绪说。他主要从新生儿情绪展现的角度做出以下的分类：

1. 恐惧

华生认为新生婴儿的恐惧是由于巨大的声响或失去支持而引起的情绪反应。当婴儿安静地躺着时，在其头部附近敲击钢条，会立即引起他的惊跳，肌肉猛缩，继之以哭；当身体突然失去支持，或身体下面的毯子被人猛抖，婴儿会发抖、大哭、呼吸急促、双手乱抓。

2. 愤怒

愤怒是由于限制儿童运动引起的情绪反应。如用毯子把孩子紧紧地裹住，不准活动，婴儿会发怒，他把身体挺直，或双脚乱蹬。

3. 喜爱

喜爱是由抚摸、轻拍或触及身体敏感区域而产生的情绪反应。如抚摸孩子的皮肤，或是柔和地轻拍他，会使婴儿安静，产生一种广泛的松弛反应，或是展开手指、脚趾。

随着行为主义的兴起，关于新生儿有三大原始情绪的推论也随着流行起来。但是后来的一些研究都未能证实华生对原始情绪的划分。有人将新生儿自由落下2尺的距离，85个新生儿只有2个号哭，有些新生儿根本就没有发生明显的身体反应。谢尔曼曾用四种不同的刺激情境（针刺，过时不喂，身体突然失去支持，束缚手和脚的运动）来引起新生儿的情绪反应，然后叫医生、大学生进来观察新生儿的反应情况，要求他们指出婴儿的哭有什么不同，这些不同的哭是由什么原因引起的。结果这些观察者对婴儿表现出来的情绪以及造成这些反应的可能原因，都未能取得一致意见。因此，一些学者认为新生儿的情绪状态是笼统的。

（二）现代西方心理学对情绪的分类

延续笛卡尔和华生的传统，近年来，西方情绪心理学中有一派倾向于把情绪分为基本情绪与复合情绪。

1. 伊扎德的情绪分类

美国心理学家伊扎德认为婴儿出生时具有五大情绪，即惊奇、痛苦、厌恶、最初步的微笑和兴趣；4~6周时，出现社会性微笑；3~4个月时，出现愤怒、悲伤；5~7月时，出现惧怕；6~8个月时，出现害羞；半岁至1岁，出现依恋、分离伤心、遇陌生人恐惧；一岁半左右，出现羞愧、自豪、骄傲、操作焦虑、内疚和同情等。伊扎德确定基本情绪的标准为：基本情绪是先天预成、不学而能的，并具有分别独立的外显表情、内部感受或体验、生理神经机制和不同的适应功能。按照这个标准，伊扎德用因素分析的方法，提出人类具有8到11种基本情绪，它们是兴趣、惊奇、痛苦、厌恶、愉快、愤怒、恐惧和悲伤以及害羞、轻蔑和内疚。基本情绪的分类举例如表7-1所示。

表 7-1 人类的基本情绪示例

基本情绪		机体内驱力	情绪感受—认知结构倾向
兴趣	厌恶	饥饿	内、外倾
愉快	轻蔑	干渴	自卑
惊奇	恐惧	疲劳	活跃
痛苦	害羞	疼痛	沉静
愤怒	内疚	性	多疑

伊扎德把复合情绪分为三类,第一类为在基本情绪基础上,2～3 种基本情绪的混合;第二类为基本情绪与身体内驱力的混合;第三类为基本情绪与情绪感受—认知结构的混合。依此分类,复合情绪则会有上百种之多。表 7-2 是伊扎德关于复合情绪的举例。

表 7-2 复合情绪示例

基本情绪混合	基本情绪与内驱力混合	基本情绪与情绪感受—认知结构混合
兴趣—愉快	兴趣—性	痛苦—自卑
痛苦—愤怒	恐惧—疼痛	害羞—自卑
恐惧—害羞	厌恶—疲劳	害羞—沉静
轻蔑—厌恶—愤怒	兴趣—愉快—性	恐惧—内疚—多疑
恐惧—内疚—痛苦—愤怒	恐惧—愤怒—疼痛	兴趣—愤怒—活跃

上列复合情绪有些是可以命名的。例如,"轻蔑—厌恶—愤怒"的复合可命名为"敌意"。愤怒是一种"热"情绪,轻蔑和厌恶均为"冷"情绪,它们的结合决定着敌意情绪中攻击性的程度。又如"恐惧—内疚—痛苦—愤怒"几种情绪的复合是典型的"焦虑"。其组成中愤怒和痛苦两个成分的相对强弱决定着焦虑是兴奋类型或抑制类型。有些复合情绪是很难命名的。比如,"厌恶—疲劳"的复合勉强可以命名为"疲倦"。但"兴趣—愤怒—活跃"就难以找到合适的命名。

2. 克雷奇等人的情绪分类

美国心理学家克雷奇、克拉奇菲尔德和利维森等人把情绪分作以下四类:其一为原始情绪或基本情绪,包括快乐、愤怒、恐惧、悲哀。其二是与感觉刺激有关的情绪,包括疼痛、厌恶和轻快。它们可以是愉快的,也可以是不愉快的。其三是与自我评价有关的情绪,包括成功的与失败的、骄傲的与羞耻的、内疚的与悔恨的等,这些情绪决定于一个人对自身行为与客观行为标准的关系的知觉。其四是与他人有关的情绪,而发生在人与人之间的情绪种类似乎无限繁多,按照积极的与消极的维度,可以把它们分为爱和恨两个大类。

三、苏联对情绪和情感的分类

目前,我国心理学界大多倾向于苏联心理学界就情绪和情感提出的分类模式。这个分类模式首先从情绪和情感与不同需要种类的关系上,对情绪和情感做出了明确的区别,然后又对情绪和情感分别做出分类。

（一）情绪的分类

依据情绪发生时在强度、持久度和紧张度的表现，可以把情绪分为三类。它们依次是心境、激情和应激。

1. 心境

心境是一种比较微弱而持久的情绪状态。忐忑不安、若有所思、忧心忡忡，都是心境的不同表现。

心境的主要特点是渲染性和弥散性。所谓渲染性是指当个体处于某种心境之中时，他的言行举止、心理活动都会蒙上一层相应的情绪色彩。所谓弥散性是指心境不具有特定的对象，而是作为人的情绪背景起作用的。其渲染性和弥散性会影响人们的日常行为和精神状态。"情哀则景哀，情乐则景乐；忧者见之而忧，喜者见之而喜"说的就是心境的这种影响。这种影响持续的时间可短可长，短可几分钟或几小时，长可至几天或几周。

心境产生的原因是很多的。诸如人际关系的处理、重大事件发生、工作的顺利与挫折、身体状况、环境变化，乃至人们所处的经济地位和社会地位，都会引起心境的产生和变化。但引起心境的原因，人并不是都能意识到的。所谓"莫名的烦恼"就是这种现象。当然，一个人的心境并不是由环境及生理条件机械地决定，而是与一个人的个性、世界观和人生观具有密切的关系。一个具有远大理想和抱负、具有良好修养的人，哪怕处在困难或逆境之中，也仍然能够保持积极乐观的良好心境。由于个人经历、世界观和人生观，以及个性心理特征的不同，不同的个体，往往具有不同的、独特的、比较稳定的心境状态。观察我们周围的人，往往可以发现有的人经常处于积极乐观的心境之中，而有的人则经常处于忧郁愁闷的心境之中。

心境在人的现实生活中具有重要的意义。积极的、良好的心境能使人精神振奋、乐观地对待工作和生活，勇于克服困难和挫折；消极的不良的心境使人精神委顿、意志消沉。要经常保持良好的心境，就必须注意培养自己正确的世界观和人生观，注意加强自身意志和性格的锻炼。同时，在生活中合理运用颜色、音乐、饮食、光照、睡眠和乐观思考，有助于抵御消极心境。

2. 激情

激情是一种爆发式的、猛烈而时间短暂的情绪状态。如果把心境比喻为"和风细雨"式的情绪现象，那么激情便可描绘成"狂风暴雨"式的情绪表现。诸如欣喜若狂、悲恸欲绝、暴跳如雷、惊恐万状都是激情的不同表现。在激情中，人们总伴以剧烈的生理反应和表情行为。

激情具有爆发性和冲动性的特点。所谓爆发性，是指激情发生过程十分迅猛，大量心理能量在极短时间内迸发，强度极大。所谓冲动性，是指个体处于激情状态时，往往失去意志力对行为的控制。处于激情状态中的人，往往有一种情不自禁或身不由己的感受。

引起激情的原因很多。对立意向的冲突和过度的抑制、具有特殊意义的事件的发生、激烈的言语或极端的行为等，都能诱发激情的发生。当然，同一或类似的客观刺激对于具有不同个性心理品质的人，会产生不同性质和不同程度的激情。激情状态下人往往出现

"意识狭窄"现象,即认识活动的范围缩小,理智分析能力受到抑制,自我控制能力减弱,进而使人的行为失去控制,甚至做出一些鲁莽的行为或冲动。有人用激情爆发来原谅自己的错误,认为"激情时完全失去理智,自己无法控制",这种说法是不对的。人能够意识到自己的激情状态,也能够有意识地调节和控制它。因此,任何人对在激情状态下的失控行为所造成的不良后果都是要负责任的。

激情有积极和消极之分。积极的激情,常常能调动人的身心的巨大潜能,激励人们奋不顾身地去克服艰难险阻,朝着正确的目标奋进。如战前动员、见义勇为等。在教学中,教师讲课讲到高潮处,也应带一定的激情,使讲课更为投入,更富有感染力。而消极的激情,则具有很大的破坏性和危害性。不少人正是在激情中因一时冲动而导致"一失足成千古恨"的结局。对于积极的激情,我们应持鼓励、赞扬的态度;而对于消极的激情,则要求用理智和意志加以控制和调节,以达到合理释放与转移的目的。

3. 应激

应激概念来源于西方,最早是由加拿大医生、生理学家塞里在1936年提出的,他认为应激是机体对伤害性刺激的非特异性防御反应。苏联心理学家引入这个概念,并被我国心理学界广泛接受。现在一般认为,应激是一种高度紧张的情绪状态。它往往伴发于出乎意料的危险情景或紧要关头。例如火灾、地震、遇袭、重大比赛或考试等情景,都有可能使人处于应激状态中。

应激具有超压性和超荷性。所谓超压性,是指在应激状态下,个体往往会在心理上感觉到超乎寻常的压力,并集中反应在情绪的紧张维度上,以充分调动各种心理资源和能量,以应对这种超常压力。所谓超荷性,是指在应激状态下,个体必然会在生理上承受超乎平常的负荷,以充分调动体内各种机能资源和能量去应付紧急、重大的事变。

应激状态也有积极和消极之分。积极的应激状态表现为急中生智,力量倍增,使体力和智力都得到充分调动,以获得"超水平发挥"。消极的应激状态表现为惊慌失措,手忙脚乱,有时甚至浑身瘫软或意识丧失。

为什么人们在应激面前会有不同的表现呢?新的研究认为:这主要与人们的心理储备有关。一个人心理储备充足与否,直接影响到他在关键时刻的态度与行为。这种心理储备主要表现在以下几个方面:第一,知识面宽广的程度。一个博学多才,掌握多种基本知识、技能的人在急情面前会及时动员自己的智力储备资源以应激。第二,生活经验积累的多少。生活中发生的应激事件是很多的,如果我们善于吸取经验,那么,在应激面前就不至于手忙脚乱。第三,个性心理特征与意志品质。一般来说,性格坚强、意志顽强的人,心理承受能力也比较强,所以在应激时刻往往表现得从容镇静、机敏勇敢。第四,思维的灵活性和行动的准确性。遇到应激事件时,时间紧迫,情况危急,只有高度灵活与准确的思维和行动才能做到随机应变,化险为夷。

西方应激理论在不断发展。1968年,拉扎鲁斯认为应激是个体对外界环境有害物、威胁、挑战经认知、评价后所产生的生理、心理和行为反应。而现代应激理论将其定义为:应激是个体面临或觉察(认知、评价)到环境变化(应激源)对机体有威胁或挑战时做出的适应性和应对性反应的过程。这就把应激从情绪状态扩展到一个新的高度和广度。应激的来源或称应激源也不仅仅局限在危急或重要事件,凡是给人带来心理压力的事物、事件和情景，都可被认为是某种应激源。而应对应激也成为一个独立的研究课题全面展开。目前比较成熟的看法是，人们如果经常遇到应激事物、事件和情景，或者如果人们经常处在某种应激状态下，因其心理和生理资源的动员和消耗，不利于人们的身心健康。

（二）情感的分类

情感是和人的社会观念和评价系统分不开的，与人们的社会需要紧密联系着。人的社会性情感组成了人类所特有的高级情感，它反映着个体与社会的一定关系，体现出人的精神面貌。人类高级的社会性情感大体上可分为道德感、美感和理智感。

1. 道德感

道德感是由人的道德需要和道德观点是否得到满足或实现所产生的内心体验。当自己或他人的思想或行为符合个体已有道德行为准则时，就会产生积极的肯定的情感体验，如愉快感、正义感、热爱感等。否则，就会产生消极的、否定的情感体验，如厌恶感、憎恨感、负罪感、孤独感、悲哀感等。每个人都以自己具有的社会道德准则去感知、分析、评价自己及别人的道德行为，并形成一定的道德认识和道德观念。

道德感从社会生活的各个方面表现出来，它表现在对待祖国、集体、人与人之间的关系、工作、事业、学习等各个方面。如爱国主义情感、国际主义情感、集体主义情感、责任感、义务感、事业心、荣誉感、自尊心等。

道德感受社会历史条件的制约。不同的社会制度、不同的文化背景，由于社会道德标准不同，人们对相同事物所产生的道德感会有不同。即使在同一社会制度下，由于个体所处的阶级地位不同，也会形成不同的道德需要和道德标准，从而产生不同的道德感。

道德感对个体的道德行为具有巨大的调节和动力作用。它可以规范人们的言行，也可以使人按照道德准则去衡量和影响别人的言行。当然，人的道德感也不是一成不变的。随着个体认识的深化或观念的更新，会形成新的行为标准，取得新的道德观念，那么他的道德感也会随之发生改变。

2. 美感

美感是由人的审美需要是否得到满足所产生的内心体验。如桃红柳绿的春天景色、雄伟壮观的祖国山河、阅读艺术作品、观赏绘画雕刻等，都可以使人体验到美的感受。

客观和主观的诸多因素都能影响美感的产生。某些事物本身的美的形式可引发人们共同的美感，如艳丽的花朵、秀丽的风景、优美的音乐等，但这只能说是极其简单的美感。人类比较高级复杂的美感不仅取决于对事物形式美的感受，人的思想意识、想象和思维等，都能对美的感受起直接的作用。同样，个人的心理状态和审美情趣，有时还会使人产生泛化效果和晕轮效应。而不良的心理状态则会抑制美感的产生。必要的知识经验和一定的鉴赏技能也是美感形成的必要条件。一个人如果缺乏对美的鉴赏力和相应的知识，即使面对再美的事物，也难以感受其美的存在。在社会活动中，美感与道德感也是相互联系的，有时甚至是一致的。凡符合人们的道德需要和道德观念，能产生积极的道德感的事物，才能引起人们内心的美感体验。此外，美感的产生还受个体的不同审美需要的制约。现实生活中我们常可发现，对同一对象，不同的人，可以产生不同的美感。在观察客观事物时，人们总是以自身所建立的美的标准去审视和评价观察的对象。如果客观事物的美的特质符合主体主观映象中的美的标准,满足了主体的审美需要,那么就会产生积极的美感体验。反之,就会产生消极的美感体验。

美感在人们的社会生活中具有重要的意义。丰富而健康的美感,能使人精神振奋、情绪乐观、增添生活的情趣和工作的干劲。教育工作者应重视青少年学生美感的培养和发展。

3. 理智感

理智感是人在智力活动过程中,认识、探求和维护真理的需要是否得到满足所产生的情感体验。探求各种事物和现象发生和发展的原因、结果和规律性,有赖于智力活动。人在认识事物或研究问题时,对于新的还未认识的东西,表现出求知欲、好奇心;对于不能理解或不能解决的问题,表现出惊奇和疑虑;对于正在论证、评价的问题,表现出维护自己观点的热情或浓厚的兴趣;经过努力钻研与思考,使问题得到了解决,会表现出无比的喜悦。这些都属于理智感。

理智感是随着人们的认识和实践活动的逐步深入而发展起来的。认识活动是理智感得以产生的重要基础,而理智感的发展又推动认识过程的进一步深入。理智感是人们认识世界和改造世界的一种动力。以科学研究为例,热爱真理、敢于怀疑、摒弃偏见,是科学研究取得成功的重要条件之一。

理智感对人们学习知识、认识事物发展规律和探求真理的活动都有积极的推动作用。强烈而健康的理智感是人们顺利完成学习和工作任务的重要条件。

教师对学生的期望和态度、师生关系和同学之间的关系,教师在教育教学活动中的方式和方法,都是影响学生理智感的重要因素。教育工作者必须重视这些因素,促进学生智力和理智感的发展。

第三节 基本的情绪学说

许多心理学家都试图用理论来解释情绪的本质、机制和表现,但迄今为止,这个问题仍然没有得到彻底解决。下面我们就来考察有关情绪的基本学说或理论。

一、情绪的早期理论

(一)詹姆士—兰格的外周学说

美国心理学家威廉·詹姆士和丹麦生理学家卡尔·兰格分别于1884年和1885年提出了基本相同的理论。其基本观点:情绪是人对自己身体变化的知觉。该理论的主要功绩在于提出了情绪与机体生理变化的直接联系,强调了外周生理活动在情绪产生中的作用。所以,该理论就被称为情绪的"外周说"。

他们认为,情绪的产生过程可以大概分为如下的阶段:① 先有引起个体反应的刺激;② 该刺激引起了个体的生理反应;③ 由生理反应产生了个体的情绪活动。

詹姆士在《心理学原理》一书中写道:"我以为,我们一知觉到令我们激动的对象,立刻就引起身体上的变化;在这些变化出现之时,我们对这些变化的感觉,就是情绪。""合理的说法乃是:因为我们哭,所以愁;因为动手打,所以生气;因为发抖,所以怕。并不是愁了才哭;生气了才打;怕了才抖。""假如知觉了之后,没有身体变化紧跟着发生,那么,这种知觉就只是纯粹知识的性质;它是惨淡、无色的心态,缺乏情绪应有的'温热'。""情绪,只是一种身体状态的感觉,它的原因纯粹是身体的。"

兰格在情绪的发生上强调血液系统的作用。他以酒精和药物为例,认为血管扩张产生愉快,自主系统活动减弱,血管收缩、器官痉挛,就产生恐怖。他甚至说,冷水浇身能使愤怒减弱,溴化钾能使恐怖、忧虑和不愉快受到抑制。这些都是由于血管收缩功能的改变所致。

詹姆士—兰格的外周论虽然受到后来学者的质疑,但这个学说推动了关于情绪的大量研究,因而在情绪心理学发展史上居于不可抹杀的地位。

(二)坎农—巴德的丘脑学说

20世纪20年代到30年代,美国心理学家坎农针对詹姆士—兰格理论提出了如下质疑:机体的生理变化在发生上相对缓慢,不足以说明情绪迅速发生、瞬息变化的事实。同样的内脏器官活动变化可以在极不相同的情绪状态中发生。因此,仅依据生理变化难以分辨各种不同的情绪。切断动物内脏器官与中枢神经系统的联系,情绪反应并不完全消失。用药物人为地引起与某种情绪有联系的身体变化,却并不产生真正的情绪体验。

根据这些事实,坎农认为,情绪并非外周变化的必然结果,情绪产生的机制不在外周神经系统,而在中枢神经系统的丘脑,并于20世纪二三十年代提出了情绪的丘脑学说。坎农认为,当刺激引起的感觉信息传到皮层时,释放了经常处于抑制状态的丘脑中心,唤醒丘脑过程,导致特定模式的情绪产生。丘脑同时向大脑皮层和身体的其他部分输送冲动,神经冲动向上传至大脑,产生情绪的主观体验,向下传至交感神经,引起机体的生理变化,所以身体变化和情绪体验同时发生。

坎农的丘脑学说得到巴德的后续支持和发展,他们都强调被唤醒的丘脑过程是情绪产生的机制,提出了情绪的特定脑中枢,因此比詹姆士—兰格理论前进了一步,并被后人合称为坎农—巴德丘脑说。虽然丘脑说忽略了外周变化的意义以及大脑皮层对情绪发生的作用,但在探讨情绪的生理机制方面,仍然有其历史功绩。

二、当代流行的情绪理论

(一)阿诺德的评定—兴奋学说

美国女心理学家阿诺德于20世纪50年代提出了情绪的评定—兴奋学说,该学说强调情绪的来源是对情境的评估,而这种评估是在大脑皮层产生的。阿诺德举例说:在森林里看到熊会产生恐惧,而在动物园里看到关在笼子里的熊却不产生恐惧。情绪产生取决于人对情境的认知和估价,通过评价来确定刺激情境对人的意义。因此,阿诺德给情绪下的定义为:情绪是对趋向知觉为有益的,离开知觉为有害的东西的一种体验的倾向,这种体验倾向被一种相应的接近或退避的生理变化模式所伴随。

依照阿诺德的学说，情绪是这样产生的：情绪刺激作用于感官器产生的神经冲动上传至丘脑，在丘脑更换神经元后再传到大脑皮层，在皮层上产生对情境的评估。这时只要情境被评估为对有机体有足够重要的意义，皮层兴奋即下行激活丘脑系统，并影响自主神经系统而发生器官的变化。这时外周变化的反馈信息又通过丘脑传到大脑皮层，并与皮层最初的评价相结合，纯粹的认识经验即转化为情绪体验。

由此可见，阿诺德的学说接受了詹姆士—兰格学说的外周反馈观点，而不同意坎农关于丘脑抑制的观点。她认为整个情绪过程均为大脑皮层兴奋的结果。其学说与詹姆士的不同可从如下模式中表明（见图7-7）：

詹姆士学说： 刺激 ⟶ 机体反应 ⟶ 情绪

阿诺德学说： 刺激 ⟶ ┌ 评 价 ┐ ⟶ 情绪
　　　　　　　　　　　 └ 机体反应 ┘

图7-7 两种学说对比

（二）沙赫特的认知—激活理论

自从阿诺德的评价理论提出之后，情绪的认知观点得到了极大的发展，同时，詹姆士理论的影响也始终存在着。

美国心理学家沙赫特认为，情绪受环境影响、生理唤醒和认知过程这三种因素制约，其中认知因素对情绪的产生起关键作用。或者说，情绪的产生不是单纯由外界环境决定，或由有机体内部的生理变化决定，而是外界环境刺激、有机体内部的生理变化和人的认知因素三者互相作用的结果，而人的认知因素在情绪产生的过程中有很重要的作用。沙赫特和另一位美国心理学家辛格于1962年设计了一项实验，用来证明上述三因素在情绪产生中的作用。

实验采用一批自愿参加的大学生作为被试，将他们分成三组，给他们都注射肾上腺素，用以唤起生理上的兴奋和激动。但是告诉他们注射的是某种维生素，目的是研究这种维生素对视觉的可能作用。对第一组的指导语为：这种药物会引起心跳加快、手发抖，脸发热发烧（这是肾上腺素引发的生理上的真实反应）；对第二组的指导语则说会引起一些麻木、发痒的感觉，而没有别的生理兴奋或激动的反应；对第三组不做任何说明。然后，将注射过药物的三组被试各分成一半，让其分别进入事先设计好的实验情境。其一是惹人发笑的愉快情景（主试的助手做诸如滑稽表演的言谈举止，逗人高兴）；其二是惹人发怒的情景（让被试回答烦琐无聊的问卷，比如一个问题是问他父母婚外性关系的次数，而主试的助手则对此做出愤怒的表示，最后会撕掉问卷愤然离开）。然后根据主试的观察和被试的自我报告，发现第二组被试和第三组被试在愉快的情境中有愉快的情绪，在愤怒的情境中则有愤怒的情绪。而第一组被试则没有表现出这样的情绪。实验结论可以这样推理：① 如果情绪由生理机制引起，因为注射的是同一种药物，生理反应相同，则三组被试的情绪反应都应一致；② 如果情绪由外界环境因素引起，则三组被试的反应应当随所处环境不同而不同；③ 第一组被试之所以没有引起情绪反应，是因为他们将生理反应解释成药物作用导致的。实验结果最合理的推论是，人对生理反应的认识和了解，再加上本身的生理反应和环境刺激，三个因素共同决定了最后的情绪反应，其中认知的因素最为重要。

沙赫特和辛格的实验和理论引起了相当大的反响，但也受到了批评，尤其是该实验设计复杂，后人虽有重复实验，但得不到相同的结果。但是，他们的研究毕竟为情绪的认知理论提供了最早的实验依据，对情绪认知理论的发展起到了一定的推动作用。

（三）情绪的不协调理论与信息加工理论

情绪的不协调理论的代表人物是扬格和普里布拉姆。

扬格在20世纪40年代到60年代形成了独特的关于情绪是"扰乱反应"的概念，他把情绪定义为"感情性的激烈扰乱"，认为情绪是一种神经中枢在感情上的"紊乱"反应，"紊乱"是情绪的关键因素。扬格解释说，正像一个杯子中的半杯水被摇动一样，当情绪性事件发生时，人就被扰乱或搅乱。因此，情绪是一种对平衡状态的破坏，无论快乐或不快乐的情绪均如此。

普里布拉姆总结了大量生理学和神经生理学的研究成果，对情绪做了一个概括的描述。他认为情绪的产生是以一种有组织的稳定性为基线，这个稳定的基线意味着自主神经系统调节下内部过程的正常工作。如果环境信息的输入使有机体处于一种适宜的协调状态，这时有机体的内部活动状态处于稳定的基线之下；当环境信息是一些不适宜的输入时，有机体的内部活动状态立即超越基线，使有机体处于一种不协调状态，从而产生紊乱，这时就产生情绪。普里布拉姆还提出了一个"监视器"的概念，他认为情绪是监视脑活动的一种机制，起着监视心理加工的作用；情绪过程就是当原来进行的加工程度受到阻断时产生的替代性执行程序，对这个阻断过程的意识觉知，就是情绪的体验或感受。

普里布拉姆和扬格都强调情绪同其他心理过程之间的联系，认为情绪起源于对环境事件的知觉、记忆和经验。当人们在过去经验中建立起来的内部认知模式同当前输入的信息不一致时，就导致情绪的产生，这就是不协调的含义所在。例如，意外的成功引起欣喜，意外的挫折导致愤怒，但这两种截然相反的情绪都是对原有内部模式的扰乱。

不协调理论能较好地解释某些较强烈的无论肯定或否定性质的情绪状态，但对那些在满足需要的背景下产生的愉快、恬静的心境却无法说明。尽管如此，它仍为认知心理学家所乐于接受。认知心理学从信息加工的观点出发，强调揭露认知过程的内部结构，如对信息的加工、储存和提取等。认知心理学家把脑的信息加工过程和有机体的生理生化活动结合起来解释情绪。

美国心理学家林赛（P. H. Lindsay）和诺曼（D. A. Norman）把情绪唤醒理论转化为一个工作系统，即情绪唤醒模型。该模型包括以下几个动力分析系统：第一个是对环境输入的信息的知觉分析；第二个是在长期的生活经验中建立的对外部影响的内部模式，即对过去、现在和将来的期望、需要或意向的认知加工；第三个是情境事件的知觉分析与基于过去经验的认知加工之间进行比较的系统，称为认知比较器。认知比较器附带着庞大的神经系统和生化系统的激活机构，并与效应器官相联系。

这个情绪唤醒模型的核心部分是认知。当外部事件作用于人，当前知觉材料的加工引起过去经验中储存的记忆信息的再编码，这个认知过程就会产生人的预期或判断。当现实事件与预期、判断相一致，事情将平稳地进行而没有情绪产生；若有足够的不一致，比如出乎意料的或违背愿望的事件出现,或无力应付、给人带来消极影响的事物产生时,认知比较器就会迅速发出信息,动员一系列神经过程,释放适当的化学物质,改变脑的神经激活状态,使身体适应当前情景的要求,这时情绪就被唤醒了。所以,人类所特有的认知过程同它所附带的庞大的生化机构形成一个反映活动的系统,该系统的工作就表现为情绪。

(四) 情绪的动机—分化理论

综观前面已介绍的几种情绪理论,均强调情绪的起源和发生,却忽视了情绪本身的作用,这就不可避免地导致对情绪基本性质的了解不够全面。这些理论都把情绪归结为其他心理活动的伴随现象、后现象或副产品,而关于情绪本身有什么功能,情绪在整个心理过程中居什么地位,对其他心理活动起什么作用,均未涉及。例如,詹姆士—兰格理论把情绪看作身体变化过程的产物,不协调理论则把情绪看作认知不协调的产物,等等。在对情绪性质的认识上,这些理论统统属于一个综合性的理论派别,即情绪的副现象论。

不少心理学家在探索情绪的性质时,不满足于副现象论,而认为情绪是独立的心理过程;情绪有它本身的机制,并在人的心理生活中起着独特的作用。这种观点构成了情绪理论的另一大派别,即以汤姆金斯(S. Tomkins)和伊扎德为代表的动机—分化理论。该理论萌生于20世纪60年代,至今已成为很有影响的情绪理论之一。

汤姆金斯和伊扎德都认为情绪具有重要的动机性和适应性的功能,汤姆金斯更是认为,情绪就是动机,他否定了把动机归结为内驱力的看法,着重指出内驱力信号需要一种放大的媒介才能激发有机体去行动,起这种放大作用的正是情绪过程;而且情绪是比内驱力更加灵活和强有力的驱动因素,它本身可以离开内驱力信号而起到动机作用。

伊扎德的动机论则容纳了更复杂的内涵,他提出,情绪是一种基本的动机系统,他从整个人格系统出发建立了情绪—动机体系。伊扎德提出人格具有6个子系统:内稳态、内驱力、情绪、知觉、认知、动作。人格子系统组合成4种类型的动机结构:内驱力、情绪、情绪感受—认知相互作用、情绪感受—认知结构。在这庞大的动机系统中,情绪是核心,无论是与内驱力相联系的情绪,或是同知觉、认知相联系的情绪,抑或是蕴含在人格结构中的情绪特质,都起重要的动机作用。伊扎德进一步指出,情绪的主观成分——情绪感受或情绪体验正是起动机作用的心理机构,各种情绪感受或情绪体验是驱策有机体采取行动的动机力量。

伊扎德的情绪理论还包含更完整的内容,他从进化的观点出发,提出大脑新皮质体积的增长和功能的分化同面部骨骼肌肉系统的分化以及情绪的分化是平行的、同步的。多种情绪的分化是进化过程的产物,因此,才具有灵活多样的适应功能,从而导致情绪在有机体的适应和生存上起着核心的作用。每种具体的情绪都有其发生的渊源,都有特定的意识品性和适应功能。

汤姆金斯和伊扎德继承和发展了达尔文关于表情的学说。从情绪的分化观出发,十分强调面部表情的重要性。他们指出,人类基本情绪的面部表情是先天程序化的模式,而且先天的面部表情参与到情绪发生的整个机制之中,面部运动的感觉反馈激活情绪体验。伊扎德详细阐述了这一过程,描述了外界刺激事件引起感觉皮层和边缘系统的兴奋,激活在下丘脑或杏仁核内贮存的先天情绪模式,从而在面孔上显露为一种具体情绪的表情。这一表情活动向脑内的感觉反馈引起皮层的整合活动,从而产生情绪感受或情绪体验。这就是表情的"面部反馈"功能。

在对情绪性质的阐述上,动机—分化理论既说明了情绪的产生根源,又说明了情绪的功能,为情绪在心理现象中确立了相对独立的地位。尤其在对人类婴儿情绪发生和功能的阐释上,具有创新性和极大的说服力。但是动机—分化理论对情绪与认知的联系缺乏具体的论证和阐述,这似为其理论不足之处。

扩展性阅读

> **季节性情感失调——人的情绪情感也受季节的影响?**
>
> 季节性情感失调(Seasonal Affective Disorder,缩写为 SAD;或译为季节性情绪失调、季节性情绪失调综合征),是一种因季节变化导致自然光线的改变而诱发的感情的或者情绪的失调。大多数的 SAD 患者在一年的大部分时间都有良好的健康状态,但冬季或者夏季会有感到忧郁的症状,表现为疲劳或倦怠、哀伤、态度消极、易发脾气、缺乏耐心、睡眠过多或过少、不愿参加家庭活动或同龄群体的社会活动。SAD 研究者,医学博士诺曼·罗森塔把它描述为"能量危机"。他估计 SAD 在美国成年人中的流行程度为 1.4%(佛罗里达)和 9.7%(新罕布什尔)。儿童和青少年也会罹患这种情绪失调,虽然发病率没有成人那么高,但仍需社会予以重视。对 SAD 的治疗最成功的方法就是光线疗法,每天暴露于高强度光照 1 小时甚至更多时间(依据患者情况而定),有80%的患者在情绪忧郁方面得到极大改善。

第四节 中学生情绪与情感的发展

一、影响中学生情绪情感发展的身心因素

中学生的身心发展处于从儿童期向成年期的过渡期,这种过渡期所出现的身心因素,影响和制约着中学生的情绪和情感发展。具体分析,它们有如下几个方面:

(一)身体的成长变化

中学生处在个体生长发育的第二个高峰时期,这首先表现在身高体重的快速增长。身体迅速长高,是身处青春发育期中学生外形变化最明显的特征。在青春发育期前,儿童平均身高年增长 3~5 厘米,但到了中学进入青春发育期时,身高的年增长少则 6~8 厘米,多则 10~11 厘米。和身高增长相适应的是中学生体重的迅速增加。儿童期体重增加每年不超过 5 公斤,但到了青春期,每年可增高 5~7 公斤,可达 10 公斤。近年来,由于营

养丰富,很多中学生在高中时期身高和体重就已和成人相当了。

从内部脏器及其机能看,各个内脏器官及其机能已接近成熟,尤其是内分泌和神经系统的发育成熟,对中学生的心理发展具有重要意义。虽然中学生的内分泌系统和中枢神经系统的控制和调节机能还不及成人,但远远比儿童强。性腺、性器官和副性特征,都是在这个过渡期开始发育和成熟的。

(二) 心理的成长变化

中学生神经系统和身体其他机能的发育成熟,加之中学生活的扩展,使得他们的活动领域更为宽广,认知水平有很大提高。随着经验的不断增长,以及同认知发展有关的各种心理成分的发展与成熟,中学生对客观世界和自己的主观世界的认识远远超过小学生,自我意识的发展也逐步成熟。他们渐渐摆脱了家长和老师的评价对自己的影响,独立地评价自己和社会现实。

性的发育和成熟,带来了中学生比较鲜明的性意识,中学生进入与异性交往、和异性相爱的时期。性心理的发展给中学生的生活带来了新的人生体验。这在中学生的情绪情感发展上有着重大影响。

二、中学生情绪和情感的发展特征

中学生进入新的学习环境,生活条件的变化和身心的发展变化,使得中学生的情绪情感出现了新的色彩。中学生的情绪情感,就其一般趋势,有如下特征:

(一) 情绪和情感丰富而热烈

中学生精力充沛、生机勃勃,日渐成熟和强壮的身体使他们体验到了自己的力量,经常为自己青春的力量所鼓舞。同时,他们也对未来充满了美好的憧憬和幻想。因此,昂扬向上是中学生情绪体验的主旋律。他们需要表达和宣泄,情绪活动强烈,实践调查显示:他们常常通过唱歌、吟诗、跳舞、写作等方式表达自己强烈的情感。

(二) 情绪和情感易起伏波动,情绪的两极性明显

在中学生扩大了的社会生活中,中学生各种各样的需要也在日益增长,但他们对这些需要的合理性的认识水平却不高,于是产生了主观状态和社会客观现实之间的矛盾。加上身体机能的变化,使得中学生情绪和情感容易出现起伏波动,他们会因为某种成功而欣喜若狂,也会因某种失败而萎靡不振。

(三) 两性爱情的萌芽

两性之间的爱情是男女两性之间存在的一种特殊关系的体验。它与性成熟有关,但又比单纯的性需要显得层次更高,在情绪情感方面也显得更为深刻。它与社会文明和道德原则有联系。

青春期所出现的性成熟和性意识,必然使中学生对性和爱情有向往。美国心理学家赫洛克(E. Hurlock)把人从性意识的萌发到爱情的产生全过程分为四个阶段:第一个阶

段是青春期疏远异性的否定期;第二个阶段是向往成年异性的"牛犊恋"时期;第三个阶段是青春中期积极接近异性的狂热期;第四个阶段是青春后期正式的浪漫恋爱时期。除了第二个阶段不一定有普遍性外,其他三个阶段在青少年中学生身上都是比较明显的。尤其是高中时期的中学生,正处于第三个阶段,即积极接近异性的狂热期,处于这个时期的男生女生对异性非常敏感,很容易出现所谓的"早恋"。在爱情方面的情感困惑也是中学生情绪情感中应当重视的话题。

(四) 情绪和情感的掩饰现象

中学生自我意识和社会意识的增强,使得他们会注意到情绪表达方面的适当性。他们在一定程度上会掩饰自己情绪和情感的波动和两极性,表现为情绪的表里不一,情绪出现文饰的、内隐的和曲折的性质。心中高兴,但外表却若无其事;或心中悲哀,却表现得毫不在乎。这方面的情绪掩饰,尤其在与性爱情感和情绪相联系时更是如此。

(五) 情绪情感体验的深刻性和稳定性不断发展

在中学时期,随着不断增长的高级社会需要,中学生情绪和情感内容的社会性不断地深刻化,他们的道德感、理智感和美感都有了新的形式和表现。其中,集体荣誉感和社会责任感日渐明显。他们关心国家大事、社会形势,追求真善美的生活。这种深刻的情感发展,也是在逐步地稳定发展着的。即他们在中学时的各种情感会稳定存在于他们心中,并在今后的人生中发挥作用。情绪情感的稳定性,也表现在他们在其情绪情感方面逐步形成的自控性上。

 扩展性阅读

> **早恋的困惑**
>
> 青春期少年由于性心理的驱动,喜欢接近异性。当遇到自己钟情的异性时,爱慕之情便油然而生。也可能是赶时髦心理。中学生心理发展尚未成熟,社会阅历和生活经验有限,从众心理和模仿性极强。大众传媒和现实生活中的恋爱"榜样",使他们产生了也要尝试一下的赶时髦心理。正如一位初中女生在日记中所写:"小梅和方刚好了,静雅和李军约会了好几次。看到班上那么多同学谈了朋友,我也就和他好了。我好想他,可我也不知道看中了他什么,只怕自己将来连朋友都找不到,被同伴们说无能。"还有一种可能就是寄托心理,由于长期体会不到家庭的温暖,就寻找异性寄托情感。

第五节 情绪与情感在教育中的作用

一、教师的感染力及其作用

教师的感染力就是教师在教育活动中,以自己的个性去影响、教育学生所表现出的情绪和情感力量。

在教育过程中,教师是影响学生的最积极最活跃的因素。这种影响不仅有赖于教师的专业知识、教育与教学的方法技能,而且也有赖于教师是否运用自己的感染力。具有良好、健康的情绪和情感的教师,不仅能有效地提高教育和教学工作的效率,而且能对学生情绪的表达方式及情感的发展倾向产生积极的影响。

(一) 教师的感染力是学生学习成功的重要条件

我国古代教学名著《礼记·学记》中说:"亲其师,信其道。"我们都有这样的体会,在我们的个人求学经历中,我们喜欢哪个老师,就常常在哪个老师的课堂上表现得更好一些,学习成绩也会更好一些。有一份中学生学习状况的调查结果显示,喜欢教师并对教师所教学科有兴趣的学生占总数的69.1%,而不喜欢教师与对其所教学科无兴趣的占71%。这都说明教师的感染力对学生学习的重大影响,它是学生学习成功的一个重要条件。

教师要想发挥自己的感染力,就必须注意自己的个人专业修养、人格修养以及情绪情感修养。

实践证明,教师的专业素质和人格素质的良好结合,是获得学生尊重、热爱和亲近的前提。而作为人格素质中一个核心因素的情绪情感素质,也为学生高度重视。教师要力求在教育教学过程和学校生活中保持积极的心境,注意不要让自己个人工作或生活中的某些不顺利的事情影响自己的心境,或者如果处在不良心境下,要警惕自己的心境可能带来的对学生的消极影响。教师要注意自己的情感调控,这是因为情感具有感染功能,教师的情感会在教学过程中随时随地影响学生,对学生的情感起着重要的调控作用。教师在教学活动中要始终调控好自己的情绪,处于饱满、振奋、愉悦、热忱的状态,以感染学生的情绪,活跃教学气氛,为学生的认知活动创造最佳的情绪背景。即使在消极的心境下,也要力求做到像苏联教育家马卡连柯所说的那样:"从来不让自己有忧愁和抑郁的面容,甚至有不愉快的事情,生病了,也不在儿童面前表现出来。"

教师在教育和教学工作过程中,要培养和保持自己的工作热情,在必要时要激发和保持积极的激情,抑制消极的激情,从而以饱满的精神状态投入到自己的教育教学工作中去,发挥最大的工作效率。

(二) 教师的感染力有助于教书育人的目标达成

在教育工作中,教师的天职和目标就是教书育人。在自己的学科教学过程中,教师必须注意,要将自己的教学目的转化为学生自觉的学习需要。正如苏联教育家苏霍姆林斯基所说:"教师对教材冷漠的态度会影响学生的情绪,使其所讲述的材料好像和学生之间隔着一堵墙。"而"热爱自己学科的教师,他的学生也充满热爱知识、科学、书籍的感情"。因此,优秀教师不只是传授知识、培养能力,而且还将自己对学科执着追求的精神、热忱和感受带给学生,以激起学生情感上的涟漪和共鸣。

在育人方面,良好的道德品质和行为习惯,无不在情绪的伴随中进行。教师通过情绪的感染,使学生体验到愉快和振奋的情绪,会引起他们模仿或重复进行这一类行为和活动。教师利用表扬或批评能唤起学生相应的情感体验,对行为起巩固、调整和矫正的作用。特别是教师运用自己的感染力向学生提出要求,使学生感到亲切与善意,就易于为他们所接受,成为他们推动自己前进的动力。教师在处理学生出现的问题时,不能感情冲动,更不能鲁莽从事,以免伤害师生感情,伤害学生的身心健康。即使学生的问题较为严重,教师在友善、亲切、和缓的情绪背景下进行工作,也能使学生在类似的情绪状态下接受教育。"晓之以理,动之以情",正是许多优秀教师在做后进生转化工作时的经验,这个"情"字也正说明了教师感染力的重要性和必要性。

二、促进学生情绪健康发展,教会学生调节情绪

(一)促进学生的情绪健康发展

我们知道,学生的全面成长和发展,都是在各自遗传基础上、在环境的影响中、在教育的引导下进行的。作为教师,要注意学生情绪的健康发展,因为这是学生全面发展的必要成分。

情绪的发展与心理健康有密切的关系。心理健康的学生,精神愉快,能提高学习的信心,克服干扰和困难,加强智力的效能,且有良好的社会适应能力。心理不健康的学生,情绪干扰大,遇到困难就会畏缩不前,智力效能降低,社会适应不良。

要促进学生情绪的健康发展,教师首先要从对学生个性特征的了解着手,知道自己学生的气质和性格特点。教师要在日常工作中加强和学生家庭的联系,了解学生的遗传特性和家庭背景,把握学生成长的经历,针对不同的学生和不同的情境,有的放矢地采取不同的工作方法和手段,使学生保持适宜的情绪状态,丰富并端正学生的情绪体验,培养学生健康的情绪和高尚的情感,提高学生的心理健康水平。对学生在家庭生活、学校生活和社会生活中遇到的挫折,要及时和有效地进行干预,鼓励学生正确应对挫折,在挫折中成长。教师还要注重学生良好的意志品质的培养。意志可以调节和控制情绪和情感,使有害情绪情感的强度减弱,甚至可以使某些消极情绪情感不至于重复发生。

(二)教会学生调节自己的情绪

教师在教育教学活动中,必须注意根据学生情绪发展的特点和情绪表现,教给学生在情绪和情感方面的自我调节方法。

1. 认识角度转变法

人们对某种事物或现象认识角度的不同,决定了人们不同的行为和情绪反应。教师要将这样的理性原则教给学生,鼓励学生从多角度去观察和认识同一事物或同一现象。有时候,从某个角度看,某种问题或某种现象会引起我们的不安和烦恼,使我们产生焦虑情绪或其他消极情感,但是,从另外的角度来看,就有可能发现它的积极意义,从而使消极情绪和情感转化为积极的情绪和情感。比如,在对待老师的批评时,如果只看到老师在批评的口气上和内容上给自己带来了负面影响,那就会产生沮丧、烦恼或恼怒的情绪;而从另外的角度,看到自己的缺点被发现从而又可能在今后得到纠正,使自己得到学业上或性格上的成长,那么就会产生感激和愉快的情绪。

2. 情境转变法

当消极情绪发生时,或存在着消极的心境时,我们知道它会影响我们的学习效率和生活质量,我们必须尽快地摆脱它。情境转变法指的是将自己的消极情绪或消极心境,通过转变生活和活动情景而得到摆脱。比如,可以让学生在此时通过听音乐、观看影视、从事体育活动等适合个体情况的途径,及时调整自己的情绪状态和心境。帮助学生选择欣赏音乐、观看影视、找人谈心、参加活动等适合个体情况的途径,及时调节情绪状态。

3. 自我暗示法

当我们遇到不如意的事件或现象,引发了消极情绪的时候,我们可以采取自我暗示的方法来减轻或消除它的影响。比如,当我们在遇到别人的讽刺挖苦时,如果我们能够暗自告诉自己"这事不值得生气,他是在嫉妒我的成就",这样,我们本来可能产生的勃然大怒的情绪,就变成了"真好笑"的感受和愉快的情绪。其实,无论是鲁迅先生笔下的阿Q,还是古希腊伊索寓言中吃不到葡萄的狐狸,如果用精神分析的术语来说,他们采用的是自我防御机制中的"合理化"策略来应对自己的挫折,但从情绪调节的机制上来说,都是一种自我暗示,从而达到自我安慰的目的,使自己从消极情绪中摆脱出来。当然,自我暗示的方法,最好是建立在正确的认识基础上。

4. 自我激励法

自我激励指的是在遇到困难和压力的情况下,通过言语或动作,自己给自己激励,克服困难,应对压力,从而将可能引发出的消极情绪,以积极情绪的形式表现出来。比如,面临一次重大的考试,而自己又没有把握考好,这将产生焦虑。此时,就应该让学生学会自我激励。可以让学生以自信的口吻,大声给自己宣称"我一定能考好",并配合适当的行为举止,比如,握一下拳头,或拍拍胸脯,这样,就有可能将消极的焦虑情绪转化为积极的轻松感受并进而产生努力复习的激情。如果面临的是不可克服的困难和压力,自我激励也可以使学生将这种挫折感升华为另一种积极的情绪和动机,以导向积极的方向。一个最好的升华例子就是德国文豪歌德。歌德年轻时爱上了朋友的未婚妻而不能自拔,但歌德最终没有被这种绝望情绪击垮,他将其升华为艺术创作的狂热情绪和动机,写出了世界名著《少年维特之烦恼》。所以,无论遇到多大的困难和挫折,只要我们还有勇气,还能自我激励,那么,我们就总能处在"山重水复疑无路,柳暗花明又一村"的希望中。而希望的实现,需要我们更为努力地奋斗。

情绪的自我调节,远不止上述几种。其他心理学著作或自我修养之类的著作还提出许多自我调节的方法,如解决问题法,即解决导致消极情绪的问题;合理宣泄法,即通过合理的途径,适当宣泄消极情绪。其他还有如幽默化解法、调息放松法,等等。教师在生活中不妨自己多收集一些情绪调节的方法,在适当的场合,通过适当的手段,传授给学生。

本章小结

情绪和情感伴随着认知过程产生并对认知过程产生重要影响,它是人对客观现实的一种反映形式。尽管如此,鉴于情绪情感的主观性和变化性,目前该领域仍是认知心理学的研究难点与重点。深入剖析情绪和情感的内部及外部变化,将为情绪情感的多维测量提供可循的研究基础。同时,了解各种表情信息间的差异,也可提高人际沟通的准确性和有效性。进一步地,情绪情感的分类又可为相关研究的丰富性开展提供方向与支撑点。虽然,目前已有的情绪理论及学说尚不能完全揭示情绪情感产生的真正内在机理,但已有理论观点可为后续探索提供基础与条件。与此同时,理解情绪和情感的基本功能,也可明晰研究该领域的实践意义,并在结合中学生情绪与情感发展影响因素及特点的基础上,为情绪与情感的教学运用提供具有指导性、可操作性的意见与建议。

复习思考题

一、选择题

1. 患者张先生手术成功之后,心情一直不错,每天都是笑呵呵的。这段时间张先生的情绪状态是(　　)。

   A. 心境　　　　B. 激情　　　　C. 应激　　　　D. 热情

2. 下列选项中,不属于道德感的是(　　)。

   A. 对汉奸的憎恨　　　　　　　B. 对道德楷模的钦佩
   C. 对教师观点的质疑　　　　　D. 助人后产生的自豪感

二、名词解释

情绪　情感　心境　激情　应激　道德感　美感　理智感

三、简答题

1. 情绪情感与需要的关系是怎样的?
2. 情绪和情感的功能有哪些?
3. 有关情绪的理论有哪些?各有什么要点?
4. 中学生的情绪情感有哪些特征?

四、论述题

如何利用情绪和情感来提高教育和教学效果?

第八章 意 志

 **内容提要**

　　成功人士之所以成功,不仅仅是因为他们的聪明才智,更重要的是他们有坚韧不拔的意志。意志是有目的的行动,是人类能动地反映世界和改造世界的能力,需要有机体感到某种缺乏而力求获得满足的心理倾向。意志是在人们自觉的、有意识的行动中表现出来的,有克服困难这一特征,这些困难有来自家庭、社会和他人的阻挠,有来自自然、社会不利的环境。在行动中遇到困难,只有意志行动才能克服困难,才能实现预定的目的。坚强的意志不仅要靠反省、深思获得,更需要在日常生活中通过不断克服困难的锻炼而获得。因此,家长和教师、学校和社会应该利用一切可以锻炼意志的途径和机会,对青少年学生的意志品质进行锻炼,培养他们勇于承担责任、克服内外困难的精神,使他们成为对社会有更大贡献的人。

 **思维导图**

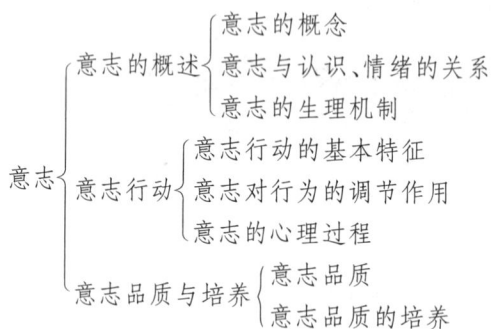

第一节　意志的概述

一、意志的概念

　　意志是指自觉地确定目的,并根据目的来支配、调节行动,克服困难,从而实现目的的心理过程。意志是人类特有的心理活动过程。

　　认识过程是将外部刺激向内部心理结构的转化,意志过程是内部心理结构向外部世界的转化。后一种转化,表现为意志对人行动的支配和调节作用。这种支配和调节既根据自觉、主动的意志进行，又保证了目的的实现。

意志是人类独有的心理品质。动物没有意志，它们只能消极地顺应周围环境，成为自然的奴隶。意志是人类在认识世界和改造世界的过程中产生的，也是随着人类不断深入地认识世界和更有效地改造世界的过程发展的。意志是人的主观能动性的最突出的表现之一，也是人和动物本质性区别的集中表现。

二、意志与认识、情绪的关系

（一）意志与认识的关系

首先，认知是意志的产生前提。目的性是意志的基本特征之一。人的任何目的都不是凭空产生的，它来源于人对客观世界的认识。人类只有认识了客观规律，认识了自身的需要和客观规律之间的关系，才能提出切实可行的目的。同时，目的的实现也离不开认识活动，目的的实现必须依赖于有效的方法和步骤。在意志活动中个体为了确定目的，选择实现目的的方法和步骤，通常需要审时度势，分析现实的条件，回顾以往的经验，设想将来的结果，拟订方案，编制行动计划，并对可能出现的困难进行预见，准备应对策略。这些所有的活动都必须依靠认识过程才能实现。可见，认识过程是意志的基础。离开认识过程，意志便不能产生。

其次，意志对认识过程具有调节作用。人类的认识过程不是一帆风顺的。观察活动的组织，随意注意的维持，有意记忆的进行，创造性想象的实现，解决问题的思维活动的展开等，都离不开人的意志。当认识活动遇到困难，这时候意志开始发挥作用，保持认知过程不中断。因此，没有意志过程就没有认识过程的持久和深入。

（二）意志与情绪的关系

首先，情绪对意志具有影响作用。情绪既可以成为意志的动力，也可以成为意志的阻力。当某些情绪对人的活动起到推动、支持的作用，情绪就会成为意志行动的动力。当某种情绪对人的活动起到阻碍或消极作用时，该情绪就会成为意志行动的阻力。例如，当一个学生成绩优异，受到表扬和奖励时就会产生愉快的情绪体验，他就会更加努力地学习并在学习上积极克服困难，反之就会对学习失去兴趣，甚至放弃学习。情绪对意志行动的干扰作用，取决于个体的意志力水平。意志坚强的人可以克服消极情绪，坚持行动。意志薄弱者则可能因为消极情绪的干扰而半途而废。

其次，意志对情绪起到调节和控制的作用。例如，由于各种原因而产生了愤怒情绪的教育工作者，可以凭借意志的力量，抑制这种消极情绪，不将个人的情绪带入课堂，更不会将个人的情绪发泄到学生身上。人们日常所说的"理智与情感的冲突"，实际上是指意志与情感的冲突。"理智对情感的驾驭"，实际上也是由意志遵循理智的要求而实现对情感的驾驭，理智本身并不能发挥控制情感的作用。也就是说，在调节和控制情绪过程中真正起作用的是意志。所以，个体情绪的产生与发展依赖于意志的调节和控制。

三、意志的生理机制

意志和认识过程、情感过程,都是人脑的机能。人的意志行动是通过一系列随意运动实现的。随意运动是受意识调节的运动,是个体能够随意地发动或制止、加速或减慢、加强或减弱的运动。对随意运动生理机制的揭示,有助于对意志过程生理本质的理解。

(一)意志行动的始发机制

19世纪70年代,科学家在研究中发现了在大脑皮层的中央前回。这是一个高度分化了的皮层区域,它主管全身骨骼肌的活动,被称作皮层运动区。躯体各部分在这区域都有相应的投射点:中央前回上部与人体下肢相联系,中部与上肢躯干相联系,下部与机体头部相联系,与手指及语言器官(声带、喉、舌等)相联系的中枢部位区域最广。直接刺激大脑皮层运动区的某个部位,会引起相应肢体的运动,这种大脑细胞的兴奋作用是随意运动的始发机制。

皮层运动区所发生的兴奋与皮层其他部位的兴奋之间,可以形成暂时神经联系。通过形成的暂时神经联系的通路,皮层其他部位的兴奋,引起运动区神经细胞的兴奋进而发动躯体运动反应。这意味着,不仅外部刺激可以通过引起皮层一定部位的兴奋而引起动作,而且大脑内部运动也可以引起动作。如巴甫洛夫的学生 H. T. 克拉斯诺高尔斯基将狗前腿弯曲(这是狗的被动运动),随即喂以食物,若干次后,前腿弯曲即成为食物的信号,引起狗的唾液分泌。以后,当狗由于饥饿而引发食物中枢发生兴奋时,也可以引起皮层运动区一定部位的兴奋,从而出现前腿弯曲的反应。这个实验表明,饥饿感觉作为一种内部始发机制引起主动性运动。暂时神经联系这种条件反射的生理机制,可以是阳性的,也可以是阴性的。因此,内部或外部刺激不仅可以激起某种运动反应,也可以抑制某种运动反应。

(二)意志行动的调节机制

随意运动是由皮层运动区与皮层感觉区的联合机制实现的。人的运动系统是一种复杂的结构系统,其中包含着一系列细小的动作环节。如果到达每一个动作环节的始动信息存在微小偏差,那么总和起来就会使总体运动效果显著地偏离预定方向。只有对始动冲动的方向和力量进行不断的修正和调整,才能保证有目的的动作的实现。这种修正、调整,要靠来自效应器官的内导性返回传导的作用来实现。

内导性传导的神经机制是反射环,它服从于反射的原则。中枢神经系统不仅接受由感受器直接输入的信息,而且接受来自效应器的内导神经冲动。经过复杂的分析及综合活动,中枢神经系统对机体活动实现了精细的调节机制。个体的行为在接收到反射弧的效应器活动时并未终止,效应器的活动本身会成为一种刺激,使个体活动以连锁式的方式进行下去(见图 8-1)。在随意运动中,这种调节作用非常重要。外界刺激经过大脑加工,可以作为一种始动"刺激"引起机体的活动。为了分析活动的结果是否符合原来的预定目的与要求,大脑将本体感受器发来的每一瞬间效应器的状态及内外条件变化的大量信息,与原来预定的目的进行比较。通过这个过程,大脑实现了对行为进行精细的调节与控制。这种调节活动不是一次完成的,当活动的结果没有达到预定的目的,调整活动会一直进行下去,直到活动的结果与预定的目的完全一致时为止。

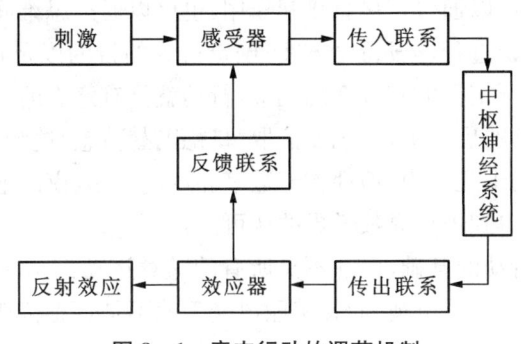

图 8-1 意志行动的调节机制

(三) 第二信号系统对意志行动的调节作用

在随意运动机制中,第二信号系统起着重要作用。第二信号系统——言语,能代替第一信号系统的刺激,使人的活动不直接依赖具体事物的直接刺激。人的活动可以在行动之前意识到行动目的和手段,赋予随意运动意识的特点。与具体刺激物相比,第二信号系统建立的条件反射具有精确度高、灵活的特点。因而,言语信号所调节的随意运动具有很大的确定性和灵活性,并且言语强化的效果也是具体刺激物所不可比拟的。通过言语所表达的行动理由,可以使人在从事困难的活动时产生巨大的精神力量。在学习新技能时,指导者言语指示的强化,可以帮助练习者发现和改正错误动作。言语信号既能引起动作反应的兴奋,也能引起动作反应的抑制,发挥着随意运动的始动和制动信号的作用。

总之,人的随意运动是由人的神经系统,特别是大脑这一生理基础和机能活动来保证的。无论人的随意运动多么复杂、巧妙,必须依赖于上述的生理学基础。由此可见,人的意志行动不仅受外部客观环境条件的制约,而且也受内部生理条件的制约。

第二节 意志行动

一、意志行动的基本特征

(一) 意志行动具有自觉确定目的性的特征

意志是在人们自觉的、有意识的行动中表现出来的。根据行为过程是否受到意识的控制,人类的行为可以区分为不随意行为和随意行为。不随意行为是一种没有意识、没有目的的行为。不随意行为是建立在非条件基础上的本能行为,是人类生来具有的,不需要意识的参与,能够自发地进行。如手感到烫会缩回,瞳孔受到强光照射会收缩,嘴巴遇到食物会分泌唾液。

随意运动是指受到意识调节和支配的,具有目的性、方向性的运动。随意运动不是直接按当前情境进行活动,而是按过去活动的后果进行活动。活动后果的预见是从过去经验而来的,过去经验既可以通过记忆直接起作用,也可以通过思维间接起作用。人在意志行动之前,总要经过认识过程形成行动方案,确定行为的目的以及达到这种目的的方法。这样,行动过程中受到既定目的和方案的调节,行动就具有意志的色彩。数学家陈景润在中学时代一位数学老师的启迪下,立志要摘取"哥德巴赫猜想"这颗数学王冠上的明珠,为中国人争光。在以后的十几年中,他埋首于数字和草稿纸中,夜以继日地进行推导、演算,终于取得了重大突破,得到了世界数学界的认可。

随意运动是意志行动的基础,但并不是所有的随意运动都是意志行动。意志行动还必须与克服困难相联系,如看电视、欣赏美丽风光等就不是意志行动。

(二)意志行动具有克服困难的特征

意志行动除了具有随意行动的一切重要特征外,还必须具有克服困难这一特征。一个人在行动中不断克服困难,说明他的意志坚强;如果不能克服困难,说明他的意志薄弱。因此,克服困难的大小及多少是衡量意志强弱的主要标志之一。因此,随意行动是否属于意志行动,取决于是否与克服困难相联系。例如,教师在黑板上写字,这种行为虽然是随意行动,但对教师来说是轻而易举的事情,所以并不是意志行动。如果这位教师已经连续上了几节课,或者由于其他原因,手臂处于酸痛状态,在黑板上写字这种行为此时就成为意志行动。因为这种行动需要克服生理的不适感,是和克服困难联系在一起的。

意志行动所要克服的困难包括内部困难和外部困难。内部困难主要指主体的心理和生理的障碍。这其中包括:对决定正确性的怀疑,相反的要求和愿望的干扰,消极的情绪,信心不足,犹豫不决的态度,缺乏知识经验,能力有限,身体健康状况欠佳等。外部困难主要指客观条件的障碍。这其中包括:来自家庭、社会和他人的阻挠,缺乏必要的工作条件和工具,自然条件的恶劣,社会环境的不利等。比如,跳水运动员在比赛时,跳台的高度所引起的恐惧,比赛规模产生的紧张或冷淡,面对对手顾虑重重、信心不足等,这些是内部困难;比赛条件的不利影响和观众的不友好等则是外部困难。

总之,个体在行动的过程中遇到困难,只有意志行动才能克服困难,实现预定目的。克服困难是意志行动的最主要特征之一。

 扩展性阅读

> 新中国成立以来贡献最大的农学家袁隆平院士,30岁那年,有次他远远地看到马路边围了一堆人,走近一看,路边横躺着两具骨瘦如柴的尸体,此事深深刺激了他,他决意在农业科研上搞出点名堂来。袁隆平常说,书本上、电脑里种不出水稻,他始终坚信真正的权威来自实践。无论是烈日炎炎,还是刮风下雨,他和他的助手们都坚持在田间劳作。在袁隆平的带领下,他的团队克服了一个又一个的困难,实现了超级稻项目一期又一期的目标。

二、意志对行为的调节作用

意志对行动的调节表现为发动和抑制两个方面。前者在于推动达到预定目的所必需的行动,后者在于抑制不符合预定目的的行动,这两方面在人的行为中是统一的。例如,当某人决定早晨锻炼身体时,意志既会促使他早晨起床从事锻炼活动,同时又会抑制他早上多睡一会等干扰实施锻炼计划的活动。总之,为达到预定目的而采取的行动越有力,就越能抑制与预定目的相矛盾的行动。反之,越能克制与预定目的相矛盾的行为,为达到预定目的而采取的行为就越有力。意志正是通过发动与预定目的有关的行为,抑制与预定目的无关的行为,从而实现对人的行为的调节和控制。

意志对行为的发动和抑制作用源于对目的的明确认识和深刻体验,马努伊连柯通过实验证实了这一点。在实验中,单纯地要求学前儿童保持特定的姿势站立不动,儿童很难控制自己,很短的时间就开始动起来了。然后,再安排一个情景,让儿童扮演游戏中的哨兵,要求他长时间地保持站立姿势不动。这时保持站立的时间是前者的3到4倍。这个实验说明,当一个人认为自己的行动具有明确而崇高的目的,并且深刻体验实现目的的重大责任,就会以坚强的意志实现预定目标,并克服与预定目标相违背的行动。

三、意志的心理过程

意志作为一种心理过程,包括产生、发展和完成的历程。意志活动的心理过程分为两个阶段:采取决定阶段和执行决定阶段。采取决定阶段包括动机斗争和决策目的。执行决定阶段包括行动方法、策略的选择和克服困难实现所做选择。

(一) 采取决定阶段

采取决定阶段是意志行动的开始阶段,它决定了意志行动的方向及意志行动的动因。一般来说,这个阶段要经过动机斗争和决策目的等环节。

1. 动机斗争

动机是推动个体行动的直接心理原因,它直接与行动目的相联系。由于个体的意志行动常常具有两个以上的目的,而这些目的不能同时实现,因而产生了意志行动的内心冲突或动机斗争。意志行动中的动机斗争是指动机之间相互矛盾,对各种动机权衡轻重,评定其社会价值,同时解除意志的内部障碍的过程。

就动机斗争的形式来说,冲突可以分为以下四种:

(1) 接近—接近型冲突,又称双趋冲突

当两种或两种以上目标同时吸引着人们,而必须选择其中一种目标时,通常出现接近—接近型冲突。孟子曰:"鱼,吾所欲也;熊掌亦吾所欲也。"鱼和熊掌不能兼得就会引起个体的接近—接近型动机冲突。在实际生活中,两种目标的吸引力不可能完全相同,鱼和熊掌虽然都好吃,但熊掌属于珍奇佳肴,因而更具有吸引力,在这种情况下冲突的解决比较容易。当两种目标的吸引力比较接近时,冲突的解决就比较困难,需要意志努力,或者选择放弃一个目标,或者同时放弃两个目标而选择另一折中的目标。"两利相权取其重",

表达了接近—接近型冲突的解决途径。

(2) 回避—回避型冲突，又称双避冲突

两种或两种以上的目标都是人们力图回避的事物，而又只能回避其中之一目标时，就产生回避—回避型冲突。"前怕狼，后怕虎"是双避冲突的非常形象的比喻。回避—回避型冲突通常由于人们接受了其中一种目标而趋于解决。我国古代思想家墨子对双避冲突有过精辟的论述。《大取》中有这样一段话："……害之中取小也，非取害也，取利也。其所取者，人之所执也。遇盗人，而断指以免身，利也。其遇盗人，害也。利之中取大，非不得已也。害之中取小，不得已也。于所未有而取焉，是利之中取大也。于所既有而弃焉，是害之中取小也。"可见，人们在面临着两"害"之中进行权衡选择的一般标准就是：如果两"害"必取其一，则个体将被迫选取小"害"，避免大"害"。在遇到一群抢劫的强盗时，这本身是一种"害"，这时若在"断指"与"亡身"之间选择，人们都会选择"断指"这一小"害"，而避免"亡身"的大"害"。"两害相权取其轻"表达了回避—回避型冲突的解决途径。

(3) 接近—回避型冲突，又称趋避冲突

同一物体或目标对人们既有吸引力，又有排斥力的情况下会产生此类型的内心冲突。在这种情况下，个体对同一目标，既会产生好而趋之，又会产生恶而避之的矛盾心理。例如，面对美食，向往能够趋近它，享受美食带来的愉快感觉，同时又想回避美食的诱惑，害怕吃过以后带来肥胖的不良结果。一般情况下，越是接近实现或达到目标，趋近目标的愿望越强烈。同时，回避目标的愿望也相应增长，而且回避目标愿望增长的速度要比接近目标的愿望增长速度快。研究表明，趋避冲突在心理上引起的矛盾冲突比较严重。若处理不当或得不到解决，就会使人处于应激和挫折的体验中，情况严重时可使人感到困惑、苦闷、颓丧与绝望，甚至有可能导致人的精神防线全面崩溃。

(4) 多重接近—回避型冲突

这种冲突是指个体面对两种或两种以上的目的，每种目的都具有吸引和排斥作用，个体不能简单地选择一种目标，回避另一种目标，必须进行多重的选择而引起的内心冲突。例如，大四的学生找工作，一份工作有较高的经济收入、较好的福利待遇，可工作环境不好、人际关系复杂。另一份工作，工作环境很好，有较好的发展前景，但工资待遇比较低、离家比较远。这时对各种利弊、得失的权衡考虑，就会产生多重趋避冲突。一般来说，如果几种目标的吸引力和排斥力相距较大，解决这种内心冲突比较容易。如果几种目标的吸引力和排斥力比较接近，需要用较长时间考虑得失和权衡利弊，解决内心冲突就比较困难，这样会使个体长时间处于焦虑状态，导致心理失衡。

2. 决策目的

通过动机斗争确立正确的行动目的，是一个决策过程。人们在意志活动中的动机冲突，最终要引向决策，即下决心做出合理的选择。决策目的是意志活动的重要心理内容，也是意志活动的一个阶段。

(1) 目的作用

确定目的在意志行动中非常重要。心理学家费约曾经做过实验对此进行研究。他要求三组被试者用右手食指拉起测力计上悬挂的重达3.4公斤的砝码。第一组被试者没有接到任何理由。第二组被试要求他们表现自己的最高能力。第三组被试被告之——他们此次活动同电力输送到工厂、住宅的效果直接相关。结果如表8-1所示。

表8-1 不同目的下完成工作的平均指标

无特定目的	为了表现自己的最高能力	具有十分重要的社会意义
100	150	200

三种不同目的所激起的行动的力量是不同的。社会性的目的激起了最大的行动力量。可见，目的所具有的社会意义越大、越具体，目的所引起的毅力越大，越能表现出一个人的意志力量。相反，一个没有明确目的而盲目行动的个体，容易患得患失，斤斤计较，难以实现成就。

 扩展性阅读

> 高淑珍，56岁，河北滦南县司各庄镇洼里村普通农村妇女。她的儿子王利国4岁得了类风湿，落下残疾，到上学年龄不能上学。高淑珍心疼儿子，想在家办个小课堂。由于附近村庄也有些因肢残不能上学的孩子，1998年4月她的"炕头课堂"开讲。老师是女儿王国光，5个孩子、4张课桌、2块小黑板和借来的旧课本……高淑珍家里响起读书声。
>
> "炕头课堂"一开就是14年。14年间，她接收了近百名残疾孩子，却从未收过一分钱。母女二人每天用自行车接送孩子，中午就在她家一起吃大锅饭。渐渐地，自行车接不过来，她一咬牙买了辆旧面包车。有两个肢残严重的孩子，她怕路上颠坏了，就一直抱怀里。再后来，为让孩子少受罪，她索性让孩子住在家里，免费吃住读书。她说："我活一天，就干一天，为孩子们付出一天。既然自个儿愿意干，就不能叫苦叫累。"
>
> 高淑珍为百名残疾孩子的奉献，这种社会性的目的激起她内在强大的行动力量。

(2) 决策的过程与方法

决策是意志活动的重要心理成分，也是意志活动的一个阶段。当行动的目的只有一个，并无选择的余地，确定目的不需要意志的努力。当出现几个目的可供选择，个体必须根据每个目的的意义、价值以及到达这些目的的各种主客观条件，进行权衡，做出选择，这一过程就是决策过程。

德国心理学家勒温对决策过程进行过研究。他认为，目标对个体吸引力的大小和方向可以用向量表示。所谓方向，指物体或活动的积极特性或消极特性，即该目标对个体具有吸引力还是排斥力。假如只有一个向量冲击个体，那么个体就会沿着这一向量的方向移动。假如有两个或更多的向量以不同的方向驱动个体，有效的移动是这些向量的合力。接近—接近型冲突，目的对个体来说具有相同方向的吸引力，这种冲突常使人处于犹豫不决的状态，个体根据两个目的向量的大小，确定出吸引力更强的目标后，被吸引趋向这一目标。回避—回避型冲突中，个体要在两个同样具有排斥力的目的之间进行选择，在这种冲突下会使人产生犹豫不决或优柔寡断的心理反应,在两个目的之间摇摆,最终选择其中排斥力较小的目的。接近—回避型冲突和多重接近—回避型冲突具有分裂性,个体在同一时间面对同一目标,既受到吸引力又遭到排斥力。这种情况下,个体的决策取决于多个向量的合力。如果吸引力大于排斥力,个体选择趋向目的,如果排斥力大于吸引力,个体选择放弃目标。

(二) 执行决定阶段

做出决定之后,就进入实际的行动阶段。执行决定阶段是意志行动的重要环节。无论个体的目的有多么美好,意义多么重大,计划多么完美,如果仅仅停留在空想阶段,不付诸实施,意志行动也就不能完成。

执行阶段最突出的特点就是意志努力过程。意志努力是意志行动所特有的一种内心体验,它表现了个体的自我调节能力。一个人能够将决策执行下去,就必须正确地评价和控制自己的行动。意志过程虽然表现在意志行动的全过程,但是,执行阶段特别需要意志努力。个体实现决定的过程会遇到许多困难,个体能否根据实际情况,调节自己的行动,克服各种困难,完成所做出的决定尤为重要。意志努力在这一环节中的具体表现为:第一,承受巨大的智力和体力负荷,实现所做决定。第二,克服原有知识经验及内心冲突对执行决定所产生的干扰。第三,在意志行动的执行过程中,还可能出现新的动机、新的目的、新的方法与预定目的相冲突,需要意志努力做出果断决定。第四,执行决定的过程中没有充分考虑主客观条件,遇到新情况、新问题,个体如果缺乏应付新情况、新问题的能力,就会需要运用意志努力坚持下去。第五,通过意志努力克服执行过程来自个性品质如懒惰、骄傲、保守等影响,克服各种消极情绪如焦虑、悲观等的影响。第六,意志行动的过程中,需要通过意志努力,根据实际情况来修改行动计划,放弃不合理的环节,及时地对外界的反馈做出反应。

第三节 意志品质与培养

一、意志品质

(一) 自觉性

自觉性是指个体在行动中具有明确的目的性,并充分认识行动的社会意义,使自己的行动服从于社会要求的品质。这种品质反映着个体坚定的立场和信仰,贯穿于意志行动的始终,是产生坚强意志的源泉。具有自觉性的人,会有坚定的立场和信仰,相信自己的目的是正确的,在行动中能够把自己的热情和力量投入到行动中,千方百计克服困难,充分发挥自己的主观能动性。同时,在行动中既不轻易接受外界的影响而改变自己的计划,也不拒绝有益的意见、建议,在思想和行动上表现出既有原则性又有灵活性。

与自觉性相反的特征是受暗示性和独断性。具有受暗示性特征的个体,只能在得到提示、命令、建议时才能表现出积极性,而且他们很快屈从于其他人的思想和行为,对别人的影响和行为不加批判地全盘接受。有着独断性的个体,表面上似乎能够独立地采取决定,执行决定,但实际缺乏自觉性。他们不考虑自己采取的决定是否合理,固执己见,经常毫无理由地拒绝考虑任何批评、劝告。受暗示性和独断性都是没有正确意识到行动的意义的表现。

扩展性阅读

> 周月华,女,43岁,重庆市北碚区柳荫镇西河村乡村医生,艾起是她的丈夫。周月华出生后8个月被诊断为先天性小儿麻痹症,左腿残疾,这一切并没有摧垮她生活的意志。凭着自己的执着,周月华完成了中学学业并成功从卫校毕业。20多年来,她硬是靠着拐杖和丈夫的后背,"爬"遍了方圆13平方公里的大小山岭,为辖区近5000村民带去了医疗服务。
>
> "没有他,这么多年,我做不到的。"周月华说道,"他是我这辈子的第二条左腿。""我背着她走了18年。我说过要背她一辈子,就要实现这个诺言,永远都不放弃。"周月华的丈夫艾起说。
>
> 20多年来,周月华、艾起"爬"遍青山送医上门,他们不仅克服自身身体的缺陷,也克服了自然条件的恶劣与险恶。意志品质的坚韧性让他们实现了自身的人生价值。

(二)果断性

果断性表现为有能力及时采取有充分根据的决定,并且在深思熟虑的基础上去实现所做的决定。具有果断性品质的个体能够全面而深刻地考虑行动的目的以及达到目的的计划和方法。虽然个体也会有复杂、剧烈的内心冲突,但在动机斗争时,没有多余的疑虑,在需要行动时能当机立断。个体能够在不需要立即行动或者是在情况有所变化时,立即停止或改变自己的计划。具有果断性的个体,善于审时度势,洞察问题的是非真伪,这是个体能够迅速采取决策的根本原因。

意志的果断品质以自觉性为前提,同时又与智慧的批判性和思维的敏捷性相关联。只有目的明确,是非明辨,才能毫不犹豫地采取坚决的行为。处于复杂情境中所表现出来的高水平的果断性并不是每个人都具有的,果断性品质必须以正确的认识为前提。

与果断性相反的是优柔寡断和草率决定。优柔寡断的主要特征是思想和情感分散,个体无法克服困难的思想和情感,做决定时顾虑重重,犹豫不决,在各种动机之间、在不同的目的和手段之间摇摆不定,迟迟做不出取舍。即使做出决定,也常常怀疑所做决定的正确性,没有信心去完成所做出的决定。草率决定主要表现为不进行思考而轻举妄动,既不考虑主观条件,也不考虑客观条件,选择的目的只是想尽快摆脱由此带来的不愉快的体验,对于行动的结果并不关心。优柔寡断和草率决定都是意志薄弱的表现。

（三）坚韧性

坚韧性是指对行动目的的坚持性，并能在行动中保持充沛的精力和毅力的意志品质。具有坚韧性意志品质的个体，一方面善于克服和抵制不符合行动目的的主客观因素的干扰，面对千纷百扰，做到目标专一，始终不渝，直到目标实现；另一方面在行动中能够锲而不舍，百折不挠，勇于克服各种困难。坚韧性是一种重要的意志品质。

与坚韧性品质相反的是动摇和顽固。动摇是指立志无常、见异思迁，尽管有行动目的，但虎头蛇尾，遇到困难就放弃对预定目的的追求。动摇会让有些很聪明的人，甚至很有才干的人，最终没有成就。顽固是指只承认自己的意见和论据，不能正视现实，不能根据已经变化的环境灵活地采取对策，当实践证明其行动是错误时仍然固执己见、一意孤行，因而往往受到客观规律的惩罚。动摇和固执虽然表现形式不同，但实质都是不能正确地对待行动中的困难，都属于消极的意志品质。

（四）自制力

自制力是指在意志行动中能够自觉、灵活地控制自己的情绪，约束自己的行为和言语的品质。具有自制力意志品质的人，具有较强的控制力，一方面在做出决定时，自制力表现为能够按照实际情况，周密地思考，做出合理的决策，不为环境中的各种诱惑所左右；另一方面表现在执行决定时，具有坚强的自制力品质的人，善于控制自己去实现目标，执行所做的决定。自制力还表现在善于控制自己的情绪和冲动，必要时能够抑制激情、暴怒、愤慨和失望等，表现出较强的忍耐力。

与自制力品质相反的是冲动性。冲动性是指不能控制自己的情绪，不能很好地控制自己的言行，注意力容易受到无关刺激的干扰，行动不能很好地受到目标的支配集中，做事常常感情用事，甚至做出与法律和道德约束相违背的事。

二、意志品质的培养

（一）根据青少年心理发展特点进行意志品质的培养

1. 根据个体差异的特点培养意志品质

意志品质在个体各发展阶段之间都存在着一定差异。这种差异首先表现为个体之间的差异和群体间差异。任何一个正常的青少年，每个人的素质结构要素是相同的（共性），但每个人的组合方式各异（个性），因而每个个体的整体素质结构中，总会表现出某些方面的优势和特点，同时也存在某些方面的不足和弱点。

因此，在教学过程中教师应该根据不同个体的不同特点，有针对性地进行培养。对胆小、易受暗示、犹豫不决的学生，教师要培养其大胆、勇敢、果断的品质；对于冒失、轻率的学生，要培养他们的自制力品质；对于缺乏毅力的学生，要培养他们坚忍的意志品质。

2. 根据群体发展的特点培养意志品质

俗话说"物以类聚,人以群分"。不同的人组成的群体自然存在着差异。这种差异表现在:由个性倾向构成的差异、由认知水平发展快慢构成的差异、由成绩先进与后进构成的差异。了解群体间的这些差异的目的是为了使不同层次、不同性别的学生能力都能得到全面的发展。

群体发展具有阶段性差异。心理学研究发现,青少年的思维发展既有平稳阶段也有飞跃期(也被称为"关键年龄")。首先,初中生的自觉性品质虽有所提高,但由于认识的局限性,初中生的自觉性仍然处在错综矛盾的状态中。其次,初中生的果断性品质有所发展,反应快、行动快。他们不喜欢把时间花费在怀疑和犹豫不决上,但又常常把不假思索看成是果断行为。他们的意志行动中,轻率和优柔寡断都有表现,但轻率比优柔寡断更为突出。再次,初中生的自制力已经有了很大的发展,初中高年级学生尤其如此。他们的自制力还有限,抗拒诱惑的能力和控制情绪冲动的能力还不足,容易沾染不良习气,行为带有固执的特点。最后,初中生意志品质的坚持性、恒心等还不成熟,容易虎头蛇尾,见异思迁。对短近目标较易在行动中坚持到底,完成任务;对长远目标则往往不能善始善终,常常半途而废。

高中生的意志品质也具有其特点。首先,他们行动的自觉性有所增强。他们对动机、行动目的及其后果的认识更自觉,能自觉地约束自己的行为,遵守纪律,在行动之前能够冷静地思考,按计划行动。其次,高中生意志行动的独立性有所增强。他们已经可以不依靠父母和教师,独立地去完成各种任务。最后,高中生意志行动的坚韧性和自制力都已有了较大发展,开始形成个体的独特风格。高中学生有恒心和毅力,能够持之以恒,善始善终。但高中生的意志品质还不完全成熟。在不利环境的影响下,可能出现一些不冷静、缺乏自制的行为;在失败面前,易产生畏难、不自信、悲观的情绪。

儿童、青少年的发展存在着众多差异,并非人人同一。教师应了解儿童、青少年心理发展的基本特点,在教学中从儿童、青少年的实际心理发展水平出发,把儿童、青少年的心理发展从一个水平引导到另一个更高的、新的水平。因此,对中学生进行意志品质的培养要在重整体的同时注重个体差异,有针对性地对学生从各个影响因素上进行干预,使学生的意志品质得到不断的提高。

(二)加强锻炼获得意志品质的直接经验

坚强的意志绝不仅仅依靠理智的反省、沉思获得,最重要的是要有日常实际活动的锻炼。坚强的意志是在实际活动中不断克服困难而形成和发展的。"百炼成钢"的比喻恰恰说明实际活动中锻炼是意志培养的关键。顽强意志都是从日常生活中的一点一滴培养的。因此,教师和家长应该利用一切可以锻炼意志的途径和活动机会,对青少年学生的意志品质进行锻炼。

首先,在教学活动中锻炼学生的意志。教学是学校的基本活动,也是锻炼学生意志品质最常规的活动。教师的授课过程也是对学生进行意志品质的锻炼过程。学生对老师布置的学习任务必须付出一定努力,克服一定困难才能完成。老师要在课堂上对学生提出严格要求,无论学生对所学内容是否有足够的兴趣,都要求学生开动脑筋积极思考问题,都要求学生努力地识记相关的知识。这样,在老师的引导下,学生通过努力,既掌握了科学知识,也锻炼了意志的坚持性、自制性等品质。其次,意志品质的培养也依赖于课堂教学常规的要求。在教学过程中,学生必须受到纪律的约束,纪律要求学生的行为符合预定的规则,学生在学习过程中必须发挥自觉性、自制性、坚持性,排除无关思想和行为的干扰,使自己的行为符合要求。再次,学生独立完成作业也是锻炼意志的方式。任何独立行动都与动机斗争、方法选择和执行等意志的各个环节相联系。教师和家长应鼓励学生自觉地自始至终、百折不挠地独立完成作业。当他们遇到困难时,启发他们认真思考、努力找到解决问题的办法。这样,他们就可以养成独立完成作业的习惯,培养起克服内、外困难的精神,从而发展意志力。

(三)通过榜样学习获得间接经验

实际锻炼是提高意志品质的有效途径,但仅仅通过意志品质锻炼并不能使学生获得全面的经验。参加实践获得直接经验,并不是获得知识的唯一途径。在意志品质的培养中,榜样教学不失为一种获得间接经验的意志锻炼的好方法。进行榜样教学,教师可让学生通过想象或扮演一些具有坚强意志品质的人。学生通过这样的角色扮演,能够亲自实践有坚强意志品质的角色,体验他人在受挫情况下内心情感的转换。通过体验他人在运用意志品质时的情绪和行为,学生可以更好地理解他人面对困难时采取的积极行为,知道如何确立合适的目标,制订达到目标的计划,如何通过具有坚韧性的行为勇于坚持目标,同时又能根据实际情况适当地调整实现目标的计划,甚至在必要时修改目标。通过榜样教育还能使学生习得面对挫折时的乐观向上的品质。学生通过扮演这样的角色,也会对具有坚强意志品质的角色产生认同,体会战胜困难的喜悦,注意到坚强的意志与成功的联系,从而产生对成功的期望,生成学习榜样意志品质的动机,自动自发地向榜样学习。他们还会将榜样的表现以符号的形式保持在长时记忆中,并通过把符号的表象转换成适当的行为,最终获得较高的意志品质。在榜样教育的过程中,教师要善于引导、归纳,突出榜样所具有的目的性、果断性、坚韧性和自制力等意志品质。通过这样的榜样教育,学生能够深切地体验榜样的意志品质,引起共鸣,产生良好的效果。

本章小结

人的行动是由各种不同的动机决定的,这些动机是为了保证生存和满足各种需要而产生的。当一个人意识到自己或社会有某种需要时,就会产生满足需要的愿望,从而进一步有意识地确定追求的目的,拟订达到目的的计划,并做出行动。意志行动不同于生来具有的本能活动和缺乏意识控制的不随意行动,而是属于受意识发动和调节的高级活动。意志既要考虑客观事物本身的运动状态与变化规律,还要考虑主体的利益需要,尤其要考虑人对于客观事物的反作用能力。意志对于自身行为的价值关系的主观反映,引导主体根据各种行为的价值收益率的多少来选择、实施、评价和修正自身的行为,使主体能够以最小的代价取得最大的收益。

复习思考题

一、选择题

1. 陶渊明"不为五斗米折腰"。他摆脱的动机冲突是(　　)。
   A. 双趋冲突　　　B. 双避冲突　　　C. 趋避冲突　　　D. 多重趋避冲突
2. "富贵不能淫,贫贱不能移,威武不能屈"表现的意志品质是(　　)。
   A. 独立性　　　B. 果断性　　　C. 坚定性　　　D. 自制力

二、名词解释

意志　随意运动　接近—接近型冲突　回避—回避型冲突　接近—回避型冲突　多重接近—回避型冲突　动机斗争

三、简答题

1. 意志与认识、情绪的关系是什么?
2. 意志行动的心理过程包括哪两个阶段?
3. 意志品质的具体内容包括哪些?

四、论述题

1. 试述意志对行为的调节作用。
2. 联系教学实际谈谈如何培养学生的意志品质。

第九章 个性倾向性

 **内容提要**

个性倾向性是人进行活动的基本动力,是个性结构中最活跃的因素。它决定着人对现实的态度,决定着人对认识活动的对象的趋向和选择。个性倾向性主要包括需要、动机、兴趣、理想、信念和价值观。本章将首先介绍需要的定义、功能、特性及分类,并介绍几种重要的需要理论,如马斯洛的需要层次论和莫瑞的需要理论等。然后围绕动机展开介绍,包括动机的含义、动机形成的条件、动机的功能以及人类的各种不同的动机。再进一步介绍几种重要的动机理论,如本能理论、驱力理论、诱因理论、期待理论、归因理论和自我效能论,并探讨了动机与行为的关系,最后介绍中学生群体在学习动机、成就动机和交往动机上的特点。此外,本章还介绍了兴趣的相关内容,包括兴趣的含义、分类与品质,以及理想、信念和价值观。

 **思维导图**

```
                    ┌ 需要的定义
                    │ 需要的功能
              需要 ─┤ 需要的特性
                    │ 需要的分类
                    │ 需要的理论
                    └ 中学生需要的研究

                    ┌ 动机的含义
                    │ 动机的形成
                    │ 动机的功能
个性倾向性 ─┤ 动机 ─┤ 动机的种类
                    │ 动机理论
                    │ 动机与行为
                    └ 中学生动机的研究

                    ┌ 兴趣的含义
              兴趣 ─┤ 兴趣的分类
                    │ 兴趣的品质
                    └ 中学生兴趣的研究

              理想、信念和价值观
```

第一节 需要

一、需要的定义

需要是有机体内部的一种不平衡状态,反映了个体对内在环境和外部生活条件的较为稳定的要求。需要在主观上通常被体验为一种不满足感,并成为个体活动积极性的源泉。需要这一概念包含三层含义:

(一)需要是有机体内部的一种不平衡状态

这种不平衡状态包括生理和心理两个方面。如血液中缺乏水分,会产生饮水的需要;血液中血糖减少,会产生进食的需要;到了青春期,会产生性爱的需要;社会治安较差,会产生安全的需要。需要得到满足后,不平衡状态会暂时消除;新的不平衡出现时,又会产生新的需要。

(二)需要是人类对某种客观要求的反映

人类为了个体生存和社会发展,必定要求一定的事物。这种要求来自两方面,一是有机体的内部环境,如生理上的不平衡;二是有机体周围的环境,如社会的要求。需要总是反映有机体内部环境和外部生活条件的某种要求,它通常以意向、愿望、动机、兴趣和价值观的形式表现出来。

(三)需要是人活动的基本动力,是个体行为积极性的源泉

人的各种活动,从饥择食、渴择饮,到从事物质资料的生产、文学艺术的创作和科学技术的发明创造等,都在需要的推动下进行。马克思认为,需要是人为了求得生存和发展而产生的。他说:"人类为了生活,首先就需要衣、食、住以及其他东西。因此第一个历史活动就是生产满足这些需要的资料,即生产物质生活本身。"

二、需要的功能

需要是人的本性。马克思认为:"任何人如果不同时为了自己的某种需要和为了这种需要的器官而做事,他就什么也不能做。"人们的种种行为都是在需要产生的驱动力推动下进行的。无论是喝水饮食还是学习创造,都是在需要的驱动下进行的。

需要是个体行为积极性的源泉。个体活动的积极性,根源在于他的需要。当人产生需要时,就会通过活动去满足这种欲求,占有某种事物。只有占有了所需要的事物时,人才会在生理上或心理上恢复平衡,感到一定程度的满足。

需要是个性认识过程的内部动力。人们为了满足需要,必须对有关事物进行观察和思考。同时,需要也调节和控制个体认识过程的倾向。需要对情感和情绪也有重要影响。人对客观事物产生情感和情绪,是以客观事物能否满足人的需要为中介的。能够满足人

需要的事物,则产生肯定的情感和情绪,否则产生否定的情感和情绪。

三、需要的特性

(一)对象性

需要必须有一定的对象才能满足。如吃的需要指向食物,求知的需要指向知识。对象性为需要定向,指出人到底需要什么。马克思指出,人是自然存在物。人的欲望的对象不依赖于人,存在于人之外,但表现和确证人的本质力量是不可少的。"人只有凭借现实的、感性的对象才能表现自己的生命。"

(二)动力性

需要同活动紧密联系。当人有某种需要时,就会通过活动去满足这种欲求,占有某种事物。需要一旦被意识到,就会以活动动机的形式表现出来,使活动朝向一定方向,追求一定对象,以求得满足。需要越强烈,由它引起的活动就越有力。

(三)多样性

马克思指出:"在现实世界中,人有多种需要。"如吃的需要、衣服和住宅的需要、交往的需要、捕猎的需要、劳动和创造的需要等。他认为,人的需要范围远比动物广阔,"人比动物越具有普遍性,人赖以生活的无机界的范围就越广阔"。

(四)社会性

人的需要具有社会性。正是由于社会性,人和动物的需要才有区别。这是由于人满足需要的内容和方式是社会的,人的感官和身体已经在社会中得到改造,同时,人有特殊的心理结构,它也是社会的产物。马克思说:不仅人生活所需的材料,甚至思想家用来进行活动的语言本身,都是社会的产品。他说:"语言也和意识一样,只是由于需要,由于和他人交往的迫切需要而产生的。"另外,需要的满足也取决于社会生产发展的水平。

(五)需要的个体性

个体性有两方面含义:一是需要的主体性。由于人的社会地位不同,从事的社会活动不同,所以同一事物对不同人就具有不同的意义。马克思说:"从主体方面看:只有音乐才能激起人的音乐感;对没有音乐感的耳朵来说,最美的音乐也毫无意义。"他还说:"忧心忡忡的穷人甚至对最美丽的景色都没有什么感觉,贩卖矿物的商人只看到矿物的商业价值,而看不到矿物的美和特性。"二是需要以个体的形式表现。马克思认为,需要首先表现为个人需要。个人需要有两种表现形式,一种是作为自然主体的需要,一种是表现为社会需要的个人需要。这两种需要都应得到满足。

(六)需要的发展性

人的需要具有发展性,需要的满足无止境。当旧的需要得到满足时,人和周围现实的相互关系也发生了变化,于是又产生新的需要,这种需要推动人去从事新的活动。

四、需要的分类

人的需要多种多样。但是人类需要是一个整体结构,各种分类仅仅具有相对意义。按需要的起源可分为生理性需要和社会性需要;根据需要的对象可分为物质需要和精神需要。

(一)生理性需要和社会性需要

生理性需要指个体对那些为维护自己的生命及延续其后代所必需的条件的要求。它包括饮食、运动、休息、睡眠、排泄、配偶、嗣后等需要。这些需要主要由机体内部某些生理状态的不平衡引起,对有机体维持生命、延续后代有重要意义。生理性需要是人类最原始、最基本的需要,是人和动物所共有的。但是,人类的生理性需要和动物的生理性需要有本质的区别。动物直接从自然界中摄取物质满足需要,而人则通过使用工具改变自然物的形式,并创造新的物品满足需要。人的生理性需要具有社会历史和文化的烙印。

社会性需要指人对劳动、娱乐、交往、求知、成就和社会赞许的欲求,是人类特有的需要。社会性需要是在生理性需要的基础上,在社会实践和教育影响下发展起来的,对维系人类社会生活、推动社会进步有重要作用。

 扩展性阅读

饥饿的产生机制

当人觉得饥饿时,常常会把食物的需要和来自胃部的感觉联系起来。在一项早期的研究中,坎农(Cannon)和沃什布伦(Washburn)试图观察空胃的收缩是否会引起饥饿。在研究中,沃什布伦自己吞下一个气囊,通过往连接的管子里充气,气囊可以在他的胃里膨胀。结果发现,当气球充气引起胃壁收缩时,便出现了饥饿感觉。但是,用外科手术将胃切除的病人,虽然不可能感受到胃壁收缩,但仍然能体验到饥饿。可见,胃壁收缩只是引起饥饿的原因之一。进一步研究表明,血液中某些营养成分减少,如血糖浓度下降,也会刺激中枢神经系统的某些感觉神经元,引起饥饿。糖尿病患者在注射和服用胰岛素后,他们的胃壁就开始收缩,随之会感觉到饥饿。胰岛素分泌可使血液内的葡萄糖降低从而导致饥饿感的产生。

除上述因素外,饥饿还可能与中枢神经系统某些部位的功能有关。下丘脑中的一个区域是摄食系统的一部分,称为"饥饿中枢",刺激这一区域能够引发吃的动作。如果用电极刺激动物的下丘脑外侧核,那些已经吃饱的动物又会马上开始吃东西。如果这些部分损坏,动物会拒绝吃东西,如果不强行喂食,它们就会饿死。下丘脑中的另一个区域则是饱食系统的一部分,称为"饱足中枢"。如果下丘脑服内侧核被毁坏,将会发生异常的饮食过量行为。

> 肥胖是一个复杂的问题。现代社会,焦虑、压力、高脂高热量食物都可能造成肥胖。肥胖者在焦虑的时候反而食量大增,这可能源于情绪上的某些障碍。与肥胖者总是忍不住想吃东西的情景相反,有一类人因为节食不当,导致体重严重下降,甚至危及生命的程度。这一现象为神经性厌食症。厌食症一般都是由心理上的原因造成的。著名的通俗歌手卡兰·卡彭特死于由饥饿引起的心脏病。厌食症的牺牲品中男性占5%~10%,其余绝大多数是青少年女性。她们心甘情愿地挨饿,忍受体重的急剧下降。

(二)物质需要与精神需要

物质需要指向自然界中具体的物质或人类社会中的物质产品,通过获得这些物质来满足需要。精神需要指个体对精神文化方面的欲求,如认识需要、交往需要、道德需要、劳动需要、美的需要等。精神需要在人的社会生活中有重要作用。

上述分类并非截然分开,而存在相互交叉的关系。如饥则食是自然需要,但按照其指向对象看,又是物质需要。社会文化需要按其指向对象而言,可能是精神需要,也可能是物质需要。物质需要与精神需要也有密切联系。人们在追求美好的物质产品时,同样表现出来某种精神需要。精神需要的满足也离不开一定的物质条件。

五、需要的理论

(一)马斯洛的需要层次论

马斯洛是美国著名的人本主义心理学家,需要层次论是其需要理论的核心内容。马斯洛将人类的需要分为两大类(见图9-1)。一类是基本需要,这类需要和人的本能相联系,与个人的健康状况有关,缺少它会引起疾病,因而又叫缺失需要。基本需要包括生理需要、安全需要、归属和爱的需要以及尊重的需要。另一类需要是成长需要。这类需要不受本能支配,不受人的直接欲望所左右,这类需要的满足会使人产生最大限度的快乐。

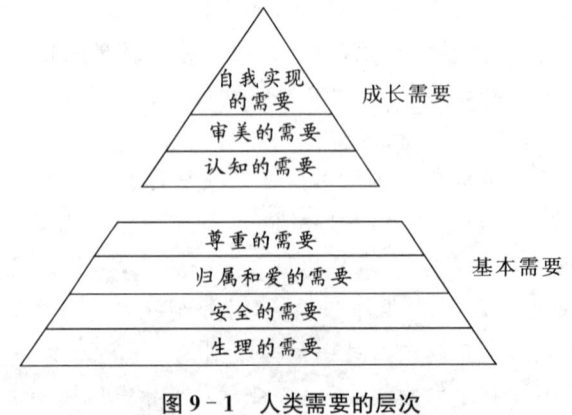

图9-1 人类需要的层次

1. 生理需要

它是人为了生存而必不可少的需要，如人对食物、水分、空气、睡眠和性的需要。马斯洛认为，生理需要在人类各种需要中最重要，最有力量，最迫切要求满足。如果一个人的生理需要得不到满足，那么其他需要均会被推到次要地位。"对于饥饿的人，食物就是上帝。"位于需要层次模型底端的生理需要是生存所必需的，所以它们的影响力最强，决定其他高层次的需要。

2. 安全需要

它表现为人们要求稳定、安全、受到保护、有秩序、能免除恐惧和焦虑等。人们希望劳动安全、职业安全、生活稳定、免于灾难等，这些都是安全需要。马斯洛认为，婴幼儿与精神病患者由于无力应付环境中的不安全因素的威胁，安全需要就显得尤为强烈。

3. 归属和爱的需要

它表现为一个人渴望与他人建立感情上的联系，如向往爱情、需要朋友、参加团体并被团体接纳等。

4. 尊重的需要

它包括自尊和受到别人的尊重。满足自尊的需要会使人相信自己的力量和价值，受到别人尊重会使人产生荣誉感和成就感。这两方面的满足会使人在生活中变得更有能力，更富有创造性。反之，如果缺乏自尊和被人轻视，会使人感到自卑、无能、失落，甚至自暴自弃。

5. 认知需要

它指的是人对知识的需要、对理解的需要和了解新奇事物的需要。它包括求知、理解、探索和好奇。马斯洛认为，学习和发展的愿望以及探索新异事物与未知世界的愿望是人性的基本方面之一。

6. 审美需要

爱美是人的天性，个体会追求自身的和生活中美好的事物，并从中获得满足。它表现为人们追求对称、秩序、和谐、完善的事物。

7. 自我实现的需要

它是人们追求实现自己的能力或潜能，并使之完善化的需要。自我实现是一种创造性的需要。马斯洛认为："音乐家必须演奏音乐，画家必须绘画，诗人必须写诗，这样才会使他们感到最大的快乐。是什么样的角色就应该干什么样的事。我们把这种需要叫作自我实现。"自我实现的需要，表现为人追求实现自己的能力和潜能。

马斯洛认为，个人需要的发展呈波浪式演进，各种不同的需要的优势由一级演进到另一级。马斯洛还指出了高级需要和低级需要之间的关系：①需要层次越低，力量越强，潜力越大。随需要层次上升，力量相应减弱。②高级需要出现之前，必须先满足低级需要。正如《管子》所说："仓廪实则知礼节，衣食足则知荣辱。"③高级需要满足后，低级需要依然存在，但对行为的影响降低了。④在从动物到人的进化中，高级需要出现较晚。所有的生物都需要食物和水分，但只有人才有自我实现的需要。⑤在个体发展过程中，高级需要出现也较晚。婴儿刚出生时就有生理需要，几个月大时，就出现了安全需要，此时他看见生人就会"认生"。然后，出现了对母亲的依恋，即爱的需要。自我意识产生时，就有了尊重需要,但自我实现需要在成人时才开始出现(见图9-2)。

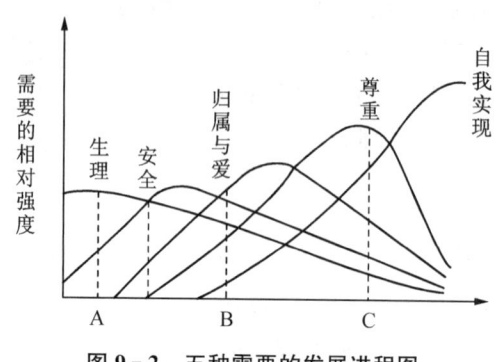

图9-2 五种需要的发展进程图

马斯洛并没有将高级需要与低级需要绝对对立起来。他认为,在人的高级需要产生之前,低级需要只要部分地得到满足就可以了。另外,人的需要结构也具有明显的个体差异,并非都是正三角形的结构,还可以有倒三角形和菱形的结构。例如,历史上的志士仁人,为了崇高的理想和民众的利益,不惜牺牲生命;那些"爱情至上主义"者,将爱情看成生活的全部。

马斯洛的需要层次论已被当代行为科学吸收,成为西方组织管理学中的重要理论。根据需要层次论,管理不仅要满足人的基本的物质生活需要,更要激励人们发挥创造的潜力,因而不仅要运用物质激励的原理,更应该重视人的高级需要的满足。

(二)莫瑞的需要理论

莫瑞是美国著名的人格心理学家,在他的人格理论中,需要是核心概念。莫瑞把需要定义为:用以代表脑区力量的构造物,这种力量引起一系列行为的反应,使原有的紧张情绪解除,具有定向目的性。他提出,需要渗透到活动的各个方面,并调节控制着其他的心理活动。莫瑞的需要论由三个部分构成,即需要、压力和两者的相互作用。

莫瑞认为,需要是人的内驱力,在人格形成发展中处核心地位,渗透到活动的各个方面。需要代表一种力量,这种力量组织和控制着其他心理过程。莫瑞列举了20种需要,它们是支配、依从、自治、侵犯、谦卑、成就、感知、表现、游玩、交往、拒绝、援助、培养、避免羞愧、防守、对抗、避免伤害、有秩序、理解、性。每个人不一定都具有这些需要,有些人一生中可能只能体验其中几种,因而人们在活动中表现出来的人格结构就会各不相同。莫瑞指出,需要是相互作用的。他用四条原则来阐述这些相互作用,即优势原则、融合原则、辅助原则和冲突原则。有时一种需要占主导地位,有时许多需要间相互补充,甚至合二为一,有时则相互矛盾或冲突。

莫瑞认为,明显的需要可以通过观察一个人行为的经常性、持久性与强烈性直接测量出来,隐蔽的需要必须用间接的方法加以测量。莫瑞和摩根共同设计了主题统觉测验来测量被试的需要,同时还设计了问卷来测量人的需要。

(三)马克思的需要理论

马克思除了对需要特性进行精辟论述外,还有下述两个方面的贡献:

1. 充分肯定人的需要的合理性

马克思认为,需要是人的本性。需要是人为了求得生存和发展而产生的。马克思和恩格斯指出:"人来源于动物的事实已经决定人永远也不可能摆脱兽性,所以问题只能在于摆脱得多一些或少一些,在于兽性和人性的差异。"由于人有自然本性,所以在讨论人类历史活动时,第一个需要确定的事实就是"个人的肉体组织,以及由肉体组织所制约的他们与自然界的关系"。由于需要反映了个体对环境的需求和依赖,因此就应重视研究人的需要。

2. 需要的分类

马克思认为,有史以来,人的需要可分为:① 第一需要,即基本需要,这是人赖以生存的基础。② 新的需要。他指出:"已经得到满足的第一个需要本身,满足需要的活动和已经获得的为满足需要用的工具又会引起新的需要。"这就是人的心理和社会的需要,就是创造的需要。根据需要与满足之间是否存在中介物,他将人的需要分为表面需要和本质需要,前者如人对于劳动和货币的需要,它们是满足其他需要的中介和手段,后者是存在于表面需要之下的指导人们行为的真正动力,如人的生理的和心理的需要。根据需要能否通过努力得到满足,将需要分为有效需求和无效需求,前者仅是人的一种内部状态如愿望,缺乏满足需要的对象和手段,因此是一种不能得到满足的需要,而后者既有需要的内部状态,又有满足需要的对象和手段。在展望社会主义制度的优越性时,马克思指出:"通过有计划地利用和进一步发展现有的巨大生产力,在人人都必须劳动的条件下,生活资料、享受资料、发展和表现一切体力和智力所需的资料,都将同等地、愈益充分地归社会全体成员支配。"这里,马克思实际上将人的需要分成三类:生存需要、享受需要和发展需要。三类需要既与生理和心理因素有关,也与生物和社会的因素有关。

(四) 阿尔德夫的需要理论

阿尔德夫提出,一个人的基本需要有三种,分别是:① 生存需要,这是最基本的需要,是对一个人基本物质生活条件的满足;② 关系需要,即维持人与人之间关系的需要;③ 成长需要,即人要求发展的内在愿望。

阿尔德夫认为,人类的三种需要并不完全是生来就有的,有的需要是通过后天的学习产生的。这三种需要之间并没有明显的界限,它们是一个连续体,并不是层次等级关系。他指出,各种需要获得的满足越少,则满足这种需要的愿望就越强烈。

六、中学生需要的研究

杨丽珠等人研究了中小学生的需要。研究者采用三种形式的问卷测试 1 080 名被试,包括小学生、普通中学生和城市重点高中生。研究表明,我国中小学生需要结构的发展是多维度、多层次的统一体。中小学生的需要分为七类,每类又有四个层次,共包含 28 种需要。如表 9-1 所示。

表 9-1　中小学生的需要层次

需要的种类	需要的层次
生理和物质生活需要	1. 水、空气、阳光、食物、睡眠等 2. 吃得好一些,穿得舒服一些 3. 家庭的现代化 4. 安静的学习环境
安全与保障需要	1. 身体健康,体魄强壮 2. 人身安全,不受欺负 3. 生活安定,和平幸福 4. 升入理想学校或有个好工作
交往和友谊需要	1. 父母和老师的爱 2. 同学之间团结友爱 3. 结交诚实、正直的朋友 4. 异性朋友的爱
尊重和自尊需要	1. 平等与公正 2. 信任与理解 3. 尊重与自信 4. 独立与自主
课外活动与精神生活需要	1. 养小动物,做游戏 2. 课外读物 3. 文体活动 4. 艺术欣赏、文学评论
学习与成才需要	1. 新铅笔、新书包 2. 好老师、好课本,学好功课 3. 丰富知识、多方面能力,优秀品质 4. 革命理想,正确的人生观
奉献与创造需要	1. 为他人做好事 2. 搞小科研,搞小发明 3. 关心国家大事,尽职尽责 4. 拼搏,干一番大事业

德西和赖安基于心理需要的动力特性提出了基本心理需要理论,提出人类具有三种基本心理需要:胜任需要(或称为能力需要)、关系需要和自主需要。胜任需要指得到各种内外在结果并有效地进行必要的行动的需要,这一概念与班杜拉的自我效能感同义。关系需要是指与他人建立密切的情感纽带与附属的需求,反映了在情感上与我们生活中重要任务联系的期望。自主需要是指个人行动的自我启动及自我调节,个体感到能主宰自己的活动。方双燕等人采用基本心理需要满足量表,考察了中学生的基本心理需要。该量表共 21 个项目,分别测量中学生的胜任需要、关系需要和自主需要三个方面。研究发现,中学生的基本心理需要存在显著的性别差异,女生基本心理需要满足水平显著高于男生。对不同年级初中生心理需要的考察表明,基本心理需要总分及其各维度得分存在年级差异,初三年级基本心理需要总分最低。中学生三种基本心理需要的满足的年级变化趋势分别为:自主需要随年级的增高呈递减的趋势,能力需要和关系需要的满足从初二到高一都是先降低后增高,在初三时满足程度最低。基本心理需要及其各维度在是否

班干部上均存在显著差异,班干部得分显著高于非班干部。这与不同年级的课业任务和负担有关。初三时,学习负担在增加,老师家长的监督和督促也更多,外界作用和内在压力都会使得学生感到更加不自主。同时,初三阶段面临中考,学生均集中精力学习,与周围同学朋友的交流减少,这些使关系需要满足水平下降。

第二节 动 机

一、动机的含义

动机是发动、指引和维持个体活动的内在心理过程或内部动力。"动机"这一概念由美国心理学家伍德沃斯率先引入心理学。他把动机视为决定行为的内在动力。简单地讲,动机就是个体为什么有这样或那样的行为。

二、动机的形成

动机的产生需要两个条件:一是需要,为内在条件;二是诱因,为外在条件。需要是动机产生的内部条件,是动机产生的基础。当人们有了某种需要时,这种需要就会推动人们寻找能满足需要的对象,从而使得需要转化为动机。如人在饥饿时,进食的需要就会推动人寻找食物来满足需要,此时饥则进食的需要就成为寻找食物行为的动机。

诱因是动机产生的外在条件。所谓诱因,是指能够激起有机体的定向行为,并能满足某种需要的外部条件或刺激物,如食物的色泽、芳香等。动机是由需要与诱因共同决定的。但是,诱因引起的动机的力量依赖于个体达到目标的距离。距离太大,动机对活动的激发作用就很小了。

三、动机的功能

(一)激活功能

动机是个体积极性的源泉。它具有发动行为的作用,能推动有机体产生某种活动,使个体由静止状态转向活动状态。当饥肠辘辘时,个体会去寻找食物,饥饿动机激活了觅食行动。

(二)指向功能

动机使人的活动具有选择性。它使人的行为指向一定目标,而放弃其他方向。动机越强烈,行动目标也越明确。例如,在吃食动机支配下,人们可能去饭馆或食品店。在交往动机支配下,人们可能去看望老朋友,结交新朋友。在艺术欣赏动机支配下,人们可能去看电影或去参观展览。动机不同,有机体活动的方向及指向对象也有差异。

(三)维持和调整功能

动机引起活动后,人能否将活动进行到底,受动机的调整和支配。当活动指向个体追求的目标时,相应的活动动机便得到强化,活动也会坚持下去;相反,当活动背离个体追求的目标时,相应的活动动机就被减弱,活动的积极性也随之降低,甚至完全停止活动。将活动结果与个体原定目标进行对照,是实现动机的维持和调整功能的重要条件。

(四)评价功能

动机具有评价行为的功能。行为性质的确定,不仅要考虑效果,还应考虑动机。只考虑效果,不考虑动机,在评价行为时往往会得出一些啼笑皆非的结论。例如,在司法实践中,动机评价行为的作用就更明显。同样是杀人,有过失杀人和故意杀人之分,有实施了杀人行为和杀人未遂之分。

四、动机的种类

人类的动机十分复杂,可以从不同的角度,根据不同的标准相对地进行分类。

(一)生理性动机和社会性动机

根据动机的起源,可将动机分为生理性动机和社会性动机。

1. 生理性动机

生理性动机是指以自然需要为基础的动机,又称驱力。这些动机生来就有,如饥、渴、睡眠、性欲、疼痛、母性、排泄等动机。生理性动机以个体的生物学需要为基础,对维持个体的生存和发育具有极其重要的作用。当个体的自然需要获得满足时,生理性动机便趋下降。某些生理性动机(如饥、渴、睡眠、性欲、排泄等)的产生具有周期性。

人是社会动物,所以,人的自然需要及满足需要的手段,都已打上社会生活的烙印。因此,在人类个体身上,纯粹的生理性动机很少见。如性欲是一种生理性动机,但是男女之间的性关系不仅受生物性制约,也受社会的伦理关系制约。按照社会伦理关系,婚姻是唯一合法的性欲表达方式,性欲表现的其他方式一般都受到谴责,某些还被法律禁止。母性动机也是一种生理性动机,但母亲对子女的照料,不仅出于母性本能,而且受社会责任和义务推动。

 扩展性阅读

母性动机是最强有力的生理性动机

母爱是一种母性动机的体现,被视为一种非常强烈的生理性动机,会受到生理因素的影响。动物实验研究表明,脑垂腺分泌的泌乳激素是母性行为的基础,怀孕期间泌乳激素的状况逐渐使母亲变得敏感,进而为分娩时母性行为的出现做好准备。此外,婴儿大大的额头、大眼睛、可爱的脸颊等都可能引发母性动机,这也是具有一定生物学意义的现象。

美国著名动物心理学家哈洛（Harlow,1971）曾以恒河猴（原产印度）为对象，从观察所见母爱的表现，归纳出母猴表达母爱的三个时期：第一个时期是婴猴出生不久的一段时期，此时期婴猴完全无助，必须靠母亲保护，称为母爱的安全保护期。此时期母猴表现的特征是，显示对婴儿极度需要，只有与之亲近、授乳、舔舐才能得到满足。如果将它的初生婴儿拿走，它会哭叫、发怒，甚至向人攻击。因此哈洛认为，像猴子之类的动物，其母性驱力基本是本能性的，也可以说动物的母爱是天生的。哈洛所发现的恒河猴表达母爱的第二个时期，称之为母爱收放管教期。此时期母猴表现的特征是，它一方面放开幼猴自由行动，探索周围环境，另一方面又因安全顾虑，随时将之收回，母猴此种对待幼猴的做法，恰如人类在实施家庭教育时的母爱。至于哈洛所发现的恒河猴母爱的第三个时期，是指幼猴长大逐渐独立，但仍留存族群中成为一员时的母子关系。

20世纪20年代，美国哥伦比亚大学的几位心理学家通过一项实验研究了需要、诱因和动机强度之间的关系。实验者设计了一个哥伦比亚障碍箱，箱内由接通电流的格栅把大鼠与它想要得到的目标物隔离开来，这些目标包括食物、水、异性以及幼鼠等。大鼠为了趋近目标物而撞击格栅，每撞一次就承受一次电击。以大鼠在一定时间内撞击带电格栅的次数作为驱力强度的行为指标。详细结果见下表：

表9-2 各种驱力强度的比较

驱力	通过栅栏次数	缺乏目的物的久暂/小时	诱因（目的物）
母性	22.4	0	婴鼠
渴	20.4	24	水
饥饿	18.2	96	食物
性（雄）	13.8	24	雌性
性（雌）	13.8	动情期	雄性
探索	6.0	0	积木锯屑
控制组	3.5	0	无

从表中可以看出，当诱因是实验动物的子女时，母性动机表现了最大力量，动物穿过栅栏趋向目标的次数最多。

2. 社会性动机

社会性动机是以人的社会文化需要为基础的动机。它起源于社会性需要，与人的社会性需要相联系。例如，成就、交往、威信、归属和赞誉等均为社会性动机。人有认知、交往、权力、成就的需要，相应地就产生了求知欲、交往动机、权力动机和成就动机。这些动机推动人们去从事社会生活。当人的社会文化需要获得满足时，社会性动机就会缓解下来。张春兴认为,社会性动机包括两个层次,一个层次包括较为原始的三种驱力,即好奇、探索与操弄;另一个层次包括人类所特有的成就动机和亲和动机。

 扩展性阅读

影响人类亲和动机的原因

人们总是喜欢结交朋友,寻找支持,参加某一团体并参与其活动。有些心理学家认为,人类的交往需要是进化的产物。从种系发展来看,凡是群居动物,都存在合群和个体间的亲近行为,这是它们固有的生存方式。因此,人类的亲和动机可能有某种生物学的根源。有研究者指出,人类的亲和动机是先天遗传的神经模式,是一种本能行为。

沙赫特采用实验考察了影响人们交往行为的因素,发现人类交往与恐惧有密切的关系。他将64名女大学生分为实验组和控制组,让实验组的被试看一些电器设备,并告知她们使用这些仪器将遭受痛苦但无伤害的电击。对于控制组,则力图使她们感到轻松,告诉她们电击只会感到有些发痒和震颤。在恐惧激发后,要求被试在实验室等候,要她们自己决定,实验时是否要同学做伴。结果表明,高恐惧的人比低恐惧的人更愿意合群,越是恐惧,合群倾向就越强。

表9-3 恐惧和亲和动机的关系

选择条件	选择的百分比			
	选择和他人在一起	不做选择	单独一个人	交往动机的强度
高恐惧被试	62.5	28.1	9.4	0.88
低恐惧被试	33.5	60.0	7.0	0.35

(二)外在动机和内在动机

根据动机来源于个体自身还是外部环境,可将动机分为外在动机和内在动机。

外在动机是指由外界要求与外力作用而诱发出来的行为动机。学生为了得到教师的表扬和鼓励努力学习,工人为了得到工资或奖金努力工作,这些行为的动力都来源于外部刺激。行为主义心理学家特别强调外在动机(如强化)的作用。替代性强化理论也认为,个体本人虽未受到直接强化,只要观察对他人的强化就会做出相应的反应。中国古代也有"重赏之下必有勇夫"的说法。

内在动机指行为动机由个体的内在需要引起,即行为是由于人本身的自我激发。如对做某事感兴趣,从事某种活动感到快乐。此时,行为或活动本身就是追求的目的,而无须外力推动。一个喜欢学习数学的学生,学习数学本身就是一件快乐的事情,这种快乐的体验就是他的学习动机。一些心理学家认为,内在动机对于人的影响更大。

外在动机和内在动机的划分并不是绝对的。由于动机是推动人活动的内在心理过程,因此,任何外界的要求、力量都必须转化为人的内在需要,才能成为活动的推动力量。在这个意义上,外在动机实质上仍是一种内部动力。外在动机在一定条件下也可以转化为内在动机。例如,人的责任感、成就动机和自律意识开始时可能起源于外部的要求和外力的作用,但它们一旦形成后,就转化为强烈的内部需要,个体的行为就不再靠外界力量的推动或约束。在心理发展的过程中,儿童的重要动机大多是外在动机,并且是先有外在动机,以后才逐渐产生内在动机。

外在动机和内在动机在工作和学习中都有非常重要的意义,将两者结合起来,会对学生的学习起到最佳的推动作用。

(三) 原始的动机和习得的动机

根据学习在动机形成和发展中的作用,可将动机分为原始的动机和习得的动机。原始的动机是与生俱有、不学而能的动机。它们以人的本能需要为基础。人的生理性动机都属于原始的动机。人的社会性动机中也有某些与生俱来的成分。如新生儿出生后,就对环境中的新事物表现出惊奇和兴奋,这种原始动机推动婴儿注视周围的事物,并逐渐产生对物体的摆弄、抓握等行为。人的好奇心和求知欲,就是在这种原始动机的基础上发展起来的。凡茨等人的研究表明,新生儿出生后仅十几小时,就对人的面孔有所偏好。他们将不同的图形置于婴儿面前,观察记录婴儿注视什么。结果发现,婴儿对人的面孔注视时间最多。这种现象很难用后天学习来解释。

习得的动机是指后天获得、经过学习而形成的各种动机。人的绝大部分动机,甚至包括恐惧、厌恶和求得赞许等,都具有学习的因素,都是社会生活中在成人的培养和教育下形成的。

(四) 有意识动机和无意识动机

根据动机的意识水平,可以将动机分为有意识动机和无意识动机。有意识动机是指人能够意识到的动机。个体能够意识到自己需要什么,行为的目标是什么。无意识动机指个体意识不到或不能清楚地意识到的动机。

动物的行为动机是无意识的。婴儿在自我意识产生前,行为动机也是无意识的。在成人身上,也存在无意识动机。例如,人们意识不到知觉和思维定势的作用,却在它们的支配下产生了各种各样的行为。在人的心理防御机制中,反向作用是一种无意识动机。它指个体压抑不得体的冲动,故意做出相反举动,将不得体冲动的相反方面表现于意识水平。如本来对他人怀有敌意,个体却对他人表现出过分的关怀。投射作用也是一种无意识动机。个体通过这种防御机制将个体压抑的某些欲望和冲动转移到别人身上。如本来他对别人有敌意,却在意识中表现为别人对他有敌意。

(五) 主导动机和从属动机

人类的行为十分复杂,某些具体行为可能会受到多种动机的驱使。根据动机所起作用的大小和稳定性进行分类,可分为主导动机和从属动机。主导动机指的是那些表现强烈而稳定的动机,对人的行为起主要作用;对人的行为起辅助从属作用的动机为从属动机。比如,某学生努力学习主要是为了获得更多的知识,但也借此获得优异的成绩从而证明自己的能力,并获得外界的奖励。在这一活动中,获取更多知识是主导动机,而证明自己的能力则是从属动机。

五、动机理论

动机理论主要关心的问题有:动机怎样产生?生物和环境因素在动机的产生中有什么作用?动机仅具有种系的特征还是与人的个性有关?目前,在心理学领域,动机理论主要有如下几种:

(一) 本能理论

19世纪末20世纪初,在达尔文进化论的影响下,许多心理学家都从本能角度来解释行为。詹姆斯提出,人的行为依赖于本能的指引,人除了具有与动物一样的生物本能外,还具有许多社会本能,如爱、社交、同情、诚实等。麦独孤则提出了系统的本能理论。他认为,人类所有的行为都是以本能为基础。本能是人类一切思想和行为的基本源泉和动力。本能具有能量、行为和目标指向三个成分。他认为人类有18种本能,如好奇心、自信、建设、获取、逃避、推论、自卑等。弗洛伊德也将人类行为的原因归结于本能。他认为,人的心理活动的原动力由人类生来固有的本能驱力决定。这种本能驱力使人类产生一种紧张状态,驱使人类采取行动,并通过消除紧张来获得满足。弗洛伊德认为,人类体验到的驱动力来源于生的本能和死的本能。生本能的作用在于维持生存和个体的生殖繁衍,死本能则促使个体通过疾病而最终死亡。生本能和死本能是人类行为的两种基本动力。

20世纪20年代末,本能论开始受到人们的怀疑和挑战。许多研究者指出,本能理论并未从行为的过程、机制或结构来解释行为。本能论对行为的解释是一种循环论证,如以"攻击本能"解释攻击行为,又以攻击行为作为"攻击本能"存在的依据。本能论也过分强调固定的先天的行为机制,而许多行为(如自信、自卑等)实际上是经过学习习得的。

(二) 驱力理论

20世纪20年代,武德沃斯提出了驱力概念以代替本能概念。驱力是指个体由生理需要所引起的一种紧张状态,它能激发或驱动个体行为以满足需要,消除紧张,从而恢复机体的平衡状态。驱力理论由行为主义心理学家霍尔进一步发展。霍尔提出,驱力是一种内部的状态,是对生物体的生理需要做出的反应。有的驱力来自内部需要,称为原始驱力。这种驱力不需要习得。有的驱力则来自外部刺激,称为获得性驱力。这种驱力是习得的,是通过条件作用而获得。

霍尔指出,人类的行为主要由习惯支配,而不是由生物驱力支配。他强调经验和学习在驱力形成中的作用,认为学习对机体适应环境有重要意义。霍尔认为,驱力(D)、习惯强度(H)和抑制(I)共同决定了个体的有效行为潜能(P),它们的相互关系可以表示为:$P = D \times H - I$。

驱力理论提出后,得到了许多行为主义者的赞同。但是,这种理论无法解释人类行为中的一些现象,如急中生神力、急中生智、人可以通宵达旦地工作等,在这些行为中,人的驱力不是减少,而是增加了。

(三) 诱因理论

驱力理论强调个体的活动来自内在的动力,忽略了外在环境在引发行为上的作用。针对这种缺陷,人们提出了诱因概念。诱因是指能满足个体需要的刺激物,它既可以是物质的,如食物、时装,也可以是精神的,如名誉、地位。诱因常能使人趋近或逃避某种事物,而不管当时的内在状态如何。例如,在不存在饥饿驱力的情况下,看到新鲜的水果,闻到食物的香味,都可能导致进食行为。诱因有积极和消极之分,有吸引力的刺激物称为积极诱因,个体回避的刺激物称为消极诱因。

诱因概念可以解释人的某些行为。如在犯罪心理的研究中,人们发现有的犯罪是由于情境诱因引起。某人开始时可能没有偷窃动机,偶然机会发现别人家中无人而又没有关好门,于是就进行偷窃。诱因概念的提出,使某些主张驱力理论的心理学家修改了他们的理论。如洛根提出,动机的唤醒取决于外界环境的诱因对行为的"牵拉"和内部生理、心理条件对行为的"推动"以及这两者的交互作用。赫尔也接受了诱因这一变量,把它作为行为的决定因素之一,他修改了自己的公式,在其中增加了诱因作用(K): $P = D \times H \times K - I$。

(四) 认知理论

20 世纪 60 年代以来,随着认知心理学的兴起,动机理论有了新发展,形成了动机的认知理论。认知心理学家从认知角度来说明人类行为的动机,认为认知因素在刺激和行为之间起中介作用。它们既能引起行为,也能控制行为。人们对行为结果的期待、对过去成败的归因、对自身能力的估价等,对行为都有至关重要的影响。

1. 期待理论

托尔曼认为,行为产生的原因不是强化,而是由于对目标的期待。当个体对某种特定目标有期待时,就会行动。托尔曼将期待定义为刺激与刺激的联系(S1→S2)或反应与刺激的联系(S1→R→S2)。例如,看见闪电(S1)就期待雷声(S2),这是刺激引起的期待;平时努力工作(S1→R),就期待好的业绩(S2),属于由反应引起的期待。托尔曼认为,当事态的发展和个体的期待一致,就会起强化作用。例如,在动物实验中,当猴子得到的食物(麦芽糖)与它预期的食物(香蕉)不一样时,就会沮丧;当白鼠发现获得的食物不是麦芽糖(预期的食物)而是葵花籽时,操作水平也明显下降。由此可见,对目标物的期待是行为的重要动机。

2. 归因理论

人们完成一项工作后,往往喜欢寻找自己或他人之所以取得成功或遭受失败的原因。最早提出归因理论的是美国心理学家海德。他认为,当人们在工作和学习中体验到成功和失败时,一般会把原因归结为外部原因和内部原因两个方面。外部原因指环境因素,如任务的难度、外部的奖励与惩罚、机遇等;内部原因指个体本身的因素,如能力、努力、兴趣、态度、人格等。后来,罗特提出了控制点理论,并依据控制点将人类分为内控型和外控型。内控型的人认为,个人是自己命运的主宰,无论成败,都是由自身原因造成。外控型的人认为,个人无力左右自己的命运,一切由外部因素控制,成功是由于机遇,失败则是由于任务太难或受人阻挠。

在海德和罗特的理论基础上,美国心理学家韦纳系统地提出了动机的归因理论。他认为,人们倾向于将活动成败的原因即行为责任归结为以下六个因素,即能力高低、努力程度、任务难度、运气好坏(机遇)、身心状态和外界环境。其中,能力高低、努力程度、身心状态属于内部因素,任务难度、运气好坏和外界环境属外部因素;能力高低和任务难度属于稳定因素,努力程度、运气好坏、身心状态、外界环境属于不稳定因素;努力程度属于可控因素,而其他因素都非个体所能自主控制。归因因素及特性的关系见表9-4。

表9-4 归因因素与归因特性之间的关系

归因因素	归因特性					
	因素来源		稳定性		可控性	
	内部	外部	稳定	不稳定	可控	不可控
能力高低	+		+			+
努力程度	+			+	+	
任务难度		+	+			+
运气好坏		+		+		+
身心状态	+			+		+
外界环境		+		+		+

韦纳发现,将成败归结为某个原因将引起个体相应的心理变化,并进而影响下一步的成就行为:

(1)归因将导致人们对今后的成就行为的结果期待发生变化。如果将成败原因归结为稳定因素,那么对今后成就行为结果的期待就将和这次成就行为的结果一致。例如,如果将个体的失败归结为能力差,那么个体就会担心下一次还会失败,因为能力是相对稳定的,短时间内很难改变。如果将成败的原因归结为不稳定因素,那么对今后成就行为结果的期待就可能与这次成就行为的结果不一致。例如,如果将失败归结为机遇或身心状况,那么个体就可能期待下次成就行为的成功。

(2)归因会产生情绪反应。如果将成就行为归结为内部原因,那么,成功时个体会感到满意和自豪,失败时会感到内疚和羞愧。但是,如果将成就行为归结为外部原因,不论成功或失败,个体都不会产生太大的情绪反应。

(3)归因将影响今后成就行为时的努力程度。如果个体将成败的原因归结为可控的因素(努力),那么今后可能更努力;如果个体将成败的原因归结为不可控的因素,那么他今后可能努力,也可能不努力。

3. 自我效能论

自我效能感指人们对自己是否能够成功地从事某一成就行为的主观判断。美国心理学家班杜拉最早提出这一概念。他认为,人的行为受结果因素与先行因素的影响。行为结果就是通常所指的强化。先行因素指的就是期待。

班杜拉认为,自我效能感有如下功能:① 决定对活动的选择。人倾向于避开认为超出自己能力的任务,而去从事认为自己有能力处理的事情。因此,恰当地评价自身能力,对成功具有重要价值。对自我效能作过高或过低的评估,都会带来麻烦。② 决定人对活动的努力和坚持性。在面临困难时,自我效能感决定人付出多少努力,坚持多长时间。自我效能感越强,付出的努力会越多,坚持的时间会越长。③ 影响人对困难的态度。高自我效能感者,困难面前愿意接受挑战,接触有潜在威胁的任务时不焦虑,任务繁重时也很少有痛苦,这种人容易成功。低自我效能感者,躲避困难任务,困难面前放松努力并轻易放弃,降低抱负水平,经历更多的焦虑和痛苦,也更易失败。④ 影响人同环境互动时的思维方式和情绪反应。在解决困难问题时,高自我效能感者倾向于将失败归因为努力不够,会将注意力聚焦于环境上;低自我效能感者倾向于将失败归因为能力不足,会停留在自身不足上,这不利于能力发挥。

有许多因素影响人的自我效能感:① 个人的成败经验。一般说来,成功会提高效能评估,失败会降低效能评估。② 替代性经验。看到与自己相似的人成功会提高自我效能感,看到与自己相似的人付出巨大努力仍然失败,会降低自我效能感。③ 言语说服。④ 情绪和生理状态。正的情绪可增强自我效能感,而负的情绪则会减弱自我效能感。疲乏、疼痛、辛劳等都可成为身体无效能的标志。

自我效能论可以解释生活中的许多现象。如"艺高人胆大",高自我效能感的人对具有挑战性的情境敢于冒险尝试。学生偏科的现象,亦可用自我效能感的理论去解释。凡是学生偏爱的学科,都是学生有高自我效能的学科;凡是学生不愿学的学科,学生在该学科中自我效能也差。所以,教学应以培养学生的高自我效能感为目标。

六、动机与行为

是否动机越强,行为的效果就越好呢?是否只有产生了强烈的动机,才能有出色的行为表现呢?事实并非如此。心理学研究表明,动机强度与工作效率之间并不是一种线性关系,而是倒 U 形曲线关系(见图 9-3)。中等强度的动机最有利于任务的完成,即动机强度处于中等水平时,工作效率最高,一旦动机强度超过了这个水平,对行为反而会产生一定的阻碍作用。

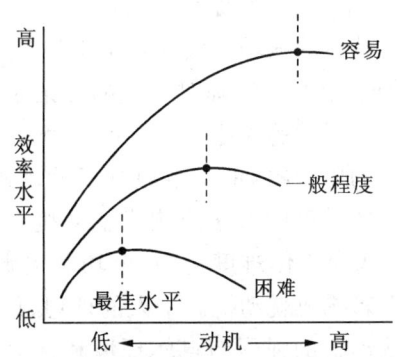

图 9-3 动机强度、任务难度和工作效率之间的关系

动机强度与工作效率之间的关系还随任务难度的变化而变化。耶基斯和多德森的研究表明,各种活动都存在一个最佳的动机水平。动机的最佳水平随任务性质不同而不同。在容易的任务中,工作效率随着动机的提高而提升;随着任务难度的增加,动机的最佳水平反而会有下降的趋势。对于中等难度的任务来说,中等强度的动机最有利于任务表现。

七、中学生动机的研究

(一) 中学生学习动机的研究

学习动机是直接推动学生进行学习的内部动力。学习动机并不是某种单一的结构,而是由多种动力因素组成的整体系统,其中包括学习需要、学习自觉性、学习态度、学习兴趣等。在学习活动中,学习动机的功能体现为以下几点:① 引起学习的作用;② 维持学习的作用;③ 强化学习的作用;④ 调整学习的作用。

学习动机与学习效果之间的关系并不是直接的,它们之间往往以学习行为为中介,而学习行为又不单纯只受学习动机的影响,还会受到一系列主客观因素的制约,如学习基础、教师指导、学习方法、学习习惯、智力水平、个性特点、健康状况等。

根据1982年我国心理学工作者对10 059名青少年学生的调查,我国各类学校中各年级男女学生的学习动机总趋势是一致的,有四种类型:① 学习动机不太明确的占15%;② 学习只是为了履行社会义务的占18%;③ 学习为了个人前途的占23%;④ 学习为了国家和集体利益的占44%。可见,我国青少年学生中,第四种类型比例最高,他们的学习动机是"为我国实现'四化'""为了提高整个中华民族的文化水平"做贡献。

(二) 中学生成就动机的研究

成就动机指在完成某种任务时力图取得成功想法的动机。成就动机对个体的发展和社会的进步都具有重要作用。影响成就动机的因素主要有:① 成就动机的高低与童年所接受的家庭教育关系密切。父母的价值观、父母的成就动机、父母对子女的要求和教育方式都会影响儿童的成就动机。一般来说,父母要求子女独立自主而又能以身作则,则容易培养儿童的成就动机。相反,父母对子女过分保护,就会限制儿童的独立性,较难培养儿童的成就动机。严格而温和式的教育方式对孩子的成长最有利。② 教师的言行影响学生成就动机的强弱。教师是学生学习的榜样,成就动机较强的教师的言行有助于激发学生的成就动机,教师对学生的评语是激发学生成就动机的有效方法。③ 经常参加竞争和竞赛活动的人比一般人的成就动机强。④ 学生的学习成绩与其成就动机呈正相关。学习成绩优秀的学生通常成就动机强,学习成绩差的学生通常成就动机弱。⑤ 个人对工作难度的看法影响成就动机。个人如果认为工作过难或过易,都不易激发成就动机;认为工作难度适中,成功和失败的可能性各占一半时,成就动机最强烈。⑥ 个人因素影响成就动机。个人的理想、信念和世界观对成就动机有深刻的影响。⑦ 群体的成就动机的强烈与自然环境和社会文化条件相关。当国家经济繁荣兴旺时,人民的成就动机就会提高。相反,就会降低。竞争激烈的地方,人们的成就动机相对强些。

沃建中等人采用自编的《中学生成就动机量表》对665名中学生的成就动机进行研究,结果表明中学生的成就动机随着年龄上升基本保持平稳的发展趋势。叶仁敏等人的研究显示,我国青少年学生总体上的成就动机是较高的。他们对追求成功具有高期望,对失败的种种顾虑和担忧较少。罗丽芳和王海兰采用叶仁敏修订的成就动机量表考察了中学生的成就动机。量表包括30个题目,分为两部分,每部分15个题目,分别测量追求成功的动机(Ms)和避免失败的动机(Mf)。成就动机得分由追求成功的动机得分减去避免失败的动机得分构成,得分越高表明成就动机越强。研究发现,中学男生的成就动机显著高于女生,具体表现为男生避免失败的动机明显低于女生,追求成功的动机则不存在明显差异;初中生与高中生的成就动机无显著差异。

(三)中学生交往动机的研究

异性交往对青少年的成长与发展具有积极的功能,主要表现在以下方面:首先,促进青少年同一感的发展。埃里克森认为,青少年阶段的关键人物是发展同一感。异性交往有利于建立清晰的自我感觉。异性交往及其自我概念能够影响个体的自我价值感。其次,增进青少年的心理健康。异性交往可以满足青少年的心理要求,从而达到心理平衡。再次,增进青少年间的友谊,为日后获得成熟爱情奠定基础。王敏采用自编《高中生异性交往调查问卷》,考察了高中生的异性交往状况。研究发现,高中生异性交往的动机、内容和方式比较单纯。多数人选择异性交往是看中与对方有共同兴趣,在选择自己喜欢的异性同学的时候,比较看重对方的内在素养。交往动机如表9-5所示。

表9-5 高中生异性交往动机的比例

题目选项	学生比例
性格相似,有着共同的兴趣爱好	51.3%
为补偿与同性同学交往的失败	0.6%
与异性交往是为了随大流	3.3%
为满足生理需要	1.7%
为向别人炫耀,证明自己有吸引力	22.6%
为对家长、老师在这方面的压制表示反抗	2.4%
为寻求依赖或者是为了寻求保护他人的成就感	13.6%

第三节 兴 趣

一、兴趣的含义

兴趣是个体力求认识某种事物或从事某种活动的心理倾向。它表现为人对某种事物或从事某种活动的选择性态度和积极的情绪反应。任何一种兴趣都是对某种事物有所认识,或者参与了某种活动后体验到的愉悦的情绪体验后发生的。人对某一事物产生兴趣,就会给予优先注意,并进行积极探索。例如,对数学感兴趣的人,总是优先注意与数学有关的著作和报道,他的认识活动优先指向与数学有关的事物,并表现出积极的情绪体验。

兴趣可以激发人的求知欲,是鼓舞人们寻求知识的重要力量,是推动人们认识事物、探究真理的重要动机。兴趣能开阔人的眼界,丰富人的生活,促进个性的发展。兴趣也能促进人进行创造性的学习和劳动。人们常说,兴趣是最好的老师,孔子说:"知之者不如好之者,好之者不如乐之者。"可见,兴趣对学生的学习有特别重要的意义。

人的兴趣是在需要的基础上,在活动的过程中发生、发展起来的。需要的对象也就是兴趣的对象。正是由于人们对某些事物产生了需要,才会对这些事物产生兴趣。人的需要多种多样,因而兴趣也是多种多样的。在低级需要基础上产生的兴趣往往是比较短暂的。一个人口渴需要饮料,就会对饮料产生兴趣。这一需要一旦得到满足,对饮料也就不那么感兴趣了。建立在社会性需要基础上的兴趣往往更为稳定。如翁森终身读书,无论春夏秋冬对读书始终"乐陶陶"。皮亚杰阐释了需要和兴趣的密切关系,他提出:"兴趣,实际上就是需要的延伸,它表现出对象与需要之间的关系,因为我们之所以对一个对象发生兴趣,是由于它能满足我们的需要。"

二、兴趣的分类

根据不同的标准,可以把兴趣分为不同的种类。

(一) 直接兴趣和间接兴趣

根据兴趣所指向的目标,可以分为直接兴趣和间接兴趣。

1. 直接兴趣

直接兴趣是对活动过程本身产生的兴趣。它往往能直接满足人的需要。例如,对看小说、看电影的兴趣,对烹饪的兴趣都属于直接兴趣。

2. 间接兴趣

间接兴趣是指对活动结果的兴趣。例如,对工作后取得的报酬感兴趣,通过学习获取学历从而取得工作的兴趣。

在实践活动中,直接兴趣和间接兴趣都是不可缺少的。如果没有直接兴趣的支持,活动将变得枯燥无味;如果没有间接兴趣的支持,活动也不可能长久地持续下去。只有将直接兴趣和间接兴趣正确地结合,才能充分发挥一个人的积极性。

(二) 短暂兴趣和稳定兴趣

根据兴趣持续的时间,可以分为短暂兴趣和稳定兴趣。

1. 短暂兴趣

短暂兴趣一般指偶尔或一时为某种事物或活动所吸引,随着某种事物或活动而消失。短暂兴趣常常与追求一时的刺激或趣味联系在一起。

2. 稳定兴趣

稳定兴趣是指对某种事物具有持久的喜爱,不因某种活动的结束而消失。稳定的兴趣能使人具有高度的自觉性和积极性，它常常会逐渐发展成为人的主导兴趣。

（三）有趣、乐趣和志趣

根据兴趣发展的水平和深刻性，可以分为有趣、乐趣和志趣。

1. 有趣

有趣是指被一时的新异现象所吸引，从而对它们所产生的兴趣。有趣是兴趣的低级阶段，具有直观性、盲目性和广泛性。

2. 乐趣

乐趣是指对某一事物或活动产生了比较稳定的兴趣，是在有趣的基础上发展而来的。乐趣具有专一性、自发性和坚持性。

3. 志趣

志趣是指与远大的志向相联系的兴趣。它是在乐趣的基础上发展而来的，是兴趣的高水平阶段。志趣具有社会性、自觉性和方向性。

三、兴趣的品质

（一）兴趣的指向性

兴趣的指向性指个体对什么发生兴趣。人们的兴趣指向什么，可能很不相同。有的人对文学感兴趣，有的人对体育感兴趣。有些人的兴趣指向高尚的内容；有些人的兴趣指向猥琐的事物，这被称为低级趣味。研究发现，个体的有些兴趣倾向表现得较早，如幼儿时已表现出倾向于某种活动，避开另一些活动。但职业倾向要到高中或高中后才稳定下来。

（二）兴趣的广度

兴趣的广度指人的兴趣范围的大小。有的人兴趣广泛，正像马克思所说的，"凡是与人有关的，都是我所关心的"；有的人兴趣狭窄，除了对自己所从事的专业有兴趣外，对其他事物或活动很少发生兴趣。兴趣的广泛程度与个人知识面的宽窄密切相关。一般说来，兴趣广泛有利于人获得广博的知识，有利于事业成功。

（三）兴趣的稳定性

兴趣的稳定性指个体兴趣稳定的程度。有的人兴趣稳定，凡事力求深入，做事锲而不舍；有的人见异思迁，做事虎头蛇尾。根据兴趣持续时间的长短，兴趣可分为短暂兴趣和稳定兴趣。在人的一生中兴趣必然会发生变化，但在一定时期内，保持基本兴趣的稳定性，则是个体的一种良好的心理品质。

（四）兴趣的效能

指兴趣对人的活动的推动力量大小。有的人积极主动地去满足自己的兴趣，兴趣是他活动的重要动机；有的人兴趣仅局限在对感兴趣的事物的知觉上，这种人临渊羡鱼，望洋兴叹,兴趣对他们的行为无甚推动作用。

四、中学生兴趣的研究

兴趣是学生最好的老师,但缺乏兴趣却是目前学生遭遇的普遍困难。沃尔特等人对200名中学生的调查发现,对学业不感兴趣是导致他们学习成绩不佳的最主要的原因。同时,兴趣是除努力之外解释学习优异的第二重要原因。

张寿松等人以567名不同层次的高考生(包括尖子生、中等生、落榜生)为对象,考察了不同层次和不同类别考生的学科兴趣及其原因。研究发现,文科生最喜欢的学科是语文、外语,理科生最喜欢的学科是数学、物理;文科生中成绩优异的学生在各科间的兴趣差异没有成绩中等和成绩较差的学生的差异大,理科生中不同层次的学生的学科兴趣与文科生不同,理科生中成绩优异的学生偏向于有一定学习难度的学科,中等和落后的学生则选择相对容易的学科;学科兴趣存在明显的性别差异,文科男生喜欢语文、历史、数学和地理,而女生喜欢语文、外语、数学,虽然男女生都比较喜欢语文、数学,但是女生对语文的喜欢程度比男生高,男生对数学的喜欢程度比女生高。高中生的学科兴趣原因较为集中,95%以上的原因集中在"老师关心、重视、表扬我,对我好""老师水平高、上课有趣,认真负责""该学科重要,不得不感兴趣""该学科的内容本身吸引我"四个选项上。研究还发现,高中生的学科兴趣大多直接指向学科本身,占比例最高的学科兴趣的原因都是"该学科的内容本身吸引我"。

第四节 理想、信念和价值观

一、理想

(一)理想的含义

理想是人对未来有可能实现的奋斗目标的向往和追求。理想中的奋斗目标是人积极向往和追求的对象,它体现着个人的愿望,并且是指向未来的。理想中的奋斗目标以对客观规律的认识为基础,是符合客观规律的,因此是可以实现的。

根据内容,可以把理想分为两大类:社会理想和个人理想。社会理想是对崇高的社会制度的理想。个人理想是关于个人未来的理想,主要包括道德理想、职业理想和生活理想。社会理想和个人理想密切地联系着,其中社会理想是理想的核心,居于最高层次,并制约着个人理想;个人理想又是社会理想的具体表现。从实现的可能性角度看,可以把理想分为可实现的理想和不可实现的理想。前者是通过努力可以实现的理想;后者是指通过自己的努力无法实现的却可以激励人的行为的理想。从思想觉悟的水平和思想境界的高低来看,可以把理想分为四个层次:第一层次是个人理想,包括生活理想和职业理想、道德理想;第二层次是集体理想;第三层次是国家的、民族的、人民的理想;第四层次是以解放全人类为奋斗目标的共产主义理想。从理想的性质角度看,可以把理想分为积极理想和消极理想。前者是指有助于个体和社会发展的理想;后者是指不利于个体和社会发展的理想。

（二）理想的特征

1. 可能实现性

理想不同于空想，空想是脱离客观实际的、没有依据的意识，是一种根本无法实现的违背社会发展规律的想法；而理想是从现实中来却又高于现实，有比较强的科学性，只要人们认真努力最终是可能实现的。

2. 实践性

理想是在社会生活中产生，又在社会生活的发展中得到检验和证明并且正在发展着的。理想只有在人们的社会生活实践基础上才能实现。所以说，将理想转化为现实就必须踏踏实实地进行实践活动。

3. 时代性

理想不是人头脑里已经存在的固定好的意识形态和精神现象，而是不仅同一定时代的生产发展水平有着密切的联系，还会与一定社会历史条件和一定社会生产关系相关联，是一定社会的历史条件和经济政治关系以及社会生产方式的产物。不同时代的理想反映的当时的生产力水平和社会条件也不尽相同，甚至人们对理想的想象也受着时代条件的限制和约束。所以说理想总是与时代特征和当时的社会实际紧密联系的。

（三）理想的影响因素

1. 个体因素

理想是个体依据现实对未来美好状态的期望，不同的个体其理想也不尽相同。研究发现，在其他条件相同的环境中，女性和男性的理想是不同的。女性的家庭理想抱负在年轻的时候比男性高，至中老年时则低于男性。可见，性别和年龄作为个体的自然属性会影响个体的理想。想象也影响理想的形成，而想象之所以能够形成理想，关键在于问题的思考空间，包括记忆、理解和意志三个部分。人的动机对人的理想抱负也有着巨大影响，它能影响人的理想的坚持性。由此可见，影响理想的个体因素主要包括性别、年龄、认知、动机、情绪、想象等方面。

2. 家庭因素

家庭因素（家庭结构及类型、家庭生活及心理气氛、家庭的教育方式及态度、家庭职业、父母家长的期望）对青少年儿童理想、抱负的形成有很大影响。家庭因素对个体理想的影响主要通过家庭的社会地位发挥作用，主要有父母的社会地位和角色，它不仅影响子女的教育理想，还影响子女的教育结果。生活在一个社会经济地位较好的家庭里，能够获得更多的优越条件，包括更多的角色模型、教育机会、经济支持以及文化资本，这些都将能提升个体的职业理想抱负。可见，家庭对孩子理想的影响主要通过家庭经济地位、父母的态度、父母的教育水平、父母的养育方式和时间、父母的社会角色等发挥作用。

3. 社会文化因素

影响大学生理想的因素包括国际环境、国情及现状和高校本身的教育等。男女两性的理想存在差异性，主要源自两性的背景和地域特征、两性的态度和人格、两性的社会结构性地位和相关经历。每个人都是一个独特的个体，因为有着构成我们价值观、信念、态度等一系列特征的不同历史文化和经验,它影响着我们选择认识和理解世界的方法。而文化对人理想的影响却通过人们所期望的目标来设定群体规则,以此来影响人们的理想抱负。可见,国际、国内环境等宏观社会因素和其他微观社会因素都对个体理想的形成和发展有着巨大的影响作用。

(四) 当代青少年理想的研究

周宵编制了当代青少年理想问卷,揭示出当代青少年的理想结构,包括 8 个因素:物质理想、道德理想、理想人格、身体理想、学业理想、生活理想、职业理想和社会理想。研究发现,当代青少年理想处于较高水平,总体状况良好,各维度理想由高到低依次是:生活理想、道德理想、理想人格、社会理想、学业理想、职业理想、物质理想、身体理想。当代青少年理想在性别、家庭住址地、母亲文化程度、所在地区和家庭月收入方面存在差异,在年级、是否独生子女、父亲文化程度、政治面貌等方面不存在显著差异。其中女生理想高于男生,城镇青少年的理想水平高于农村青少年,母亲文化程度越高的青少年理想水平越高,东部地区青少年的理想水平依次高于西部地区的青少年。

二、信念

(一) 信念的含义

信念是坚信某种观点、思想或知识的正确性,并调节控制个体行为的心理倾向。它是行为稳定的核心的动机,是人们所遵循的行为准则。理想和信念含义不同,但属于同一种精神现象。理想的确立是信念形成的基础,信念是对理想的支持,没有信念,理想就可能发生动摇和倾斜;理想以信念为支撑,信念以理想为方向和内容,有什么样的理想就有什么样的信念。科学和积极的信念为崇高和远大的理想提供了思想上的支持,在追求和实现崇高和远大理想的过程中为理想提供巨大的精神动力。

信念是认识、情感和意志的升华,也是认识转化为行动的中介。信念表现为人们对自然和社会的理论原则、见解和知识的真实性确信无疑,而且产生了浓厚的热情,在行动中接受它们的指导,力求维护它们、实现它们。有信念的人,他们理想明确、意志坚定、个性鲜明,具有积极性、主动性、创造性和自我牺牲精神。信念不同于迷信。信念是在独立思考和深思熟虑的基础上对自己的奋斗目标和生活准则坚信不疑,内心接受并自愿为其奋斗;而迷信则缺乏独立思考和深思熟虑,具有盲目性。

(二) 信念的分类

1. 政治信念和道德信念

按其领域,信念可以划分为政治信念和道德信念。所谓政治信念,在中国主要是指对马列主义、毛泽东思想的信仰,对中国共产党的领导、社会主义制度的信任,对战胜建设中国特色社会主义道路上遇到的困难的信心。道德信念是人们通过对社会道德原则和规范的认识和了解,在自身强烈的道德意识驱动下,对于要履行某种社会道德义务所产生的强烈的内心里的确信和责任感。它是存在于个人头脑中的对某些道德行为准则正确性的坚信,是一种具有情感色彩和力求实现的观念形式,一旦形成,就会具有相对的稳定性和持久性。

2. 科学信念和非科学信念

按其客观程度,信念可以分为科学信念和非科学信念。科学信念是建立在对某种事物发展客观规律的正确认识的基础之上,它符合辩证唯物主义和历史唯物主义的要求。科学的理想信念是建立在对自然界、人类社会和思维发展客观规律的正确认识的基础上,也就是说,科学的信念必定建立在正确的理论基础之上,符合事物运动和发展的客观规律,会对社会实践起到积极的促进作用,非科学信念和科学信念含义正相反。

(三)信念的特征

1. 稳定性

人们的信念是在长期的社会实践探索中确定并逐渐形成的,在形成的过程中包含了人们的积极向上的情感,积淀了一个人的多年的生活经验,具有超过一般认识的稳定性。所以一个人的信念一旦形成之后就不会轻易地因为某些偶然的个别的实践活动而动摇甚至改变,但是这种稳定性是相对的而非绝对的。

2. 社会性

信念是在人生的不断实践中逐渐形成的,不是一蹴而就的,如果没有一定的社会积累,是不容易形成稳定的社会性的信念的。

3. 发展性

因为信念的稳定性是相对的,所以说信念应该随着时代的变化和身边的大环境的改变而进行适当的合理的有利于当时所处的社会条件的改变,从而使信念变得更为适时、合理和坚定。

三、价值观

(一)价值观的含义

价值观是人们关于生活中基本价值的信念、理想等思想观念以及在处理各种价值问题时所持的态度、观点的总和,是关于价值和价值体系的一般观点和根本观点。价值观包含人生观、学习观、荣辱观、道德观等,凡是对事物表达看法和感受的都属于价值观的范畴。

人生观是价值观的核心内容,是一个人对人生的价值所持有的基本态度和看法。人生价值是指个人的实践活动对社会群体需要的满足,也是社会对个人实践的一种肯定或评价。人生价值包含两个方面,一方面是指个人对社会的责任与贡献,另一方面是指社会对个人的尊重和满足。

(二)价值观的特征

1. 价值观念指导人的社会行为

事实上,价值观念和人的行为是互动的。人们的社会实践是其价值观念产生和变化的基础。同时,人的实践行为及其方式的变革,也是其价值观念变化推动的结果。

2. 一个稳定的社会需要价值观念的认同

价值观念主导人的社会行动,任何社会的动荡和变革,都是社会价值观念激烈矛盾和对立的表现。一个社会形态得以建立和维系,依赖于其社会成员价值观念的一致或相容,每一社会的统治阶级都极力营造一种既利于维护自己的统治,又能让社会成员认同的价值观念,以至通过社会行为对社会成员进行教化。当然,统治阶级的价值观念能否得到社会成员的认可以及社会成员对统治阶级价值观的认可度,也在一定程度上决定了其社会的稳定度。

3. 价值观是和特定的主体相联系,是一定主体的价值观

价值观是人们对社会存在的能动反映,人们所处的自然、社会环境包括人的社会地位和物质生活条件,都直接影响和决定着人的价值观。在人们的社会实践过程中,之所以一个主体区别于另一个主体,在很大程度上是由主体的价值观决定的。

4. 价值观反映着人的理想

价值观的核心和最高层次是价值理想。价值观产生于人的需要和利益,人的需要不只是经济方面的需要,还有政治的、文化的、精神的等多方面的需要,并且政治的、文化的、精神的需要是更高层次的需要,社会生产力水平发展到一定阶段,人的政治的、文化的、精神的需要会上升为人的主要的需要。人的一切活动都是以需要为目的的,这种需要是有层次的。为什么有的人不能从物欲的困扰中解脱出来,有的人不能摆脱世俗的羁绊,价值选择使然。理想离不开人的需要和利益,但价值观也不能缺了理想的烛照,价值理想通过对现实的超越和批判,提升人的道德境界和做人的境界,体现人之为人的意义。

本章小结

人类从事任何活动,总有从事这一活动的愿望。愿望即人对其需要的一种体验形式,它指向未来能够满足自身需要的某种事物或行动。在需要的推动下,个性得以形成和发展。需要是有机体内部的一种不平衡状态,反映了个体对内在环境和外部生活条件的较为稳定的要求。动机、兴趣、理想、信念和价值观等都是需要的表现形式。动机是个性倾向性的重要内容,指的是发动、指引和维持个体活动的内在心理过程或内部动力。掌握了动机形成和发展的规律,就可以通过控制动机操纵人类行为,提高活动效率,使人们成为自己的主人。兴趣则是个体力求认知某种事物或从事某种活动的心理倾向。理想反映了人对未来有可能实现的奋斗目标的向往和追求;信念是坚持某种观点、思想或知识的正确性,并调节控制个体行为的心理倾向;价值观则反映了人们处理各种价值问题时所持的态度和观点。

复习思考题

一、选择题

1. "人为财死,鸟为食亡"这句话反映了人的需要具有(   )。
   A. 整体性　　　B. 选择性　　　　C. 层次性　　　　D. 动力性

2. 强调外在环境在引发行为中的作用的动机理论是(　　)。
   A. 本能理论　　　B. 驱力理论　　　C. 唤醒理论　　　D. 诱因理论

二、名词解释

　　需要　动机　兴趣　信念　价值观　诱因　驱力
　　生理性动机　社会性动机　自我效能感

三、简答题

1. 需要的特征有哪些？
2. 动机有哪些功能？
3. 简述马斯洛的需要层次理论。
4. 简要说明动机与工作效率的关系。
5. 简述韦纳的归因理论。
6. 简述兴趣的品质。

四、论述题

1. 评述需要的理论。
2. 评述动机的自我效能理论。
3. 论述中学生成就动机的特点。
4. 论述影响理想的因素。

第十章 个性心理特征

内容提要

相比于个性倾向性,个性心理特征是个性心理中最稳定的特征因素,也是个体心理差异性的最突出表现,包括能力、气质和性格三个重要的组成部分。首先,社会中存在一种较为普遍的现象,即"高分低能",那么如何科学地区分能力的高低并对其进行量化分析呢?又可以通过哪些心理学知识对这一现象进行解释呢?本章第一节将分别介绍能力的内涵、能力与知识的关系、能力的分类、能力的差异、能力的测验以及能力形成的条件和能力的培养等几大问题。其次,红楼梦中的林黛玉、西游记中的沙僧在个性心理特征方面有哪些相似之处?同学们可从本章第二节所介绍的气质的概念、气质的生理机制、气质的类型与测量、气质的意义及气质与教育工作这五方面内容中寻找答案。最后,气质与性格统称为人格,但如何理解二者的具体关系呢?本章第三节所介绍的性格的概述、性格的结构、性格的类型、性格的鉴定与性格的形成和发展五方面的内容,将有助于对这一问题的阐释与论证。

思维导图

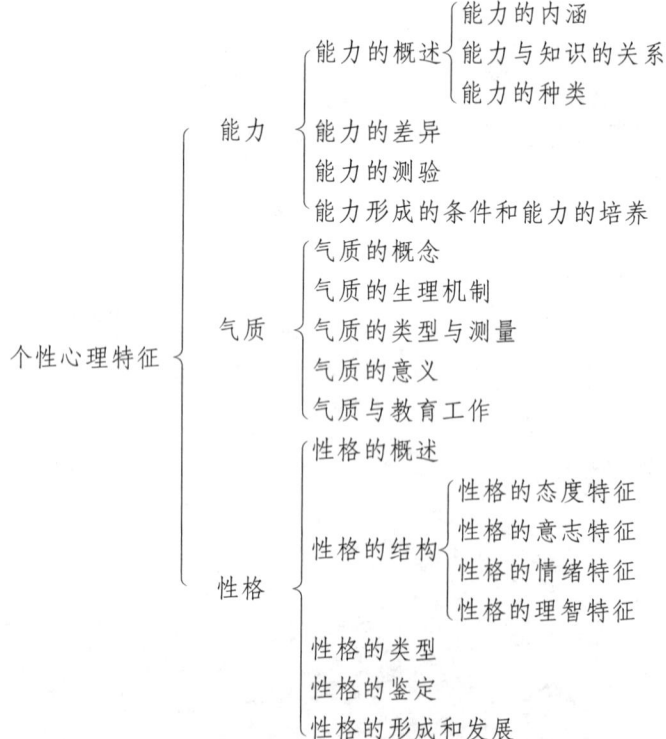

第一节 能　力

在现实生活中,由于人的先天遗传素质不同,后天环境、教育条件以及所从事的实践活动也不同,导致人与人之间在能力上存在着差异。如有的人运算能力强,有的人有很好的记忆能力,有的人创造能力很高,有的人组织能力较强,有的人有很好的体育运动能力等。凡此种种不同,都表现了人们在能力方面的差异。那么,什么是能力呢?

一、能力的概述

(一)能力的内涵

尽管"能力"一词人人皆知,但要给能力下个定义,却并不简单。美国心理学家维克斯勒曾指出"智力是一种总括的或综合的能力,使人能有目的地行动、合理地思维,并有效地应付环境"。这里的智力与能力只是字眼上的不同,并没有观念上的本质差异。苏联心理学界对能力的定义有独到的见解,如斯米尔诺夫认为,能力是作为成功地完成某种活动的条件的那些个性心理特征,这种观点在苏联比较流行。鲁宾斯坦则提出一个与众不同的定义,他指出:能力是在个体中固定下来的、概括化了的心理活动的系统。综合各家观点,我们认为可以这样界定能力的概念:能力是人们顺利完成某种活动所必须具备的,并直接影响活动效率的个性心理特征。例如,一位画家所具有的色彩鉴别力、形象记忆力等,都叫能力,这些能力是保证一位画家顺利完成绘画活动的心理条件。

能力有两种含义:一是指已经发展出或表现出的实际能力。例如,某人能讲三种外语,会开汽车,等等。二是指可能发展的潜在能力。研究表明,潜在能力是尚未表现出来的心理能量,是通过学习或训练可能发展起来的能力,它只是各种实际能力发展的可能性。潜在能力被认为是实际能力形成的基础和条件,实际能力是潜在能力的展现。实际能力和潜在能力具有密切的联系。

在现实生活中,每个人的能力各不相同。有的人能够"闻一知十""举一反三",而有的人则不能。对于同一事物的认识,有的人感知敏锐、思维深刻、想象丰富,而有的人则感知迟钝、思维肤浅、想象贫乏;有的人记忆速度快且保持长久,有的人记得慢且易遗忘;有的人善于形象思维,有的人善于抽象思维;有的人善于解决问题、富于创造,有的人则因循守旧、墨守成规、不善开拓。我们可以从以下两个方面来理解能力这一概念。

1. 能力是一种直接影响活动效率的个性心理特征

人的能力总是和活动联系在一起,并成为影响活动顺利进行的个性心理因素。能力和活动的关系主要有两个方面:一方面,人的能力是在活动中形成和发展,并在活动中表现出来的。如我们只有在一部文艺作品中才能看出作者的观察力、思维能力、创造能力和写作能力,作者的创作能力也只有在他的创作活动中才能不断形成和发展起来。另一方面,从事某种活动又必须以一定的能力作为条件和保证。如学习活动,就必须以良好的记忆力、注意力和感知能力为前提,离开了这些能力,要想使学习活动顺利完成是根本不可能的。这就说明,能力的形成要依存于活动,离开了活动,能力不仅无法形成与发展,而且也失去其存在的意义与作用。由此看来,能力不仅影响着活动效率,而且也是人们完成某种活动所必须具备的个性心理特征。

2. 人的活动是复杂的,要顺利完成某种活动需要多种能力的综合

人的活动一般比较复杂,要想保证某种活动的顺利完成,不是单靠某种能力就能胜任的,而是需要多种能力的结合。为完成某种活动所需要各种能力的有机结合就是才能。例如,教师要有敏锐的观察力、准确而流畅的言语表达力、严谨的逻辑思维能力、组织管理能力以及处理教学中偶发事件的教育机智等,这些能力的结合就是教师的才能。各种能力最完备的结合和最大发展就是天才。天才是能力的独特结合,主要表现为一个人能独立地、富有创造性地完成某一领域或多个领域的活动任务。但天才不是天生的,它是人凭借先天获得的生理条件,在社会环境和教育的影响下,加上主观努力而逐渐发展起来的。正因为如此,才有"天才是百分之一的灵感加百分之九十九的汗水"之说。

能力虽然是保证人们顺利完成某种活动的必要条件,但不是唯一的条件,因为要顺利完成某种活动,还需要很多其他条件,如个人的个性特点、知识技能、工作态度、物质条件和健康状况以及人际关系,等等。但是,在这些条件相同的情况下,能力强的人比能力弱的人更能获得成功。

(二) 能力与知识的关系

能力和知识既相互区别,又紧密联系。

1. 能力与知识的区别

能力与知识是有区别的,不能将它们等同起来。首先,能力与知识属于不同的范畴。知识是人类社会历史经验的概括和总结,它既是人的心理活动的结果,又是个体心理活动的对象和内容;能力则是人们顺利完成活动所必备的个性心理特征。其次,知识的掌握和能力的发展不是同步的。能力的发展比知识的获得要慢得多,而且不是永远随知识的增加而成正比发展的。在人的一生中,知识可以随年龄增长而不断地积累,但能力则会随着年龄的增长,有一个发展、停滞和衰退的过程。

2. 能力与知识的联系

能力与知识虽有区别,但又是相互依存和相互制约的。首先,知识的掌握是以一定的能力为前提的,能力是人们掌握知识的内在条件和可能性。能力的发展直接影响着人掌握知识的快慢、深浅、难易、灵活性以及巩固程度。如智力水平高的学生,掌握知识既多又快;智力水平低的学生,掌握知识时常常有较大的困难。其次,能力是在掌握知识过程中形成和发展的,在掌握知识的过程中,人的能力也会同时得到发展。能力是在学习和实践中获得的,离开了学习和实践,任何能力都不可能得到发展。可见,能力既是掌握知识的结果,又是掌握知识的前提,两者是相互依存和相互制约的。应该说明的是,人们原有的知识基础、学习态度、学习条件、个性特征等都制约着其获得知识的速度、深度及巩固程度,但知识的多少不能完全表明人的能力大小,因为具有同等知识的人,其能力水平可能不同,所以不能简单地、直接地根据个体的知识水平来确定其能力的高低。

明确能力与知识的区别与联系,对教育实践有着重要的意义。教育史上长期存在的

"实质教育论"与"形式教育论"之争,其实质是各执一个极端,都没有弄清楚能力与知识之间的辩证关系。现实教育实践中存在的"应试教育"与"素质教育"之争,在某种意义上说,仍是历史上这种争论在新的历史条件下的继续和反映。明确了知识与能力的辩证关系,就可以避免片面性,在教育教学过程中既重视给学生传授基础知识,又重视培养学生的能力和其他个性品质,将个性品质的培养,尤其是能力的培养,当成教育教学的一项重要任务。

(三) 能力的种类

从不同角度、按不同的标准可以对人的能力进行不同的分类。

1. 一般能力和特殊能力

以能力的活动领域为依据,可以把能力分为一般能力和特殊能力。

一般能力也叫认识能力,是指人从事一切活动所必须具备的能力。一般能力的适用范围比较广泛,符合多种活动的要求,与认识活动联系密切,是人们有效掌握知识的前提条件。一般能力包括观察力、记忆力、注意力、想象力和思维力,其中思维能力是一般能力的核心。一般能力的综合就是智力,它是各种特殊能力和创造能力形成和发展的基础。

特殊能力又称专门能力,是指适合于某种特殊活动要求的能力。它在特殊活动领域内起作用,是完成某些活动必不可少的能力。如音乐能力、绘画能力等都是特殊能力。特殊能力的形成和发展有赖于个体的先天素质,但更主要的是环境和教育影响的结果。

一般能力和特殊能力紧密地联系着。一般能力是各种特殊能力形成和发展的基础,一般能力愈是发展,就愈是为特殊能力的发展创造了有利条件;特殊能力的发展,同时也会促进一般能力的提高。从事任何活动,都需要一般能力和特殊能力的共同参与。

2. 再造能力和创造能力

以创造性大小为依据,可以把能力区分为再造能力和创造能力。

再造能力又称模仿能力,是指人们通过观察别人的行为、活动来学习各种知识,并按提供的样式进行活动的能力。如学习绘画时的临摹,从字帖上仿效前人的书法,儿童在家庭中模仿父母的说话和表情等。模仿不但表现在观察别人的行为后立即做出相同的反应,而且表现在某些延缓的行为反应中。通过模仿可以改变人们原有的行为方式,使其习得新的经验。模仿是人和动物的一种重要的学习能力。

创造能力是指根据一定目的创造出有社会价值的、新的、独特的思想与产品的能力,它是成功完成某种创造性活动所必需的心理条件。一个具有创造能力的人往往能超脱具体的知觉情境、思维定势、传统观念和习惯势力的束缚,在习以为常的事物和现象中发现新的联系和关系,提出新的思想,产生新的产品。创造能力有三个特点:① 独特性。见解独特,不循常规,能标新立异。② 变通性。不受定势的约束,能举一反三,触类旁通,构思新奇灵活。③ 流畅性。心智活动畅通无阻,能在短时间内产生大量想法,提出多种答案。

再造能力和创造能力是紧密联系的。创造能力是在再造能力的基础上发展起来的,人们的活动一般总是先模仿,后创造。模仿是创造的前提和基础,创造是模仿的进一步发展。再造能力和创造能力只是相对的划分,两者是相互渗透的,再造能力中包含着创造能力的成分,创造能力中包含着再造能力的因素。

3. 认知能力与操作能力

以能力的功效为依据,可以把能力划分为认知能力和操作能力。

认知能力是指人脑加工、储存和提取信息的能力,即学习、研究、理解、概括和分析的能力,它是人们顺利完成一切活动所必需的心理条件。人们认识客观世界,获得各种各样的知识,主要依赖于人的认知能力。

操作能力是指人们有意识操纵、控制和运动自己的肢体等外部动作以完成各种活动的能力,如艺术表演能力、劳动能力、体育运动能力、实验操作能力等。它是在完成学习活动、文体活动、专业训练和生产劳动等活动中的实际操作能力。

认知能力和操作能力是相互联系的。操作能力是在认知能力的基础上形成和发展起来的;人们在操作活动中,又进一步丰富和发展了认知能力。也就是说,人是在操作活动中认识世界、提高认知能力的。同时,人又是依靠他对客观世界的认识去调节自己的操作能力的。

二、能力的差异

正如世界上没有完全相同的人一样,人与人之间在能力上存在着明显的个别差异。这种差异主要表现在能力发展水平、能力的类型以及能力表现早晚等方面。

(一) 能力发展水平的差异

个体之间在能力发展水平方面存在着个别差异。能力发展水平的差异,主要是指智力表现高低的差异。国内外有关研究表明:在人口总体中,智力水平呈现从低到高的不同层次,但在全人口中基本上呈常态分布,表现为两头小、中间大。即智力极高和极低的是少数,绝大多数人的智力处于中等水平。

1. 超常儿童

智商在 130 以上的儿童称之为超常儿童,这类儿童的智力发展显著超过同年龄常态儿童的智力发展水平,能够创造性地完成某种或多种活动。国外心理学界把这种儿童称为天才儿童。

一般来说,超常儿童具有以下特点:① 工作责任心强,有浓厚的认识兴趣和旺盛的求知欲;② 注意力集中,记忆力强;③ 感知敏锐,观察仔细;④ 思维敏捷,理解力强,有独创性;⑤ 热情、自信、好胜、有坚持性,有较高的创造性。超常儿童或在口头语言、语文和数学学习方面显示了出众的才能,或在某些专门的活动,如音乐、绘画等方面有突出的表现。

2. 低常儿童

低常儿童是指智力发展明显低于同龄儿童的平均水平,并有适应行为障碍的儿童,又称智力落后儿童、弱智儿童或低能儿童。智力低常,多数是由于大脑发育不全或神经系统发生病变所造成的,少数则是由于外伤或其他疾病的后遗症引起的,属于病理现象。根据其智力落后的程度,可将智力低常分为迟钝、智愚和白痴三个等级,据抽样调查,我国的低常儿童约占全国总人口的 0.3%。

现代心理学根据以下几个标准来判定低常儿童,如智力明显低下(智商低于70分)、社会适应不良、不能从事简单的劳动、生活不能自理、问题发生在早年。低常儿童不是某一种心理活动低下,而是整个心理活动的水平都低下。低常儿童在认知方面的特点是:知觉敏锐度差、范围狭窄、难以辨别细节;对词和直接材料的记忆能力极低,再认中会出现大量歪曲和错误;言语出现迟、发展慢,词汇贫乏,有的出现言语障碍。低常儿童在个性方面的特点有:心情比较沮丧、对人有敌意、情绪紧张和压抑、缺乏自信心,对自己所做的事常有失败感,思想方法绝对化等。对这种儿童应该及早发现、及时诊断、治疗,尽可能给他们提供学习的机会,使他们获得一定的生活自理能力。

智力低常产生的原因很复杂,主要有先天因素和后天因素两方面。先天因素又包括遗传性的和非遗传性的,如染色体畸变、中枢神经系统受到感染等;后天因素如脑疾病、脑损伤和剥夺学习机会等。

在学校,不能把学习成绩差与智力落后混为一谈。低常儿童虽然表现为学习、生活上的障碍和困难,但学习成绩差的儿童并不都是智力低常。学习成绩差的儿童中大多数是由于学习态度不端正、没有学习兴趣、注意力易分散、情绪不稳定、学习不认真、缺乏坚持性、怕困难等因素造成的。他们的问题主要是学习兴趣问题,而不是智力落后,不能随便给他们冠以"弱智""低能"之名。只要教师根据学生的特点,采取不同的方法加强教育和引导,他们的成绩是能够提高的。对真正的低常儿童应给予及时的治疗和训练,并对他们进行一定的特殊教育,培养他们自食其力的能力。

(二)能力类型的差异

人的能力类型的差异主要表现在知觉、表象、记忆、思维等方面。

在知觉方面,有人属于综合型,对事物能综合整体知觉,但分析能力较弱;有人属于分析型,对物体细节感知清晰且具有较强的分析能力,但对物体进行整体知觉的能力较差;还有人属于分析综合型,兼有上述两者的特点。

在表象活动方面,有人视觉表象占优势,如画家、雕刻家等;有人听觉表象占优势,如音乐家;还有人运动表象占优势,如运动员等;也有人几乎在同等程度上运用各种表象。因而表象类型可分为视觉型、听觉型、运动型和混合型四种。

在记忆方面,既有记忆类型的差异,也有记忆品质的差异。记忆类型的差异表现在:有的人善于视觉记忆,有的人善于听觉记忆、动作记忆或混合记忆。例如,同样是记忆一个故事,有的人是亲自阅读才能记住,有的人则需要听人叙述才能记住,还有的人记住根据该故事改编的影视剧要比记住纯文字的故事容易得多。这就说明了个体记忆类型的差异。另外,有的人需要高度发展的形象记忆,而另一些人则要求高度发展的抽象记忆,有的人则属中间类型的记忆。记忆品质的差异表现在:有的人记忆敏捷准确,保持时间长久,提取运用方便;有的人记忆迟钝,遗忘得快,再认回忆的效果差;还有的人虽记得慢,但记得扎实、保持长久等。

在思维方面,主要表现为思维活动的敏捷性、深刻性、灵活性、独创性等。有的人思维敏捷、反应速度快,有的人则思维迟钝、反应速度慢;有的人思路灵活,善于采用发散式的方法,有的人思维呆板,只限于用聚合式的方法;有的人思路清晰、深刻、逻辑性强,有的人则思路零乱、模糊、肤浅、缺乏条理性；有的人善于独立思考、有批判性、有创新精神，有的人则依赖性强、易受暗示、过于保守、缺乏变通。此外，思维的类型也存在个别差异：有的人擅长动作思维，有的人习惯于形象思维，有的人则善于抽象逻辑思维。

以上一般能力各方面的差异，在同一个体身上总是相互联系、统一地表现出来。比如，视觉记忆好的人则视觉表象占优势；听觉记忆好的人则听觉表象占优势；动作表象占优势的人则长于动作记忆，其思维也通常带有实践性，习惯于动作思维。又如，擅长形象记忆的人则想象力丰富，思维动作往往也带有具体形象的特点；而思维活动表现为抽象逻辑性强的人，其抽象记忆往往也较强。

（三）能力表现早晚的差异

人的能力表现有早有晚。有的人能力表现较早，有的人能力表现较晚。具体有以下两种类型：

1. 人才早熟

有的人在很小的时候就表现出某方面的优异才能以及很高的智力发展水平，并显露出卓越的才华，这叫"人才早熟"，人才早熟也叫能力的早期表现或早慧。据我国历史记载，春秋战国时期秦国的甘罗 12 岁出使赵国立了功，拜为上卿；王勃 10 岁能赋，13 岁时写了著名的《滕王阁序》，并留下了"落霞与孤鹜齐飞，秋水共长天一色"的千古名句；李白 5 岁通六甲，7 岁观百家；奥地利作曲家莫扎特 3 岁发现三度音程，能谱写小步曲；德国数学家高斯四五岁就能纠正父亲的算题错误；俄罗斯诗人普希金 8 岁就能用法文写诗；美国著名科学家、控制论创始人之一的维纳，7 岁开始读但丁和达尔文的著作，18 岁就获得哈佛大学哲学博士学位。这种情况古今中外，各国都有。

2. 大器晚成

大器晚成指智力的充分发展在较晚的年龄才表现出来。这些人在年轻时并未显示出出众的能力，直到中年才崭露头角，表现出惊人的才智。我国古代早就有"甘罗早，子牙迟"的记载。李时珍 61 岁时写出《本草纲目》。达尔文少年时期智力在一般水平之下，直到 50 多岁才开始有研究成果，写出《物种起源》一书。摩尔根发现遗传基因理论时已 60 岁。近代著名画家齐白石 40 岁才表现出他的绘画才能。

能力"早晚"差异的产生有多方面的原因。"才华早露"者除了具有良好的素质条件外，还需要有良好的早期教育与影响的环境以及勤奋学习等主客观条件。能力的早期表现在音乐、绘画等领域最为常见。"大器晚成"者，有的是由于环境限制了早期能力的发展；有的是由于专攻学科的复杂性，需要长期努力奋斗；有的是因为社会条件和环境条件的限制；也有的是早期不努力，后来加倍勤奋的结果；还有的是从小虽智能平庸，但由于主观努力，经过长期坚持不懈的奋斗，比常人花费了更多的心血和精力，终于取得了后来的成就。

人的能力虽有表现早晚的差异，但就多数人来说，成才或出成果的最佳年龄是成年或壮年时期。这是因为，中年人年富力强、体格健壮、精力充沛、感知敏锐、少保守。既有较强的抽象思维能力和记忆力，又有较丰富的基础知识、实际经验和强烈的创新意识。美国学者莱曼通过对几千名科学家、艺术家和文学家的年龄与成就关系的研究，结果表明：25～40 岁是成才的最佳年龄。

扩展性阅读

关于"成功智力"和"第十名现象"

艾丽丝是一个学习成绩出色的学生,老师和同学们一致认为,她是最聪明的,可她在以后的职业生涯中却一直表现平平,同班同学中的70%~80%在工作中都表现得比她出色。这种例子很多。中国也开始关注"第十名现象",发现学习最好的学生不一定是工作最出色的人,而学习排名在第十名左右的学生,可能会在工作中游刃有余。这一现象说明学业成就的高低并不完全决定着一个人是否成功,这涉及成功智力的问题。

成功智力是一种用以达到人生中主要目标的智力,是在现实生活中真正能产生举足轻重影响的智力。成功智力与传统的学业智力是有区别的,斯腾伯格将学业智力称为"惰性化智力"。它只能对学生在学业上的成绩和分数做出部分预测,而与现实生活中的成败较少联系,他认为智力是可以发展的,特别是成功智力。在现实生活中真正起作用的不是凝固不变的学业智力,而是可以不断修正和发展的成功智力。

成功智力包括分析性智力、创造性智力和实践性智力三个方面,分析性智力涉及解决问题和判定思维成果的质量,强调比较、判断、评估等分析思维能力;创造性智力涉及发现、创造、想象和假设等创造思维的能力;实践性智力涉及解决实际生活中问题的能力,包括应用知识的能力。

成功智力是一个有机整体,用分析性智力发现好的解决办法,用创造性智力找对问题,用实践性智力来解决实际问题,只有这三个方面协调、平衡时才最为有效,一个人知道什么时候运用成功智力的三个方面要比仅仅具有这三方面的素质更为重要。

三、能力的测验

人的能力有大小,智力发展水平有高有低,这是客观存在的。对人的能力进行客观、准确的测定,有利于开发智力、选拔人才和因材施教。目前常用的测验能力的方法有观察法、实验法和测验法。这里重点介绍测验法。

测验法是使用一套比较系统的测验题目并用数值来表示个人能力发展水平的方法。能力测验分为普通能力测验(即智力测验)、特殊能力测验和创造力测验。

(一)智力测验

智力测验又称普通能力测验或一般能力测验,是有关人的普通心智功能的各种测验的总和,也是目前世界各国普遍流行的用以测量人的智力水平的测验方法。智力测验的工具叫智力量表,国际上常用的个人智力测验有三种:

1. 比纳—西蒙智力量表

世界上第一个正规的智力量表是法国的心理学家比纳和医生西蒙于1905年共同编制的比纳—西蒙智力量表。1916年美国心理学家、斯坦福大学的推孟教授对比纳—西蒙量表进行修订,制定了适合美国国情的"斯坦福—比纳量表"。这种测验使用了"智力商数"这一概念,以便对不同年龄儿童的智力进行比较。

智商(IQ)是智力商数的简称,是测验个体智力发展水平的一种指标。在斯坦福—比纳量表中,推孟首次引用智商的概念来表示智力测验的结果。智商是智力年龄与实际年龄之比,为避免出现小数,将商数乘以100,其公式为:

$$智商(IQ)=\frac{智力年龄(MA)}{实际年龄(CA)}\times 100$$

例如,如果一个10岁的儿童通过了10岁的全部项目,那么他的 IQ＝10÷10×100＝100,表明该儿童的智力水平为中等。如果这个孩子还能做出12岁组的全部题目,则他的智商就是：IQ＝12÷10×100＝120。

2. 维克斯勒智力测验

如果按照斯坦福—比纳量表来测验一个人的智力,可能会出现这样的情况,由于人到了一定年龄后,智力发展与实际年龄增长不成正比,即智力发展缓慢,甚至会相对停滞,智力年龄不随实际年龄增长。如果还用此量表,那么随着年龄的增长,人的智商则会越来越低,这显然不符合实际情况。

美国心理学家维克斯勒认为,智力是一个人的综合能力,这些能力虽不是完全独立,但彼此之间有质的区别。因此他编制了包括言语量表和操作量表在内的智力测验量表。他所编制的几套量表适用的年龄范围从幼年到老年,是西方国家中最常用的量表。维克斯勒创立了"离差智商"这一概念,并用这个概念代替比纳量表中的比率智商。离差智商表示的是一个人的智力与同年龄组正常人的智力平均数之比,即通过一个人在同年龄组正常人中所占的相对位置,表示他的智力发展水平。这样,智商就可以不受年龄影响,并且可对各年龄的被试进行比较。通过离差智商的计算,可以确定被试的智力在同龄人中的位置是超常、正常还是低常。其计算公式是：离差智商＝100＋15Z,其中 Z＝(X－X平)/S。公式中 Z 代表标准分数,X 代表个体测验得分,"X 平"代表团体的平均分数,S 代表团体分数的标准差。

3. 瑞文标准推理测验

瑞文标准推理测验是英国心理学家瑞文1938年编制的非文字智力测验。该量表由60张图片组成,共分为5组,每组12张。A 组测知觉辨别力、图形想象力;B 组测类同、比较、形图组合;C 组测比较、推理;D 组测系列关系、比拟、图形组合;E 组测互换、交错等抽象推理能力。

这是一种非语言式的智力测验,不受知识经验、民族习惯等因素的影响,可用于不同年龄、不同性别的个别测验或团体测验。该量表在国内外医学界和心理学界得到广泛使用。

（二）特殊能力测验

特殊能力测验也叫专业能力测验，主要用来测定个体某方面特有的潜在能力。研究表明，各种特殊能力都有自己的结构，为了测验从事某种专业活动的能力，就要对这些活动进行分析研究，找出它们所要求的心理特征，然后根据这些特征列出测验题目，设计测验，实施测验。

特殊能力测验有音乐能力测验、美术能力测验、表演能力测验、数学能力测验、文书能力测验、机械能力测验、飞行能力测验、管理能力及其他特殊能力的测验。特殊能力的测验主要用于职业定向指导、就业人员的筛选和安置以及有特殊能力儿童的发现和培养。

要测定从事某种专业活动的能力，首先要分析并找出这种活动所需要的心理特征，并以此为依据列出测验项目、设计测验。特殊能力测验能预测人们从事某种活动的顺利性，是选拔人才的一种有效方法。

（三）创造力测验

创造能力测验不同于一般的智力测验。智力测验的内容一般为常识性的，并有固定答案的问题，因此测验的结果主要反映个人的记忆、理解和一般的推理能力。创造能力测验的内容不强调对现成知识的记忆与理解，而强调思维的流畅性、变通性与超乎寻常的独特性。

智力不等于创造力，两者的关系极为复杂。表现为：① 低智商的人不可能有高创造力；② 高智商的人并不都有高创造力；③ 创造力低的人智商有高有低；④ 创造力高的人必须有中等以上的智力。因此，为测定人的创造能力，许多创造力测验量表应运而生。目前，世界上主要的创造力测验有：南加利福尼亚大学发散性思维测验、托兰斯创造思维测验和芝加哥大学盖泽尔斯和杰克逊编制的创造力测验，等等。

能力的测验是一项十分严肃、复杂的工作，为了使测验结果可靠和有效，测验的编制、施测、评分及对分数的解释，都必须遵循严格的程序，切忌乱编滥用，以免产生不良的社会后果。

四、能力形成的条件和能力的培养

（一）能力形成的条件

在先天遗传素质的基础上，通过后天环境与教育的作用，在学习与实践活动中，个体逐渐形成了其能力。大量研究证明，影响能力形成的条件和因素主要有以下几点：

1. 遗传与早期营养条件

近年来已有许多研究证明，胎儿及婴幼儿的营养状况对其智力的发展有影响。

通过对营养不良而死亡以及其他原因而死亡的婴儿做细胞学方面的比较研究，发现营养不良死婴的脑内DNA含量大大少于营养良好的死婴。

伦敦教育研究所蒂泽尔曾说："营养不良儿童的智力测验成绩都差。"墨西哥的格拉维奥特则认为，低营养最初的症状是心理障碍，这些儿童入学后，表现出失去好奇心和探索心理。儿童在胚胎期和出生后,身体和脑都处在迅速发育的时期。如果出生后的头一年营养不良,就会影响儿童神经细胞的成长质量。脑的机能活动依靠由血液输送的养料来维持,母亲的乳汁和蛋白质含量高的食物能提高神经细胞的化学成分,从而保证脑细胞的化学成分的满足及其机能活动的需要,这对儿童智力的发展很有影响。

另外,先天愚型、脑类脂沉积症、苯丙酮尿症、半乳糖血症、头颅畸形等遗传性疾病;孕妇妊娠期间病毒感染、药物过敏、酒精中毒,其他疾病及吸烟和营养不良都会影响胎儿的发育;新生儿的脑创伤、中枢神经系统的感染也会不同程度地影响智力的发展。这些事实说明遗传和营养不良对儿童智力的发展确有影响。

2. 早期环境与教育中获得的经验

人的智力发展速度并不均衡,学龄前阶段通常被称为智力发展的关键时期。儿童在早期所获得的经验,可促使其能力迅速发展。美国心理学家布鲁姆在1964年出版的《人类特性的稳定与变化》一书中,提出一个重要的假设——把5岁前视为智力发展迅速的时期。他认为,如果把17岁的智力水平视为100%,那么从出生到4岁就获得了50%,30%是4~8岁获得,另外20%是8~17岁获得。

大量研究也证明,婴幼儿的早期经验对其心理发展的影响很大。一般来说,生动的和社会性的刺激有益于儿童感知能力的发展,与成人交往机会频繁则有利于儿童言语的发展,如果安全隔离,失去交往机会,则其心理发展就会受到严重阻碍。由动物哺育大的孩子,能力发展明显落后,这已是大家熟知的事实。孩子落入动物环境的时间越早,智力发展所受的损害就越严重。这种孩子即使回到人类社会,也难以发展到正常人的智力水平。

儿童心理学的研究表明,婴幼儿是周围世界的积极探索者,有相当惊人的反应和学习能力。出生两三天的婴幼儿就能在30分钟内学会对声音辨别的条件反射。有学者对4 000名幼儿进行20分钟的识字、阅读教学研究,结果证实大量正常的普通幼儿都能成功地学习识字和阅读,而且对视力和身心其他方面没有不良影响。

早期教育和神经系统的成熟与发展也密切相关。儿童出生后神经细胞在适应环境的过程中急剧地生出树突;140亿~160亿个神经细胞中的70%~80%在3岁前形成;5岁前大脑神经细胞大部分已形成,大脑的言语、音感和记忆细胞及各种主要机能特征已趋完善。因此,儿童智力有很大潜能,完全可以接受早期教育。而且,学习并不需要完全成熟的神经系统和大脑,反之,神经系统和大脑正是在活动和学习中逐渐发展和成熟起来的。

3. 各级各类学校的教育、教学条件

人并不是"生而知之,"而是"学而知之"。能力并不是天生的,而是社会实践培养教育的结果,教育和教学对儿童能力的发展起主导作用。在教育和教学活动的过程中,儿童在掌握知识的同时也发展了能力。例如,有些优秀教师要求学生回答问题必须准确、严密、迅速,作业一丝不苟。经过长期训练,学生的思维和言语能力都有明显的提高,说明教育、训练对发展儿童的能力具有重要作用。

北宋王安石所著《方仲永》一文中记载,方仲永小时候非常聪明,5岁就会赋诗,他父亲常常带他会见宾客,利用别人的赞扬以诗换钱。由于他没有得到良好的后天教育,到十二三岁就咏诗平常了,到20岁左右完全成了一个庸人。

爱迪生刚上学时不仅傻闹傻淘,而且功课不好,考试总是全班倒数第一。有一次老师讲"一加一等于二"时,他拿出来一支麦芽糖,掰成两截又呵呵热气粘成一根说:"这不是一加一等于一吗?"为此,启蒙老师恩格尔粗暴地训斥他是一个"愚钝糊涂"而又"捣蛋"的"低能儿",并把他驱逐出学校。从此,他的母亲南希承担起教他识字念书的任务,并从他的"恶作剧"中培养他对科学的兴趣,终于使他成为世界上最伟大的发明家,他一生正式登记的发明共达1 328件。可见,良好的教育(包括学校教育与家庭教育)对一个人能力的形成与发展是至关重要的。

教育与教学不仅能使儿童获得前人的知识和经验,而且通过"传道""授业""解惑"也能唤起儿童心理能力的发展。比如,当教师在运用分析和概括的方法讲授课程内容时,学生不仅获得了有关的知识,也学习和掌握了把这种方法作为思维的手段。如果把这种外部的教学方法和学习方法逐渐转化为内部概括的思维操作,则这方面的能力便开始形成了。又如,拼音教学法和偏旁归类教学法不仅为汉字教学提供了很大方便,同时也培养和训练了儿童的分类思维能力。

4. 社会实践活动

人的各种能力是在社会实践活动中形成的,社会实践活动在儿童智力发展中起决定作用。爱迪生的启蒙教师是自己的母亲,但他创造发明的基础、才智形成的重要条件是实验。他从小喜欢实验,且从不因为困难挫折而后退半步,所以才有那么多的创造发明。

劳动实践对各种特殊能力的发展也起重要作用。不同的职业,制约着特殊能力的发展。如弦乐师对微小音高差别的分辨能力比钢琴家要高得多,画家对亮度比值评定的准确性比一般人高45倍;品尝剂师的味觉、嗅觉及分辨制剂品品种和质量等级的能力也非一般人能比。这都说明,人的能力是在实践中形成和发展起来的,活动和劳动是能力形成和发展的基本途径。

5. 天才与勤奋等主观心理条件

除了环境和教育的决定作用,主观努力和个人的勤奋,也是能力发展的必要条件。

何谓天才?歌德说:"天才就是勤奋。"蒲丰又说:"天才就是毅力。"木村久一则认为:"天才就是入迷。"把这三者结合起来,就几乎涵盖了天才的意义。它反映了杰出人物坚持不懈,勤奋努力,刚毅顽强,百折不挠,战胜困难,争取胜利,从而造就伟大天才的真理。

马克思为写《资本论》不顾疾病,克服重重困难,极其劳苦地奋斗40年之久,仔细钻研和做过摘要的书籍达1 500多种。达尔文写《物种起源》用了15年;司马迁编《资治通鉴》用了19年;李时珍著《本草纲目》用了27年;歌德写就《浮士德》前后用了60年的时间。

另外,瑞典化学家诺贝尔出生入死,不怕牺牲,以顽强的意志研究成功多种炸药,被誉为"不怕炸死的人",这说明科学家需要有勇敢和献身的精神。天体运动三定律的首创者、德国天文学家刻卜勒,3岁时母亲出走,4岁时因天花险些丧命,视力永久损坏。家贫如洗的他,是在忍饥寒、边做工、边求学的情景下度过了学生时代。以后又经过25年艰苦奋斗,历尽挫折和失败,终于提出了著名的天体运动三定律。

能力的发展和提高离不开人的主观努力,离不开人的自觉能动性。因为事物发展的根本原因,不在事物的外部而在事物的内部。外因是变化的条件,内因是变化的根据,外因是通过内因而起作用的。能力的发展也是如此。一个人刻苦努力,积极向上,具有广泛的兴趣和强烈的求知欲,他的能力就可能得到发展。相反,一个人饱食终日、无所用心,工作上没要求，事业上无大志，对周围的一切事物态度冷淡、没有兴趣，他的能力就不可能有较好的发展。因此，人的能力的发展，是与其他心理品质的发展分不开的。高尔基指出，才能不是别的东西，而是对事业的热爱，坚强的意志对能力发展有重要意义。一些人的成功往往不是因为其具有高于常人的天分，而是由于他们有坚强的意志品质，由于他们具有明确的目的性、果断性、自制、独立性与顽强性。最后还应指出，能力的发展还依赖于自我分析与自我评价能力。一个善于进行自我评价的人，才能及时发现自己在能力方面的优点与弱点，并通过自己的努力提高自己，使能力朝向确定的目标发展。

（二）能力的培养

1. 重视早期教育

许多研究都表明，学龄前期是儿童智力发展的关键时期。早期教育对儿童智力发展起着极其重要的作用，并在一定程度上制约着一个人一生能力的发展水平。因此，我们应当重视儿童的早期教育，并适当进行早期教育。在大量追踪研究的超常儿童中，绝大多数都有良好的家庭环境，受到较好的早期教育。

我们强调早期教育在能力发展中的重要性，并不否认以后各个时期教育的作用。只有在抓好早期教育的基础上，不断进行教育，才能使人的智力得到充分发展。同时，对儿童进行早期教育，要顺应儿童心理发展规律，按照儿童的年龄特点，采取适当有效的方法，不能盲目、走极端。另外，也不能把早期教育等同于"提前教育""知识教育"。

2. 传授科学知识

虽然知识和能力不同，但两者又是紧密联系的。必要的知识是能力发展的前提和基础。例如，人的一切能力的发展都离不开思维能力，而思维能力的提高，则必须以一定的知识作为凭借。所以在教学过程中，就要求教师既向学生传授知识，又向学生传授学习的方法，只有这样，才能促进学生能力的发展。

3. 加强实践活动

实践活动既是能力发展的基本途径，也为能力的锻炼提供了机会。活动的内容越丰富多样，能力的发展就越全面。例如，人为了满足生活需要就必须改造自然和社会，因而必须深入地认识客观世界，这就促进了人的思维能力的发展。学生虽然还没有直接参与改造世界的活动，但他们发展认识能力的基础也是社会实践。

根据这一点，教师不仅要在教学实践中有意识地培养学生的能力，还要开辟第二课堂，根据学生的生理、心理特点，组成不同类型的课外活动小组，开展游戏、棋类、球类、科学、文艺等多种形式的活动，让学生在活动中积极动手、动脑，这样他们的各种能力就会得到较快的发展。

4. 坚持因材施教

学生的能力是千差万别的，既有量的差别，又有质的不同。因此，教师应该首先认识到，在能力发展上每个学生是不可能齐头并进的，任何儿童都有其能力的潜在力量和独特之处。教师可以通过观察、测验等方法了解不同学生在智力、特殊能力及创造力等方面的差异，并采取不同的教育措施。例如，在培养观察力的教学中，对综合型的学生要引导他们细心观察事物并分析事物的内部联系；而对分析型的学生则要引导他们认真观察事物的整体,把事物的个别特征综合起来。其次,教师不应歧视在某些方面能力有缺陷的学生,任何儿童都有发展某种能力的可能性,要鼓励他们树立信心,扬长避短。因此,在能力的培养上,教师既要一视同仁,又不能平均对待,而应该采取适当的方法长善救失,使每一位学生都能在原有基础上得到相应的发展。

根据学生能力的个别差异进行因材施教,必须做到:① 对于学习成绩优良、智力水平较高的学生,应提供较难或较多的材料,鼓励他们自学和独立思考,鼓励参加学科的课外活动和有关的竞赛活动;② 对于学习成绩好,但智力水平不高的学生,应保护其学习积极性,启发思维,促进智力的发展;③ 对于学习成绩差,但智力水平较高的学生,应培养和激发他们的学习兴趣,提高学习积极性,开发其智力资源;④ 对于学习成绩和智力发展差的学生,则应严格把能力低下和学习基础差以及学习方法不对区别开来,特别是对能力显露较晚的学生,要改造条件,促进其智力的发展。

5. 重视非智力因素

非智力因素是指除了智力以外的心理因素。如动机、需要、兴趣、价值观、情感、意志、气质和性格等。能力固然是在掌握知识的过程中形成和发展的,但也受到非智力因素的制约。学生愉快的情绪体验、顽强的意志行动、浓厚的学习兴趣、勤奋踏实的作风等,无一不对能力的发展产生积极的影响,国外有人曾对超常儿童进行长达 30 年的追踪研究,在 800 名男生中,对 20% 成就最大的与 20% 成就最小的做了比较,发现主要的差别是由于两组人的个性品质不同,其中情感、意志、兴趣和性格等非智力因素成为促进能力发展的重要条件。这是因为,人们对某种活动的兴趣和爱好往往是他参与活动的内部动力。兴趣与爱好吸引人们在活动过程中把注意力及全部智力倾注于活动的对象上,从而产生紧张而愉快的情感和积极而坚强的意志力,最终达到提高活动效率、发展相应能力的目的。性格作为一种非智力因素,对能力的形成与发展也有直接的影响。例如,对社会的高度责任感、热爱集体、严于律己、勤奋、孜孜不倦的刻苦钻研精神等优良的性格都将促进能力的发展。因此,在教学活动中应该注意学生良好性格的培养,引导学生的兴趣和爱好,以促进他们的能力迅速形成和发展。

第二节 气 质

现实生活中人的表现形形色色,有的人易怒、易激动,有的人冷静、沉着;有的人做事性急,有的人做事性慢;有的人行动与思维敏捷,而有的人反应较迟钝、行动缓慢稳重。所有这些被通俗地称为"脾气""秉性"等的东西就是心理学中所讲的"气质",这些生活中的表现正是气质的具体化。

一、气质的概念

气质是表现在心理活动的强度、速度、灵活性、倾向性等方面的动力特征,并使人的全部心理活动都染上独特的个人色彩。人的情绪体验的强弱,意志努力的大小,知觉或思维的快慢,注意集中时间的长短,注意转移的难易,以及心理活动是倾向于外部事物还是倾向于自身内部,等等,都是气质的表现。我们可以从以下几个方面来进一步理解"气质"这一概念。

(一) 气质是心理活动的动力特征

心理活动的动力特征是指心理活动发生的速度、强度、灵活性和指向性。心理活动发生的速度是指知觉的速度、思维的敏捷性、注意力集中时间的长短和情绪发生的快慢等。心理活动的强度是指情绪的强弱、意志努力的程度等。心理活动的指向性是指心理活动指向外部还是指向自己的内心世界。气质作为人的心理活动的动力特征,它与人的心理活动的内容、动机无关。它使人在各种不同的活动中有着近似的表现,使人的心理活动都染上特定的色彩,形成独特的风貌。也就是说,只有那些不论何时何地都稳定地表现出来的心理活动的动力特征才叫气质。

(二) 气质具有稳定性

气质是个体与生俱来的、稳定的心理特征,它是高级神经活动类型的外在表现。因此,在人出生的最初阶段就可以观察到某些气质特点。例如,有的婴儿活泼好动,不怕生,对外界刺激反应灵敏;有的婴儿安详文静,胆小怕生,对外界刺激反应迟缓。每个人的心理活动或行为都有这种动力表现。一般说来,人在遇到顺境或获得成功时,总会精神振奋,情绪高涨,干劲倍增;反之,人在遇到不幸的事情时,总会精神不振,情绪低落。但是我们所说的气质不是指这种一时的情况,而是指人们在许多场合一贯表现出的比较稳定的动力特征。正因为这样,气质才使个体的全部心理表现都染上一种色彩。

(三) 气质具有可塑性

俗话说:"江山易改,本性难移。"这说明气质比其他心理特征更有稳定性,但它又不是固定不变的。就外部表现而言,在环境和教育的影响下,随着自身修养的增强,特别是随着性格的成熟,气质也会有一定程度的改变,例如,一个女中学生在学校里的表现是胆怯、孤僻、羞涩和烦恼,由于对她进行专门的长期教育和自我锻炼,如引导她积极参加集体活动,并安排一些重要任务等,这个学生的胆怯、孤僻、羞涩、烦恼等气质特征消失了。但这种改变仅仅是气质外部表现的改变,要使其内部产生质的改变是很难的。同时,性格对于气质也会具有一定的制约和控制作用。因此,气质的稳定性与可塑性是统一的。

二、气质的生理机制

气质是一个古老的概念。关于气质的生理基础,从古至今,人们都曾给以不同的解释,形成了许多不同的气质学说。

(一) 体液说

公元前5世纪,古希腊医生希波克拉底根据自己的医学实践,提出了"体液理论",这是最早的有关气质的学说。他认为人体内有四种体液,即黄胆汁、血液、黏液和黑胆汁。这四种体液在人体内的不同混合比例就形成了不同的气质。后来古医学家根据人体内哪一种体液占优势把气质分为四种类型：多血质的人血液占优势，胆汁质的人黄胆汁占优势，黏液质的人黏液占优势，抑郁质的人黑胆汁占优势。

体液说并不符合现代生理学研究所揭示的事实，但它所概括出的四种气质类型及其特征有一定的典型性，因而现代心理学至今仍旧沿用这四种气质类型的名称。

（二）体型说

德国心理学家、精神病学家克瑞奇米尔根据其对精神病患者的临床观察，于1925年提出按体型划分人的气质类型的理论。他把人的体型分成三类：肥胖型、瘦长型和筋骨型，并认为体型决定人的气质特点。例如，肥胖型产生躁狂气质，其行动倾向为善交际、表情活泼、热情、平易近人等；瘦长型产生分裂气质，其行动倾向为不善交际、孤僻、神经质、多思虑等；筋骨型产生粘着气质，其行动倾向为迷恋、认真、理解缓慢、行为较冲动等。同时他还认为三种体型与不同精神病的发病率有关。肥胖型的人较多出现躁狂症，瘦长型的人较多出现精神分裂症，筋骨型的人较多出现癫痫症。

（三）血型说

日本学者古川竹二认为血型决定气质类型，可将气质分为A型、O型、B型、AB型。A型气质的特点是老实稳妥、温顺、多疑虑、怕羞、孤僻、离群、依靠他人、易冲动；B型气质的特点是感觉灵敏、不怕羞、善于社交、好管闲事；O型气质的特点是志向坚强、好胜、霸道、不听从指挥、爱支使别人、有胆识；AB型气质的特点是以A型为主，含有B型的成分，外表是B型，内里是A型。

（四）激素说

伯曼等人根据分泌腺活动的特点来阐明气质的类型，认为内分泌活动与气质有关。他们根据人的某种腺体分泌激素的多少，把人分为甲状腺型、肾上腺型、脑垂体型、副甲状腺型和性腺型五种类型。① 甲状腺型：如果分泌物多，表现为精神饱满、感知灵敏、意志力强；分泌物少，则表现为迟钝、缓慢、可能发生痴呆症。② 肾上腺型：皮肤干黑，毛发浓密，精力旺盛，健壮有力，情绪易激动，好冲动。③ 脑垂体型：如果分泌物增多，表现为骨骼粗大，性欲强，脑力发达，有自制力；如果分泌物减少，则身体矮小，肌肉萎弱。④ 副甲状腺型：分泌物多，表现为易激动，缺乏控制力；分泌物少，则表现为肌肉无力，精神不足，缺乏生活情趣。⑤ 性腺型：分泌物多，表现为进攻性行为猛烈；分泌物少，则进攻性行为少，易对文学、艺术、音乐感兴趣。

（五）活动特性说

美国心理学家巴斯以活动性、情绪性、社交性和冲动性等反应活动的特性为指标，将气质划分为四种类型：活动性的人总是抢先迎接新的任务，爱活动，不知疲倦；情绪性的人觉醒程度和反应强度大；社交性的人渴望与他人建立密切的联系；冲动性的人缺乏抑制能力。用活动的特性来区分人的气质，是近年来出现的一种新动向。不过活动特性即气质的生理基础究竟是什么，巴斯并没有揭示出来。

这几种理论虽然在解释和说明气质的生理机制方面有某些可取之处,但都未能对人的气质做出全面的科学的说明。巴甫洛夫关于高级神经活动类型的研究,对气质的生理机制提出了比较有说服力的解释。

(六)高级神经活动类型学说

巴甫洛夫通过动物实验研究发现,高级神经活动的兴奋和抑制过程的独特的、稳定的组合,构成高级神经活动类型。高级神经活动的兴奋和抑制过程具有强度、平衡性、灵活性三个基本特性。这三种特性的不同组合,构成四种高级神经活动类型:强、不平衡型(兴奋型),强、平衡、灵活型(活泼型),强、平衡、不灵活型(安静型),弱型(抑制型)。巴甫洛夫认为,这四种神经系统的显著类型恰恰与古希腊学者提出的四种气质类型相当。其关系如表10-1。

表10-1 高级神经活动类型与气质类型对照表

神经过程的基本特征			高级神经活动类型	表现特征	气质类型
强度	平衡性	灵活性			
强	不平衡	灵活	兴奋型	兴奋占优势,易激动。以奔放不羁为特征	胆汁质
	平衡		活泼型	兴奋和抑制都较强,两种过程易转化。以反应灵活、外表活泼、易适应环境为特征	多血质
		不灵活	安静型	兴奋和抑制都较强,两种过程不易转化。以坚毅、迟缓为特征	黏液质
弱	不平衡		抑制型	兴奋和抑制都很弱,抑制占优势。以胆小、脆弱、消极防御为特征	抑郁质

巴甫洛夫认为,神经系统的基本类型是气质的生理基础,气质是神经系统基本类型的外在表现。生活中纯粹属于这四种气质类型的人很少,多数人属于两种或几种类型的混合型。他还预言,除了这四种类型外,还存在其他未知的神经系统特征和气质类型。现代心理学认为,神经活动类型是气质的生理机制,巴甫洛夫的高级神经活动类型学说是有关气质生理机制学说中最有影响、最重要的一种理论。

三、气质的类型与测量

(一)气质类型及其特征

1. 鉴定气质类型的心理指标

气质类型指的是在一类人身上所共有的或相似的心理特征的典型结合。气质类型不仅表现在情绪和行动方面,还表现在智力活动及其他心理活动方面。鉴定人的气质类型就是对表现为心理特征的神经系统特性的鉴定,一般包括六个因素:

(1)感受性。指人对适宜刺激的感觉能力。它是神经过程强度特征的表现,用感觉阈限的大小来测量。

(2)耐受性。指人受到外界刺激后在时间和强度上的耐受程度,是神经过程强度特性的反映。

(3)敏捷性。指对同一强度的内外刺激做出不随意反应的程度,指心理反应和心理过程进行的速度,它是神经过程灵活性的表现,可从感知、记忆、思维等的速度和注意转移的灵活程度来判断。

(4)可塑性。指人根据外界情况的变化改变自己的行为以适应环境的难易程度,表现了神经系统的灵活性。

(5)兴奋性。指情绪兴奋的强度和自我控制程度。是神经过程的强度和平衡性的表现。兴奋性高而抑制力弱是神经过程强而不平衡特点的表现。

(6)倾向性。指人的心理活动主要指向外部世界还是倾向于内心体验。外倾型的人,心理活动指向外界事物,是神经过程兴奋性高的表现;内倾型的人,心理活动倾向于内心体验,是抑制过程占优势的表现。

2. 气质类型的基本特征

(1)胆汁质。属于兴奋而热烈的类型。这种气质类型的人,行为表现直率热情、精力旺盛、敏捷果断、反应迅速强烈;但性急暴躁、任性、容易冲动。男性更多地表现为敏捷、热情、坚毅,情绪反应强烈而难以自制;女性更多地表现为热情肯干、积极主动、思维敏捷、精力充沛,但易感情用事,对困难估计不足。

(2)多血质。属于敏捷好动的类型。这种气质类型的人,行为表现活泼好动、反应迅速、思维敏锐、善于交际、适应性强、性格开朗、动作灵活;但往往粗心大意、情绪多变、兴趣易转移、轻率散漫等。男性表现为敏捷好动,适应能力强,工作效率高,但易表现轻率,不愿从事耐心细致和平凡的工作;女性表现为热情活泼、富有朝气,但情绪不稳定,容易感情用事且感情又不深刻,兴趣多变,从事煞费苦心的工作难以坚持到底,显得任性。

(3)黏液质。属缄默而沉静的类型。这种气质类型的人,行为表现安静稳重、耐心谨慎、自信心强、善于克制、沉默寡言、反应缓慢、情绪隐蔽;但往往固执、保守、精神怠惰、缺乏生气、动作迟缓。男性更多表现为沉着坚定、态度持重、善于忍耐、恪守纪律、行为刻板、有惰性;女性则表现为冷静稳健、善于克制、埋头苦干、执拗、冷淡、因循守旧。

(4)抑郁质。属呆板而羞涩的类型。这种气质类型的人行为表现孤僻、自卑、羞怯、动作迟缓、反应缓慢、敏感多疑、情绪隐蔽而体验深刻;但感受性高,善于观察到别人不易察觉的细节,富于同情心。男性更多表现为孤僻、迟缓,处事谨慎,情绪深刻持久,态度平稳坚定,遇到问题则易惊慌失措;女性更多表现为迟疑、怯懦、柔弱、忸怩腼腆,多愁善感,情绪体验细腻,耐受力差。

在古今中外的文学作品中,经常会看到描绘这四种气质类型的典型人物。例如《水浒传》中的李逵是典型的胆汁质,林冲属典型的黏液质;《红楼梦》中的王熙凤是典型的多血质,林黛玉则是典型的抑郁质。虽然在日常生活中也可以遇到这四种气质类型中某一种气质的典型代表人物,但这样的人毕竟是少数。大多数人的气质或近似于某种气质类型,或是多种气质类型的混合。

(二)气质类型的测量

测量气质类型的主要方法有观察法、条件反射法和测验法。

1. 观察法

运用观察法测定气质类型,要求在观察、记录一个人日常生活中的行为特征、智力活动特征、言语特征及情绪特征以后,对所得材料进行分析、判断、归纳和综合,然后对照各种气质类型的指标,确定其气质类型。这种方法简单且易于掌握,所得结果比较符合实际,很适合教师使用。

2. 条件反射法

条件反射法是指在实验室里,运用一定的实验仪器对被试在形成或改变条件反射的过程中所表现出来的神经活动特征进行观察记录,从而了解和确定其气质类型的方法。许多心理学家以不同形式的条件反射来测定神经活动过程的特性。运用条件反射法所测得的结果比较可靠。但是,条件反射法需要一定的实验仪器,主试者亦须经过特殊训练,因而不利于一般人掌握和使用。

3. 测验法

运用气质调查表来测定人的气质类型,也是一种行之有效的方法。吉—晋气质调查表是美国吉尔福特和晋莫曼于1956年开发的一种问卷式的人格测验调查表。这个调查表共包括10个因素,每个因素代表一种人格特质。每种特质用30题测定,共300题。

波兰华沙大学心理学教授简·斯特里劳从20世纪50年代起,对气质问题进行了大量研究,编制了几种适合不同对象使用的气质调查表。其中最有特色,且已被译成多种文字在国际上广泛应用的是简·斯特里劳气质调查表(简称S·TI),这种调查表共有134个测验题目,包括兴奋强度、抑制强度、灵活性三个量表及一个二级量表——平衡性。此调查表已被译成中文,经试用,基本适用于我国。

四、气质的意义

(一)气质本身没有好坏之分

气质反映一个人的自然属性,只表明一个人心理活动的动力特征,不涉及心理活动的方向和内容,没有好坏之分,每一种气质类型都有积极和消极的方面。胆汁质的人既有感情丰富、热情、勇敢、朝气蓬勃等积极方面,又有暴躁、任性等消极方面。多血质的人既有灵活、机敏、热情开朗、感情丰富等积极的方面,又有轻浮多变、精力分散等消极方面。黏液质的人既有自制力较强、坚毅、冷静等积极的方面,又有呆板、冷淡、动作迟缓等消极的方面。抑郁质的人既有感情体验深刻而稳定、细心、认真、观察细致、敏锐等积极的方面,又有缄默、孤僻、多疑等消极的方面。人应当学会掌握和控制自己的气质特点,发扬积极的一面,克服消极的一面,使自己成为具有优良的个性品质的人。

（二）气质不能决定一个人活动的社会价值和成就的高低

气质属于人的心理活动的动力方面的特征，它不决定人的智力发展水平，也不决定人的性格、品德，更不能决定人的社会成就的大小。在任何一个领域的杰出人物当中，都可以找到各种气质类型的人。如普希金属于胆汁质，果戈理属于抑郁质，赫尔金属于多血质，克雷洛夫属于黏液质，他们都在文学领域内取得了杰出的成就。可见，每一种气质类型的人都能为社会做出自己的贡献。

（三）气质是职业选择的一个依据

研究和实践表明，某些气质特征为一个人从事某种工作和职业提供了可能性和有利条件，也就是说气质具有一定的职业适应性。例如，胆汁质、多血质的人较易适应迅速灵活的工作。黏液质、抑郁质的人则较易适应持久而细致的工作。因此，在选择职业时，应考虑气质特征的影响，以便扬长避短，找到更适合于个人气质特征的职业或工作。另外，由于不同的职业和工作对人的气质有着不同的要求，因此在选拔和安置人员，尤其是在选拔和训练特种职业的工作人员时，应该特别注意个人的气质特征，并适当进行气质特征的测定。

五、气质与教育工作

了解和掌握气质的特点及意义，有助于教育工作者更好地进行教学和教育工作，做到有的放矢，因材施教。

（一）教师要正确对待学生气质类型的特点

教师对学生的气质不应有任何偏见，不能笼统地认为某种气质类型好，某种气质类型不好，更不能偏爱某种气质类型的学生，讨厌另一种气质类型的学生。应该认识到每一种气质类型都既有积极的方面，又有消极的方面。

（二）发扬气质类型的积极方面，培养良好的个性品质

在对学生的气质类型保持正确态度的前提下，教师应利用和发扬学生气质特征中积极的方面，塑造和发展优良的个性品质，防止个性品质向消极方面发展。例如，对胆汁质的学生应着重培养勇于进取、爽朗、坦率、勇敢的个性品质，防止粗暴、任性等不良品质的发生。对抑郁质的学生，要着重培养细致、认真的个性品质，防止多疑、忧闷等消极品质的发生。

（三）针对学生气质类型特点，采用不同的教育态度和方法

教师对不同气质的学生，应运用不同的教育方法。例如，严厉的批评，能使胆汁质和多血质的学生认识到自身的错误，遵守纪律；但会使抑郁质的学生产生恐惧感，甚至丧失自信心。对这类学生应予以更多的关心和鼓励，多采用温和、耐心的教育态度和方式。

（四）指导学生善于认识和控制自己的气质

教师要有意识地帮助和指导学生分析和认识自身气质特征的长处和短处，发扬积极品质，控制消极品质，帮助学生形成良好的个性品质，培养学生自我教育和自我控制的能力。

第三节 性 格

在日常生活中，我们可以发现有的人勤奋，有的人慵懒；有的人自私，有的人无私；有的人正直，有的人狡猾；有的人大方，有的人吝啬；等等。这些不同的心理特征与行为正是人的性格差异的表现。

一、性格的概述

（一）什么是性格

在国外的心理学文献中，"性格"一词源于希腊语，意为雕刻的痕迹或戳记的痕迹。这个概念强调个人的典型行为表现和由外部条件决定的行为。我国心理学界倾向于认为，性格是指一个人对现实的态度和习惯化了的行为方式中表现出来的比较稳定而具有核心意义的个性心理特征。

在社会活动过程中，客观事物特别是社会环境的影响，通过自身的认识、情绪和意志活动在个体身上保存并巩固下来，构成一定的态度体系，并以一定的形式表现在个体的行为之中，构成个体特有的行为方式。例如，一个人在各种场合总是表现出对同志热情忠厚、与人为善，对自己虚心谦逊、严于律己，遇事坚毅果断、深谋远虑，这种对人对己对事的稳定态度和习惯化的行为方式所表现出来的心理特征，就是这个人的性格。因此，性格是个体在活动中与特定的社会环境相互作用的产物。据此，可以对性格的概念做如下具体分析：

首先，性格是在社会实践中形成的，具有明显的社会性，这是性格特征与气质特征的主要差别。一个人作为社会成员，处于各种社会关系的影响下，每个人都意识到社会现实给予他或她的影响，并对这种影响有其特定的适应行为和活动。如果这种反应已经经常化而稳定、固定下来，成为他或她经常采用的态度和习惯化了的行为方式，这就意味着这些态度和行为方式已能表明这个人的性格特征。

其次，性格是人对事物的惯常态度和行为方式，具有相对的稳定性。在某种情况下，那种属于一时的、情境性的、偶然的表现，不能构成人的性格特征。一个人在一次偶然的场合表现出胆怯的行为，不能据此就认为他具有怯懦的性格特征。一个人在某种特殊条件下，一反常态地发了脾气，也不能据此就认为他就具有暴躁的性格特征。只有那些经常的、一贯的表现才会被认为是他的性格特征。

再次，性格并非与生俱来，而是后天形成的，是现实社会关系在人脑中的反映，有鲜明的社会性特征。因此,性格有好坏之分,具有道德评价的意义,在性格特征中占主导地位的是道德品质。正因为如此,在各种个性特征中,性格最能表征个性的差异,它是个性中最具核心意义的部分,直接影响着气质、能力的表现特点与发展方向。

最后,性格既是稳定的,也是可塑的。虽然性格具有相对稳定性,但也具有一定的可变性和可塑性。客观环境的变化往往使人的性格发生明显的变化。个体生活中经历的重大事件往往给性格打上深深的烙印,而环境和实践的重大转折、变化也会在相当程度上改变人的性格,但这种改变需要经过较长时期的实践锻炼。

(二) 性格与气质的关系

性格与气质的关系是非常紧密的。在日常生活中,我们有时对人所表现出的某些性格特征和气质特征很难进行区分,原因在于气质和性格在某些特征上存在着重叠、交织和融合的现象。实际上,气质和性格是两个既紧密联系,又有着本质区别的概念。

1. 气质和性格的联系

(1) 性格特征可能会在各种气质类型的个体身上形成,气质则影响人的性格以使这种性格体现不同的气质特色。如具有正直性格的人,胆汁质者敢仗义执言,路见不平,拔刀相助;黏液质者则可能暗中帮忙,行动中体现正义。

(2) 气质可以影响某些性格特征形成发展的速度。如自制力性格特征的形成,胆汁质的人往往需要做极大的努力和克制;而抑郁质的人则比较容易形成。

(3) 有些性格特征则具有较多的动力性质,鲜明地表明了个性的气质特点。如性格的某些情绪特征,往往会引起情绪反应的快慢和情绪活动的强弱。

(4) 性格特征也会影响人的气质类型的改变,或在一定程度上掩盖、改变气质特征,使它服从生活实践的需要。

2. 气质与性格的区别

性格与气质属于两种不同的个性心理特征,两者之间有非常明显的差异。

(1) 从起源上看,气质更多地受个体的高级神经活动类型的影响,一般产生在个体发展的早期阶段,主要体现为神经类型的自然表现;而性格是人在活动中与社会环境相互作用的产物,是人较稳定的态度与习惯化的行为方式相结合的个性心理特征,反映了人的社会性。

(2) 从稳定性与可塑性特征来看,气质和性格都属于人的个性心理特征,都带有一定的稳定性与可塑性特征。但相对而言,性格的可塑性略大一些,气质的稳定性要大一些。

(3) 从社会评价来看,人的每一种气质类型各有其优缺点,但无绝对的好坏之分;而人的每一种性格都有好坏之分,带有强烈的社会评价意义。

(4) 从其在个性结构中的地位与作用来看,年幼儿童的个性结构中,性格特征还未完全成熟,气质特点起重要作用;成年人的个性结构中,气质成分的作用渐少,性格特征逐渐起核心作用。

二、性格的结构

性格是一种十分复杂的心理构成物,它有着各个侧面,并形成一个性格特征系统。性格特征主要表现在下列四个方面：

（一）性格的态度特征

人对现实的态度主要是指对社会、对集体、对他人、对劳动以及对自己的态度。

（1）对待他人、集体和社会的态度。属于这方面好的性格特征有集体主义、富有同情心、正直、诚实、大公无私、见义勇为等，而与此相反的是个人主义、无情、虚伪、自私、狡诈、唯利是图等。

（2）对生活、学习、劳动和工作的态度。属于这方面的性格特征有：乐观或悲观、朝气与堕落、勤奋与懒惰、有责任心或粗心大意、认真与马虎、创新与守旧、节俭与铺张等。

（3）对自己的态度。属于自我态度的性格特征有：谦逊或自满、开朗或羞怯、胸怀坦荡或心胸狭窄等。

（二）性格的意志特征

意志特征是在个人身上经常表现出来的，自觉而又稳定地调节自己行为的方式和水平的特征，如目的性与盲目性、果断性与优柔寡断、坚韧与软弱等，这些构成了性格的意志特征。具体表现为：

（1）对行为目标明确程度的特征。如独立性与被暗示性，目的性与盲目性，组织性、纪律性与无组织、无纪律的散漫性等。

（2）对行为自觉控制水平的特征。属于这方面的特征主要有：主动性或被动性，自制力或缺乏自制力，冲动性等。

（3）在紧急或特殊情况下表现的意志特征。如镇定、果断、勇敢、顽强以及献身精神等；相反的则有惊慌、犹豫、怯懦、软弱、灰心、贪生怕死等。

（4）对已做出决定贯彻执行方面的特征。如持之以恒、坚忍不拔、严肃认真等；而反之则有虎头蛇尾、半途而废、摇摆不定等。

（三）性格的情绪特征

情绪状态能直接影响人的行为与活动，当人对情绪的控制具有经常的、比较稳定的表现时，这些特点就构成一个人的性格的情绪特征。具体表现为：

（1）情绪强度方面的性格特征。如情绪高涨、鲜明、精力充沛与情绪安宁、冷漠等。

（2）情绪的稳定性、持久性方面的性格特征。如忽冷忽热、热情持续时间短与始终高涨的情绪。

（3）主导心境方面的性格特征。如经常处于精神饱满、愉快的情绪中，属于乐天派；而经常处于郁闷的环境中则可能抑郁消沉、悲观厌世。

（四）性格的理智特征

表现在感知觉、思维、记忆、观察、想象等认知方面的性格特点，称为性格的理智特征。如果从认识水平出发，这就构成了智力。但性格的理智特征与智力水平是不同的。具体表现为：

(1) 感知方面的性格特征。主要表现在被动感知与主动观察方面。被动感知易受环境干扰,易受暗示;主动观察不易受环境干扰,表现在知觉的综合概括和详细分析方面。在感知的敏捷性和精确性方面,前者反应迅速,但不深入,不持久;后者观察较慢,但深入细致,判断深刻。

(2) 表现在思维方面的性格特征。思维的逻辑性、敏捷性、独创性、深刻性、批判性等品质的差异,标志着人与人之间性格的理智特征的差异。如喜欢归纳与演绎;富于创新与保守;看问题全面、辩证与片面、形而上学等。

(3) 表现在想象方面的性格特征。有主动想象和被动想象之分,前者以想象打开自己的活动界限,而后者以想象掩盖自己的无所作为。

三、性格的类型

在某一类人身上所共有的某些性格特征的独特结合称为性格类型。划分性格类型的依据是多种多样的,我们主要根据以下几个方面来划分性格类型。

(一)以知、情、意在性格中的表现程度为依据进行分类

按照人的智力、感情、意志在某个人身上占优势的程度的不同,可将性格划分为情绪型性格、意志型性格和理智型性格三种类型。情绪型性格的人情绪体验深刻而占优势,言行举止易受情绪左右;意志型性格的人意志占优势,其行动目标明确,行为具有主动性,具有果断、自制、持久而坚定的特性;理智型性格的人智力占优势,能理智地看待所有问题,并以理智支配自己的行动。三种类型性格的典型人物在日常生活中是极少数,多数人是介于几者之间的中间类型或混合类型。

(二)以心理倾向为划分依据进行性格分类

瑞士心理学家荣格继承了弗洛伊德的"力必多"(libido)学说,认为"力必多"的活动是人的一切行为活动变化的基础。如果一个人的"力必多"活动倾向于外部环境则属于性格外倾性的人,如果倾向于自己则属于内倾性的人。外倾性的人感情外露,自由爽快,做事果断,不拘小节,善交际,活动能力强,但轻率从事;内倾性的人处事谨慎,深思熟虑,凡事三思而后行,缺乏决断力,但下定决心做的事则锲而不舍,他们交际面窄,不易适应外界环境变化。

(三)以个体独立性程度为划分依据进行性格分类

美国心理学家魏特金通过知觉来研究人的性格。这种按照个体独立性程度来划分性格类型的做法是现代西方较为普遍和流行的方法。魏特金依据场理论,把人分成场依存型和场独立型两种类型,前者为顺从型,后者为独立型。他认为这两种类型的人是按照两种对立的信息加工方式进行思维与工作的。场独立型者具有坚定信念,不易受外界环境干扰,他们能独立地判断事物,发现问题,解决问题,易发挥自己的特长与力量。场依存型者倾向于以外在参照物作为信息加工的依据,他们易受干扰,无主见,好从众,应急能力差。

(四) 文化、社会的类型论

德国心理学家斯普兰格和狄尔泰从文化社会学的观点出发,对性格进行分类。斯普兰格把人的基本生活领域分为六个方面,以此将人的性格区分为理论型、经济型、审美型、政治型、社会型和宗教型六种。而狄尔泰则把人的性格划分为官能型、英雄型和冥想型三种类型。

(五) 优越型与自卑型

奥地利心理学家阿德勒创立"个体心理学",用精神分析的观点来划分性格类型。阿德勒认为个人的生命和精神活动都具有一定目标,一切精神的动力都是处于一种指导性观念的控制之下的。每个人都有一种根本的求权意志,一种求统治和优越的冲动力。人对优越的渴望起源于人的自卑感,而人的自卑感则是肇始于人在幼年时的无能。儿童对自卑的对抗叫补偿作用,补偿作用就是推动一个人去追求优越目标的基本动力。由此他根据竞争性的不同,把性格划分为优越型与自卑型两种。前者好胜心强,不甘落于人后,时刻想着超过、胜过别人;而后者缺乏进取心、甘愿退让、甘愿落后,不与人争。

扩展性阅读

> **何谓C型性格**
>
> 许多事实和研究都表明,癌症病人有着独特的情感生活史,存在着一种特殊的性格即C型性格。
>
> 我国传统的中医理论很早就认识到癌症与心理因素的关系。例如,元代的朱丹溪就认为,乳腺癌是忧怒郁闷,朝夕积累,脾气消阻,肝气横逆所致;明代的陈实功认为,癌症的病因是"忧郁伤肝、思虑伤脾。积恚在心,所愿不得,致经络痞涩、聚结成核"。西方解剖学和医学的鼻祖加仑也发现情绪抑郁的妇女比乐观开朗者更容易患乳腺癌。英国精神病学家史蒂文·格里尔对癌症病人的性格进行了详尽的研究,提出了易患癌症性格的概念。他们通过对患乳腺癌与良性乳房疾病的妇女的对比研究发现,患乳腺癌的妇女"抑制愤怒"的频度很高。格里尔说"我们常常发现极度抑制愤怒的人。对这种人我们在临床上下的定义是:从来没有因为愤怒而发脾气,或者一生中发脾气不超过两次的妇女。这种极度抑制愤怒的情况得到了他们丈夫的证实。在患乳腺癌的病人中,两个人当中就有一个有这种历史,而患良性乳房肿块的妇女中大约七人当中才有一个。"在这个基础上,他们总结出了一种癌症性格,即C型性格的形象:"不喜欢把破坏性或敌意的情绪表达出来的人""非常好的、温顺的、害怕坚持自己权益的人"。格里尔认为,以"抑制愤怒""好人和温顺"为特征的C型性格是导致癌症的危险因素。

四、性格的鉴定

由于性格的复杂性和特殊性,对性格的鉴定比对能力和气质的鉴定更为困难。对性格进行鉴定的方法很多,一般采用综合研究法、自然实验法和测验法。

(一)综合研究法

综合研究法又称"个案法",是把观察、谈话、作品分析、调查等方法结合起来加以运用的方法。具体做法是,通过多种途径了解一个人在活动中对各种事物所表现出的态度和行为方式,把获得的材料系统地加以分析整理,概括出能表明这种倾向的性格特征,从而鉴定其性格类型。

(二)自然实验法

自然实验法是在日常生活的情况下,适当控制一些条件进行性格研究的方法,是实验法在自然条件下的运用。实验者可根据研究目的,创设特定的实验情境,主动引起被实验者的某种性格特征的表现,经过观察、记录、分析和概括其行为表现,确定其性格特征。

(三)测验法

性格测验包括问卷法和投射法两种方法。问卷法是性格测验中最常见的方法。一般是让被测试者按一定的要求依次回答问卷中的测验题目,根据标准答案和测验分数来推知其性格特征。

投射法是运用多种含义的刺激物,让被测试者在不受限制的情况下,自由地做出反应,即在通过对刺激物不知不觉的反应中,表露出其内在的性格特点。投射法主要包括罗夏墨迹测验和主题统觉测验。

五、性格的形成和发展

性格反映一个人的生活历史,它是在人与周围环境相互作用的过程中逐渐形成的。影响性格形成和发展的因素是多方面的,其中主要有:

(一)性格形成的生物学条件

虽然人的性格特征,如勇敢与怯懦、勤勉与懒惰、诚实与虚伪,并非人生来就具有的,但是,人的性格的形成和发展却有其生物学的根源。新生儿的高级神经活动类型就有差异,这种差异对儿童行为会产生持久的影响。性格以人的遗传素质为前提,没有这个前提,性格就无从产生。

身高、体重、体型和外貌等生理上的特点,对性格的形成也有影响。由于这些生理特征,有的符合文化的社会价值,有的则不符合,并经常受到人们的品评,因而会影响一个人的性格的形成。

生理成熟的早晚对性格的形成也有影响,如早熟者爱社交,关心并遵守社会规范和准则,给人以好的印象,社会化程度高;而晚熟者则不大遵守社会规范与准则,一意孤行,在性格方面表现为比较任性。

(二) 家庭因素在性格形成中的作用

家庭是社会的细胞,是儿童最早接触的社会环境。家庭的各种因素,如家庭的经济收入水平、家长的职业、家庭结构的健全程度、家庭的气氛、父母的教养态度、家庭子女的多少、儿童在家庭中的作用等都对儿童性格的形成起着重要的作用。

就家庭环境气氛来说,如果家庭环境不好,父母的处境困难,其忧伤的言语与苦恼的表情,就会使生长在这种家庭环境中的孩子变得沉默寡言、消极悲观,甚至有点玩世不恭,或者被锻炼得比较坚强、懂事和早熟。

在家庭的诸因素中,父母的教养态度对儿童性格的形成具有深刻的影响。研究表明,如果双亲采取保护的、非干涉性的、合理的、民主的、宽容的态度,儿童就容易显示出领导能力、态度友好、情绪安定等特性;如果双亲采取拒绝的、干涉的、溺爱的、支配的、独裁的、压迫的态度,儿童就容易表现出适应力差、胆怯、任性、执拗、情绪不稳定等特性。

儿童出生顺序等因素也潜移默化地影响着儿童性格特征的形成与发展。研究表明,家庭中的老大一般好交际,善谈吐,比较果断、勇敢和主动,而排行靠后的儿童则养成了追随老大、听从老大的习惯。

扩展性阅读

排行与人的性格

人的性格形成问题,自古以来就是一大难解之谜。现代心理学从不同方面、不同角度入手对这一问题进行了深入细致的研究。排行学就是其中的一门新兴学科。

排行学首创于20世纪初,精神分析学派的代表人物之一阿德勒被誉为排行学的鼻祖。他在考查人格形成的原因时,特别强调个人在家庭中的排行及地位。他提出的排行对人格的形成与发展的观点,对后来排行学发展成为一门独立的学科起到了重要的奠定作用。

奥地利一位精神分析学家认为,家庭里排行的顺序是人格形成的一个十分重要的因素。美国一位心理学教授和一位德国医生通过调查和统计也证明,不同家庭出生而排行相同的子女,其个性特征上有着非常明显的共同点,尤其是在3个子女的家庭里表现最为明显。

一般来说,排行老大的多数是一个理想主义者。老大作为父母的第一个孩子,得到了过多的关心与照顾,但同时又会感受到过多的压力。这就造成老大具有的典型性格特征是富有完美主义色彩,这些人的表现是诚实可靠、勤劳、踏实、有主见,事业心与进取心很强,受人依赖和尊敬,常能得到父母的欢心,对生活中的忧虑、苦恼比较敏感,善解人意,不会做一些很冒险或者是很刺激的活动。

> 排行老二的多数是折中主义者。老二往往把老大作为自己行为的榜样，当老二对老大的行为了如指掌后，就会逐渐形成自己独特的生活方式。如果他感觉到自己能在某方面与自己的哥哥或姐姐抗争，他会毫不犹豫地与他们决一雌雄。如果他感到某方面比自己的哥哥或姐姐逊色得多，他会另辟蹊径以求发展。因而，排行老二的孩子往往会与排行老大的孩子发展方向截然相反。这种人比较自由散漫、开朗、乐观，他们能够与兄弟姐妹和睦相处，有应付各色人等的本领，比较固执，独立性强，喜欢过自由自在、浪迹天涯的生活。
>
> 老小不可避免地要在哥哥或姐姐的阴影下生存，而且父母对老小常有放任自流的倾向。这就造成排行最小者通常比较胆小、害羞，大部分是多愁善感型的，对别人不轻易相信，也不太会交朋友，比较清高。老小一旦遇到困难和挫折会不知所措，有的爱对别人吹毛求疵，有的能说会道，善于推理，比较早熟，引人注目。
>
> 美国心理学家莱蒙著有《排行学》一书，他提出的一些见解印证了上述结论。他特别强调排行居中者的性格特征最为复杂，因为这些人是由来自各方面的压力而生成的特殊产品，必须从整个家庭环境入手去理解他们的境况。

（三）学校教育在性格形成中的作用

学校教育对学龄儿童性格的形成，具有重要的作用。课堂教学是学校教学的主要环节，在传授知识的过程中，训练学生养成良好的学习习惯，可以培养其坚定、顽强等性格的意志特征。

校风、班风也影响学生性格的形成。良好的校风、班风促使学生养成积极性、主动性、独立性和自觉遵守纪律的优良性格特征。不好的校风、班风可能使学生养成懒散、无组织、无纪律等不良的性格。

教师是学生学习的榜样，其言行对学生性格的形成会产生潜移默化的作用。有威信的教师，学生言听计从，他的高尚品格，强烈的责任心，富于同情心，谦虚朴素等，都会对学生产生深刻的影响；没有威信的教师，学生不愿接受其教育，但他的消极性格，如粗暴、偏心、神经质等，可能会让学生形成自暴自弃、不求上进等不良性格特征。

（四）文化、社会因素在性格形成中的作用

影响人性格形成和发展的文化社会因素是多方面的。即使是在同样的社会背景下，某种性格特征的形成，也是多种因素共同影响的结果。例如，马斯洛和米特尔曼的研究表明，影响儿童自尊心的因素主要有：① 文化的因素：专制的家庭结构，学校中的专制教育等。② 童年早期的因素：父母的严密控制、过分保护，过分严厉的戒律和惩罚，缺乏表扬、尊重和重视，不能独立，过分地依赖，用恐吓作为惩罚等。③ 现实的情境因素：身体的缺陷，成绩差、失败，其他儿童的势利眼或拒斥，过高的理想要求所引起的罪恶感等。

因此，人的性格特征实际上就是其生活经历的一种反映，是其生活历史的记录。一般来说，性格到中学时期就已初步稳定了，但性格的形成并不限于儿童和青少年时期。在人的整个生命历程中，由于生活实践的变化以及个体的主观努力，性格特征都有可能发生变化甚至是很大的变化。

（五）影响性格形成的心理原因

虽然影响个体性格形成的因素有很多，但它们并不直接决定一个人的性格。这些因素必须通过个体的心理活动才能发生作用。

苏联心理学家提出了心理状态"转化"论的假说，认为性格的形成最初所经历的阶段是心理状态，这些心理状态是由多种因素所引起的，例如，"漫不经心"既可能是迷恋个别客体而削弱了对其他客体的注意，也可能是缺乏认真的态度、责任感不强的表现；既可能是由许多刺激或中等强度的刺激所引起，也可能是由于强烈的刺激所引起。在各种情况下表现出来的"漫不经心"，影响着心理过程的进行。如果这种心理状态经常发生，那么它就有可能巩固下来，逐渐成为个体的性格特征。

"动机泛化论假说"也是苏联心理学家提出的，他们认为动机是构成性格的"建筑材料"，性格的形成是动机的泛化和定型化，性格是由动机和人所掌握的行为方式的融合物所组成的。但构成性格基础的不是行为方式本身，而是调节着相应行为方式的泛化动机。这种动机最初只出现在一定的情境中，而后由于类似的情境不断出现，人就以类似的行为方式进行重复的反应，这种行为方式的动机就扩展到类似的情境中去，逐渐转化为个性心理特征，并在个体身上巩固下来。性格的形成，实际上是由与具体情境相结合的动机向稳定的普遍化的动机系统的过渡。

（六）自我完善

人的性格是逐渐形成和发展的，这个过程大体上可分为三个阶段：第一阶段是学龄前儿童所特有的、性格受情境制约的发展阶段，这时儿童的行为直接取决于具体的生活情境，直接反映外界的影响，对现实还缺乏稳定而巩固的态度；第二阶段是学龄初期和学龄中期所特有的，这是稳定的内外行动形成的阶段，稳定的行为方式和性格已在形成中，要改变已形成的不良习惯须花一定力气；第三阶段是学龄晚期所特有的，内心制约行为的阶段，这时稳定的态度和行为方式已趋于定型，性格的改造较前更困难。青少年处于学龄中期和晚期，在这个时期，由于自我意识的发展，个人对性格的自我培养具有重要意义。他们常常能自觉地分析自己的性格，要求克服自己的各种缺点，形成良好的性格特征，使自己的性格更加完善。

总之，性格的成因是很复杂的，既有外部原因又有内部原因。性格是这些因素交互作用的产物。例如，生理因素可能对某些性格特征是重要的，而环境因素可能对另一些性格特征较重要，同时性格形成或改变的心理原因也可能因人而异。就同一个性格特征而言，各成因的重要性也是因人而异的。

本章小结

能力、气质和性格是个性心理特征的重要组成部分。虽然本章分三个小节进行了介绍,但更为重要的是,在上述内容的基础上,认识到三者间的相互作用关系。具体而言,气质对性格形成发展速度的影响,以及性格特质显露气质特点的动力性质,均是通过个体对活动的选择而体现出来的。在这一动态变化过程中,个体为了顺利完成活动所必须具备的,并直接影响活动效率的个性心理特征——能力的重要作用就得以凸显。也就是说,先天的气质特点通过活动的选择及其能力的表现,影响个体性格的形成与发展,且性格的进一步稳定又可以通过实践活动中能力的差异来提高个体对自我及他人气质类型的认知与意识水平。需要指出的是,实际上,个体的各种心理成分都不是孤立的,而是交织在一起的,它们的协同作用才是心理机制产生的关键。

复习思考题

一、选择题

1. 某5岁儿童的智龄是6岁,他的比率智商分数是( )。
   A. 100   B. 120   C. 125   D. 130
2. 小明在看电影迟到被拒绝入场时,不做任何争辩,安然等待下一场,他的气质类型最有可能是( )。
   A. 多血质   B. 胆汁质   C. 抑郁质   D. 粘液质

二、名词解释

气质　性格　能力　一般能力　特殊能力　性格的理智特征
离差智商　比纳—西蒙智力测验

三、简答题

1. 简述性格与气质的关系。
2. 简述超常儿童的智力特点。
3. 影响性格形成的因素有哪些?
4. 简述能力与知识的关系。
5. 简述性格的结构特征。
6. 简述能力的差异。
7. 简述四种典型的气质类型的特点。
8. 影响能力形成的因素和条件有哪些?
9. 简述性格与气质的关系。

四、论述题

1. 结合实际论述在教育教学过程中如何根据学生的气质类型进行有差别的教育。
2. 结合实际谈谈如何培养学生的能力。

参考文献

[1] 黄希庭. 心理学导论[M]. 北京：人民教育出版社，1991.
[2] 郑雪. 心理学[M]. 北京：高等教育出版社，1996.
[3] 张世富. 心理学教学指导[M]. 北京：人民教育出版社，1995.
[4] 张小乔. 普通心理学应用教程[M]. 北京：人大出版社，1998.
[5] 张春兴. 现代心理学[M]. 上海：上海人民出版社，1994.
[6] 张耀翔. 感觉心理[M]. 北京：工人出版社，1987.
[7] 叶奕乾，祝蓓里. 心理学[M]. 上海：华东师范大学出版社，1996.
[8] 全国十二所重点师范大学. 心理学基础[M]. 北京：教育科学出版社，2002.
[9] 张杰. 高师心理学[M]. 合肥：合肥工业大学出版社，2003.
[10] 郭亨杰，宋月丽. 心理学教程[M]. 南京：南京师范大学出版社，1995.
[11] 李晓文，等. 现代心理学[M]. 上海：华东师范大学出版社，2003.
[12] [美]威廉·詹姆斯. 心理学原理[M]. 北京：九州出版社，2007.
[13] 林崇德. 发展心理学[M]. 北京：人民教育出版社，2009.
[14] 许光明. 创新思维简明读本[M]. 广州：广东教育出版社，2006.
[15] 曾华. 突破自我：成功人士的思维诀窍[M]. 北京：中华工商联合出版社，2000.
[16] [美]A.J.斯塔科. 创造能力教与学[M]. 刘晓陵，曾守锤，译. 上海：华东师范大学出版社，2003.
[17] [美]戴维·迈尔斯. 心理学[M]. 黄希庭，等，译. 北京：人民邮电出版社，2006.
[18] 朱智贤，林崇德. 思维发展心理学[M]. 北京：北京师范大学出版社，2002.
[19] 王雁. 普通心理学[M]. 北京：人民教育出版社，2002.
[20] 叶奕乾，等. 普通心理学[M]. 上海：华东师范大学出版社，2010.
[21] 张承芬. 心理学导论[M]. 北京：人民出版社，2001.
[22] 李传银. 普通心理学[M]. 北京：科学出版社，2009.
[23] 章志光. 心理学[M]. 北京：人民教育出版社，1984.
[24] 卢家楣，等. 心理学[M]. 上海：上海人民出版社，1998.
[25] 彭聃龄. 普通心理学[M]. 北京：北京师范大学出版社，2001.
[26] 孟昭兰. 普通心理学[M]. 北京：北京大学出版社，1991.
[27] 北京师大等四院校. 普通心理学[M]. 西安：陕西人民出版社，1982.
[28] [美]克雷奇，等. 心理学纲要[M]. 周先庚，等，译. 北京：文化教育出版社，1981.
[29] [苏]克鲁捷茨基. 心理学[M]. 赵璧如，译. 北京：人民教育出版社，1984.
[30] 林崇德. 中学生心理学[M]. 北京：北京出版社，1983.

[31] 心天心理网. 中学生该如何面对情绪和情感:早恋的心理活动[EB/OL]. http://www.xtxlw.cn/NewsView.asp?ID=250.

[32] 美国费城儿童指导中心. 儿童青少年情感健康[M]. 马春华,等,译. 北京:中国轻工业出版社,2001.

[33] 彭聃龄. 普通心理学(修订本)[M]. 北京:北京师范大学出版社,2001.

[34] 冯忠良,伍新春. 教育心理学[M]. 北京:人民教育出版社,2000.

[35] 孟庆茂,常建华. 实验心理学[M]. 北京:北京师范大学出版社,1999.

[36] 陈琦,刘儒德. 当代教育心理学[M]. 北京:北京师范大学出版社,1997.

[37] 杨治良. 实验心理学[M]. 杭州:浙江教育出版社,1998.

[38] 高觉敷. 西方心理学的新发展[M]. 北京:人民教育出版社,1987.

[39] 李伯黍,燕国材. 教育心理学[M]. 上海:华东师范大学出版社,2001.

[40] 许燕. 实用心理学[M]. 北京:中共广播电视大学出版社,2009.

[41] 叶浩生. 西方心理学的历史与体系[M]. 北京:人民教育出版社,1998.

[42] 叶奕乾,何存道,梁宁建. 普通心理学[M]. 上海:华东师范大学出版社,2012.

[43] 张积家. 普通心理学[M]. 广州:广东高等教育出版社,2004.

[44] 朱智贤. 中国儿童青少年心理发展与教育[M]. 北京:中国卓越出版公司,1990.

[45] 方双燕,桑青松,顾雅婷. 中学生同伴支持、基本心理需要和社会适应的关系研究[J]. 社会心理科学,2012(12):57-62.

[46] 罗丽芳,王海兰. 中学生成就动机的特点与培养对策[J]. 福建师范大学学报(哲学社会科学版),2010(1):157-160.

[47] 青少年理想、动机、兴趣研究协作组. 国内十省市在校青少年理想、动机和兴趣的研究[J]. 心理学报,1982(2):199-210.